Law Practice
憲　法 ［第3版］

笹田栄司 ［編］

Constitutional Law

商事法務

第3版はしがき

　最高裁判例の最近の特徴として，「立法事実の変化」を理由として法令の違憲判断を行っていることが挙げられます。本書でも取り上げている，在外日本人選挙権訴訟（最大判平成17・9・14：発展問題21），国籍法違憲訴訟判決（最大判平成20・6・4：発展問題20），非嫡出子法定相続分差別事件（最大決平成25・9・4：発展問題6），そして再婚禁止期間違憲訴訟（最大判平成27・12・16：基本問題6）が典型例です。それによると，法律制定当初は合憲であったものが，時の経過により違憲と判断されるのですが，それは法律の合憲性を支える立法事実に変化があったためと言われています。途中から違憲に変化したとすることは，司法部が立法府と正面対決することを回避する側面は確かにありますが，一方でどの時点で違憲となったのかは良くわからないことにもなります。その結果，法律を遡及的に違憲無効とするなら「違憲」期間に積み上がった法律関係はどうなるのだろうということも考えないといけません。

　そもそも立法事実の確定にあたっては訴訟当事者の主張だけに依拠することは難しいでしょう。当事者の主張以外の情報にも目を配る必要があります。さらに，例えば民事訴訟では，実体法規が定める構成要件上の事実の存否が争われることになりますが，憲法訴訟ではこの前提となる「実体法規」の合憲性が争点になります。典拠となる憲法規定も決して具体的とは言えませんから，実際には当該憲法規定について展開されている判例理論にできるだけ依拠して「解」を導出する必要があるのです。「解」を導出するプロセスの「頼りなさ」あるいは「抽象性」が憲法判例の特徴であり，また「面白さ」でもあります。さらに，権利の救済方法について近時の判例が新しい方式を案出していることも忘れてはならないでしょう。「公法上の法律関係に関する確認の訴え」の活用（在外国民最高裁裁判官国民審査権訴訟〔最大判令和4・5・25〕）や違憲判断の効力（非嫡出子法定相続分差別事件〔最大決平成25・9・4〕）などが挙げられます。

　本書では，事例問題から出発し，そこに含まれる重要な憲法問題を概観した後，事例問題を具体的に検討するというスタイルをとっています。その

際，具体的に検討するにあたり，先行する判例を踏まえて論述を行うように
していますが，学説による適切な批判も織り込んでいます。それによって，
裁判における憲法上の争点について複眼的な考察が行われると思うからで
す。そして，上記の立法事実の変化論や権利救済方法の多様化にも本書は対
応してかなりの頁数を割いています。

　2014年秋出版の第2版以後，重要な憲法判例がいくつも出されました
が，そのなかで本書の試みに適したものと思われる以下の6個の最高裁大法
廷判決を第3版では取り上げています。①再婚禁止期間違憲訴訟（平成
27・12・16：基本問題⑥），②GPS訴訟（平成29・3・15：発展問題⑱），
③NHK受信料訴訟（平成29・12・6：発展問題⑯），④岩沼市議会事件
（令和2・11・25：基本問題㉖），⑤孔子廟公有地無償使用事件（令和3・2・
24：発展問題⑪），そして⑥在外国民最高裁裁判官国民審査権訴訟（令和
4・5・25：発展問題⑲）です。また，従来の判例解説等についても適宜アッ
プデートをしています。第3版を作りながら，憲法の学習法が変わってきた
ことを実感していますが，その変化は法科大学院の設置に加えて最高裁によ
る判例理論の展開に基因していると思います。第3版の基本的方向性は初版
と同様ですが，上記の変化を受け止めたうえで書かれているので，一定の深
化あるいは変容を遂げていると感じています。コロナ感染が終息しないなか
で本書の改訂作業は行われました。従来にも増して，編集サイドの負担は大
きかったと思います。執筆者を代表して，㈱商事法務コンテンツ制作部の吉
野祥子氏に衷心から感謝の意を表したいと思います。

　2022年9月

　　　　　　　　　　　　　　　　　　　　　　　　　笹田　栄司

初版はしがき

　憲法は易しいと思っていたのに，勉強すると難しくなった。こんな感想を多くの人が抱いていることでしょう。中学や高校では憲法についての知識を問うことが多かったのに，法学部に入ると実際の事件の解決手法を学び，さらに，法科大学院では自ら解決策を書きなさいと言われ，困惑してしまうのです。憲法と比べ民法や刑法は条文が多く，事案の解決に用いる条文を探し出すことで，とりあえずは一息つくこともあるでしょう。ところが，憲法は，事案の解決に重要な条文を見つけたとしても，そもそも条文が簡潔ですから，当該条文を適用するだけでは薄っぺらな解答になってしまいかねません。そこで，憲法の条文に関して学説や判例が展開してきた法理が大きな役割を演じることになります。その一例を憲法20条3項についての目的効果基準に見ることができます。

　本書は，法学部で憲法を勉強する学生に自学自習用のための教材を提供しようとするものです。その狙いは，上述した憲法の学習方法の困難さを改善することにあります。そこで，本書のスタイルですが，「事例」からスタートして，そこに含まれる憲法上の問題をスケッチし（「問題の所在」），次に「解説」で重要なポイントを説明し，最後に「事例」問題の考え方を具体的に取り上げる，というものです（『Law Practice シリーズ』に共通するスタイルです）。また，人権に加え統治についても，基本的に事例を用いて説明を行っています。人権に比べイメージがつかみにくいと思われている統治ですが，事例を使うことで憲法問題の理解が進むのではないかと期待しています。

　本書の「基本問題編」は，基本書や体系書を読んでいることを前提に，憲法の基本的な概念が事案のなかでどのように使われるかを，基本判例を下敷きにして示しています。本文中には基本書や体系書をいたるところで挙げていますから，事案に関係する基本書等の該当箇所に戻って，重要事項を確認することも大事です。ところで，「基本問題編」の中には長めのものが含まれています（例えば，基本問題⑭・⑳・㉑・㉒・㉔〔本書では基本問題⑯・㉑・㉒・㉓・㉖〕）。読んでみて難しいところがあるな，と思うかもしれませんが，

これは，テーマの性格から，応用問題を予定せず基本問題だけということが影響しています。平たく言えば基本問題に準応用問題を加味したということです。応用問題は歯ごたえのあるものが多いと思います。どうぞ，チャレンジしてみてください。

　事案の解決を導くプロセスを重要視するのは，『Law Practice シリーズ』に共通しています。そのうえであえて言えば，憲法には"想像力"が必要です（もちろん，基本的な憲法知識に裏付けられていることが前提です）。それは，先に述べた憲法条文の簡潔さに加え，事案が，行政法，民法，刑法，さらに民事訴訟法や刑事訴訟法と関係していることにも由来します（だから，難しくもあり，また面白いとも言えます）。さまざまな素材を結びつけ，学説や判例が発展させた法理をからませなければならないのです。民法，刑法，行政法に比べるなら，解答の幅が相当に広いと言い換えてもよいでしょう。憲法の得意な人は，こういう作業が苦にならないのだと思います。憲法を少し苦手と思っている人は，本書を使って「事案の解決を導くプロセス」をぜひ学んでください。憲法が得意な人が本書をステップにより高いレベルに到達し，また，憲法が苦手な人が本書をきっかけに壁を乗り越えることができたら，執筆者としてこれに優る喜びはありません。

　本書ができあがるまでには思いのほか困難なこともありましたが，商事法務書籍出版部の吉野祥子氏の熱心なサポートにより，本書の出版にこぎつけることができました。執筆者一同，心より感謝の意を表したいと思います。

2009 年 8 月

執筆者を代表して　笹田　栄司

1　法令名の略記

カッコ内で条数のみを示す場合は憲法を指す。

カッコ内で法令名を示す際は，原則として有斐閣六法全書巻末の法令名略語によった。

2　判例の表示

最判昭和 60・11・21 民集 39 巻 7 号 1512 頁

→最高裁判所昭和 60 年 11 月 21 日判決，最高裁判所民事判例集 39 巻 7 号 1512 頁

3　判例集・雑誌等の略称

下刑集	下級裁判所刑事判例集
下民集	下級裁判所民事判例集
刑集	大審院・最高裁判所刑事判例集
高刑集	高等裁判所刑事判例集
高民集	高等裁判所民事判例集
集民	最高裁判所裁判集民事
ジュリ	ジュリスト
判時	判例時報
判タ	判例タイムズ
判評	判例評論
法教	法学教室
民集	大審院・最高裁判所民事判例集
労判	労働判例

4　文献の略称

芦部	芦部信喜・高橋和之補訂『憲法〔第 7 版〕』（岩波書店・2019）
芦部Ⅱ	芦部信喜編『憲法Ⅱ　人権(1)』（有斐閣・1978）
芦部Ⅲ	芦部信喜編『憲法Ⅲ　人権(2)』（有斐閣・1981）
伊藤	伊藤正己『憲法〔第 3 版〕』（弘文堂・1995）
奥平	奥平康弘『憲法Ⅲ』（有斐閣・1993）
行政百選Ⅰ・Ⅱ	宇賀克也＝交告尚史＝山本隆司編『行政判例百選Ⅰ・Ⅱ〔第 7 版〕』（2017）
憲法学Ⅱ	芦部信喜『憲法学Ⅱ〔増補版〕』（有斐閣・1994）
憲法学Ⅲ	芦部信喜『憲法学Ⅲ〔増補版〕』（有斐閣・2000）
国際百選	森川幸一＝兼原敦子＝酒井啓亘『国際法判例百選〔第 3 版〕』（2021）
小山＝駒村	小山剛＝駒村圭吾編『論点探究　憲法〔第 2 版〕』（弘文堂・

	2013）
最判解民	最高裁判所判例解説民事篇
笹田ほか	笹田栄司ほか『ケースで考える憲法入門』（有斐閣・2006）
佐藤	佐藤幸治『憲法〔第3版〕』（青林書院・1995）
佐藤・日本国憲法論	佐藤幸治『日本国憲法論〔第2版〕』（成文堂・2020）
渋谷	渋谷秀樹『憲法〔第3版〕』（有斐閣・2017）
渋谷＝赤坂・人権	渋谷秀樹＝赤坂正浩『憲法1・人権〔第8版〕』（有斐閣・2022）
渋谷＝赤坂・統治	渋谷秀樹＝赤坂正浩『憲法2・統治〔第8版〕』（有斐閣・2022）
重判	重要判例解説（ジュリスト臨時増刊）
争点	大石眞＝石川健治編『憲法の争点』（ジュリスト増刊）（2008）
高橋	高橋和之『立憲主義と日本国憲法〔第5版〕』（有斐閣・2020）
戸波	戸波江二『憲法〔新版〕』（ぎょうせい・1998）
野中ほか	野中俊彦ほか『憲法Ⅱ〔第5版〕』（有斐閣・2012）
長谷部	長谷部恭男『憲法〔第8版〕』（新世社・2022）
百選Ⅰ・Ⅱ	長谷部恭男＝石川健治＝宍戸常寿編『憲法判例百選Ⅰ・Ⅱ〔第7版〕』（2019）
松井	松井茂記『日本国憲法〔第3版〕』（有斐閣・2007）
宮沢	宮沢俊義・芦部信喜補訂『全訂日本国憲法』（日本評論社・1978）
メディア百選	堀部政男＝長谷部恭男編『メディア判例百選〔第2版〕』（2018）

　＊最新版より古い百選については，版数を示すことにした。

目　次

◆基本問題◆

基本問題

外国人と基本的人権

米国籍のＸは，英語教師として語学学校に勤務するために，在留期間１年として日本への入国を認められた。しかし，Ｘは，法務大臣に無届で短期間のうちに転職し，沖縄の米軍基地反対，自衛隊の海外派遣反対などのデモ行進や集会にも参加していた。Ｘがさらに１年間の在留期間の更新（滞在の延長）を求めたところ，法務大臣は，在留期間の更新を適当と認めるに足りる相当の理由がないとし，出国準備期間として120日間の更新のみを許可し，その後の再更新を不許可とした。Ｘは，不許可処分の取消しを求めた。

Ｘの主張は認められるか。

●】 参考判例 【●

① 最大判昭和53・10・4民集32巻7号1223頁（マクリーン事件）
② 最大判昭和32・6・19刑集11巻6号1663頁（外国人不法入国事件）
③ 最判平成4・11・16集民166号575頁（森川キャサリーン事件）

●】 問題の所在 【●

　憲法の保障する基本的人権が，人間に固有のものであるならば，それは日本に在留する外国人には保障されないのかが問題となる。憲法第３章の標題が「国民の権利及び義務」であることを重視して，その対象は日本国民（国籍保有者）に限られるともいわれる（外国人の人権享有主体性否定説）。しかしその場合，在留外国人の人権保障は立法政策の問題となり，憲法の人権保障の前提との離齬が問題となる。また，日本国が，国民・外国人の別なく人権を保障することを求める各種の国際人権条約を締結していることからも，在留外国人には一定範囲で人権が保障されると考えられる（外国人の人権享有

主体性肯定説）。「問題は，いかなる人権がどの程度に外国人に保障されるの
かを具体的に判断していくことである」（芦部92頁）。

●】解説【●

1 外国人が享有する人権

　判例は，早くから，「いやしくも人たることにより当然享有する人権は不
法入国者と雖もこれを有する」（最判昭和25・12・28民集4巻12号683頁）と
判示したり，また，「憲法上の自由を享ける者は法文上日本国民に局限され
ていないのであるから，外国人であつても日本国に在つてその主権に服して
いる者に限り及ぶものである」（参考判例②）などとして，基本的に外国人の
人権享有主体性を認めていた。

　参考判例①は，「憲法第3章の諸規定による基本的人権の保障は，権利の
性質上日本国民のみをその対象としていると解されるものを除き，わが国に
在留する外国人に対しても等しく及ぶ」と判示した。これは，学説における
性質説を採用したものと評される。

　性質説（権利性質説）は，外国人の人権享有主体性を基本的に肯定したう
えで，人権の性質を検討して，「適用可能な人権規定は，すべて及ぶと考え
る」（芦部92頁）ものである。つまり，外国人＝日本国籍を有しない者も人
権享有主体性を有することを前提に，具体的な事例において，国籍を理由とす
る人権制約の合理性を検討するのである（高橋94‐97頁）。参考判例①も，
参考判例②などの従来の判例が外国人の人権享有主体性を承認していたこと
を前提に，権利の性質によって国籍を理由とする保障の制限がありうること
を示したものと解される。

2 保障される人権の範囲と限界

　いかなる権利がどの程度に外国人に保障されるのかという問題は，外国人
に保障される人権の「範囲」と「限界」の問題として説明されてきた。「保
障される人権の範囲」というのは，外国人には保障されない人権として，(1)
参政権，(2)社会権，(3)入国の自由などを想定していたからである。そして，
(1)〜(3)以外の自由権・平等権・受益権などについては，外国人にも保障され
るとしても，日本国民とは異なる「保障の限界」があるとされる。たとえ

ば，一定の職業について外国人の就労を認めないことで職業選択の自由が制限され，外国人の土地取得を規制することで財産権が制限されるのである。

(1)参政権は，国民主権の原理からも，外国人への保障は許されないとも考えられる（禁止説）。しかし，外国人にも参政権を保障しなければ違憲である（要請説）とまではいえないとしても，定住外国人に地方自治体レベルの選挙権を法律で認めることは可能という見解（許容説）が有力である。

(2)社会権は，国籍国が保障すべき権利とされてきた。しかし，参政権とは異なり，「法律において外国人に社会権の保障を及ぼすことは，憲法上何ら問題はない」（芦部94頁）とされる。実際，難民条約の締結に対応して，社会保障関係法令の国籍要件が原則として削除された。日本国が締結した国際人権条約からは，社会保障制度における外国人の平等取扱いが求められる。

(3)入国の自由は，憲法が亡命権等を保障するものでない以上，すぐれて国際法上の問題であり，自己の国籍国以外の国に入国するには当該国の許可を要し，外国人の入国の許否について各国は広汎な裁量を有するとされてきた。最高裁も，「国際慣習法上，……国家は外国人の入国を許可する義務を負わない」（参考判例②）としており，参考判例①でもこれを確認している。しかし，国際慣習法上，国家は自国民の入国を拒否できないとされることとの対比で「外国人の入国を許可する義務を負わない」としているならば，判例は，外国人については一定の場合に入国や在留を拒否しても国際法に違反しないことを確認しているにすぎないとも考えられる。

ところで，Xが求めているのは，新規の入国ではなく，在留期間の更新である。しかるに，参考判例①は，適法に入国を認められた場合でも，「外国人の在留の許否は国の裁量にゆだねられ，わが国に在留する外国人は，憲法上わが国に在留する権利ないし引き続き在留することを要求することができる権利を保障されているものではな」いとする。つまり，在留期間の更新も，新規入国と同様に判断されるとするのである。なお，最高裁は，参考判例①の趣旨から，外国人の再入国の自由も国家の裁量を拘束するような強い権利としては保障されないとした（参考判例③）。これに対しては，新規の入国とは異なる配慮が必要との批判がなされたが，現在は，出国後1年以内（特別永住者は2年以内）に再入国するのであれば，原則として，事前に再入

国許可を受ける必要がなくなった（みなし再入国許可制度）。

3　外国人在留制度

出入国管理及び難民認定法に基づいて在留する外国人は，在留期間（外交・公用・高度専門職の一部・永住者を除き最長５年，更新可能）と，在留資格（特定の活動を行うことを目的とする25種類と身分・地位等に基づく４種類）を定められている。

参考判例①は，「外国人に対する憲法の基本的人権の保障は，……外国人在留制度のわく内で与えられているにすぎないものと解するのが相当であつて，……在留期間中の憲法の基本的人権の保障を受ける行為を在留期間の更新の際に消極的な事情としてしんしやくされないことまでの保障が与えられているものと解することはできない」としている。在留期間中は憲法の保障を受ける行為であっても，在留期間の更新の際に不利益な考慮要素とされる可能性があるのである。

問題は，在留期間の更新に際して，法律上の外国人在留制度の枠内で与えられている法務大臣の裁量が，どの程度まで厳格に審査されるかである。参考判例①は，「判断が全く事実の基礎を欠き又は社会通念上著しく妥当性を欠くことが明らかである場合に限り」違法となるとして，広く裁量を認める基準を示したと評されてきた。

4　外国人の政治活動の自由

精神的自由権については外国人も原則として国民と同程度の保障を受けるが，参政権の行使に関わる政治活動の自由については，国民とは異なる制約を受けるとする学説が多い。参考判例①は，「政治活動の自由についても，わが国の政治的意思決定又はその実施に影響を及ぼす活動等外国人の地位にかんがみこれを認めることが相当でないと解されるものを除き，その保障が及ぶ」としている。つまり，在留期間中は，外国人に認めることが相当でない種類のものを除けば，政治活動を理由に在留資格を直ちに奪われることはない。それが憲法上の人権が保障されている意味であると考えられる。

参考判例①がこの政治活動の自由を論じる部分で性質説を判示しているのは，当時の外国人在留制度における在留資格の規定と資格外活動の一般的禁止に対して，それにもかかわらず外国人も一定の政治活動が行えることを認

めるためであったと解される。そのうえで，参考判例①は，Ｘと同様の政治活動を「当時の内外の情勢」から「直ちに憲法の保障が及ばない政治活動であるとはいえない。しかしながら，……わが国の基本的な外交政策を非難し日米間の友好関係に影響を及ぼすおそれがないとはいえない」とした。つまり，参考判例①は，上告人の行為を，ⓐ憲法の保障が及ばない政治活動と，ⓑ合憲合法な政治活動の間の，〈ⓒ直ちに憲法の保障が及ばないとはいえないが，それに準ずる政治活動〉と評価したものと理解する余地がある。

　許否の要件が概括的に定められている在留期間の更新不許可事由について，㋐制度趣旨や運用実態から外国人は在留期間の更新を期待しており，退去強制事由に準ずると考えるべきとされる一方，㋑在留中に当該外国人に関する種々の情報を得たことから，新規入国時以上に裁量の幅が広くなるとの考え方も示されていた。参考判例①は，㋑よりは絞り込んで，法務大臣の判断を検討している。参考判例①が在留期間の更新を新規入国に引きつけて説明しているのは，更新不許可事由を上陸拒否事由に準ずるとするためとも考えられる。

　そして，参考判例①は，上記ⓑのような，退去強制事由にも上陸拒否事由にも相当しない場合の在留期間更新不許可処分の許容性については，判断を留保していると解される。在留期間更新や在留特別許可について，詳細に検討する裁判例が増えていることも注目されている（泉・後掲22頁以下）。

●】参考文献【●

愛敬浩二・百選Ⅰ4頁，三浦大介・行政百選Ⅰ154頁，根岸陽太・国際百選98頁，泉徳治「マクリーン事件最高裁判決の枠組みの再考」自由と正義62巻2号（2011）19頁

（齊藤正彰）

法人の人権

　　H株式会社の代表取締役Yは，G党に対して1000万円の政治資金を寄付した。このことを知った株主Xは，事業目的について，H社定款2条が「鉄鋼の製造及び販売並びにこれに附帯する事業を営むこと」と定めていることから，この寄付行為に疑問を抱いた。Xは，⑴H社の寄付は国民の参政権を侵害する憲法上許されない行為であるから民法90条に反し無効ではないか，⑵事業目的に上記寄付行為は含まれないのであるから，Yの行為は取締役の忠実義務違反（会社355条）ではないかと考えた。Xは，Yの行為によりH社が損害を被ったとしてH社にYの取締役としての責任を追及する訴えの提起を求めたが，H社が応じなかったため，Xは会社に代位してYに対し訴訟を提起した。

　　Xの主張は認められるか。

●】参考判例【●

① 最大判昭和45・6・24民集24巻6号625頁（八幡製鉄政治献金事件）
② 最判平成8・3・19民集50巻3号615頁（南九州税理士会事件）
③ 最判平成14・4・25判時1785号31頁（群馬司法書士会事件）

●】問題の所在【●

　人権の主体は個人を中心に考えられてきた。法人に人権主体性が認められたのは，アメリカでは19世紀末以降といわれる。平等から始まり，財産権，言論・出版の自由などに人権主体性が認められていった（芦部Ⅱ159頁以下）。最高裁は，法人にも，「性質上可能なかぎり，内国の法人にも適用される」と判示するが（参考判例①），法人に人権主体性がなぜ認められるのか，法人に

人権が認められるとしてその保障レベルは個人の場合と異なるのかについては語っていない。さらに，最近では，法人とその構成員の関係に注目が集まっている。法人の決定に対し構成員が有する協力義務の限界という問題である。

●】解説【●

1　法人が享有する人権

　日本国憲法は，法人が人権享有の主体となりうるかについて明文の規定を置いていないが，最高裁は，八幡製鉄政治献金事件（参考判例①）において，「憲法第3章に定める国民の権利および義務の各条項は，性質上可能なかぎり，内国の法人にも適用されるものと解すべき」と判示している。「性質上可能なかぎり」とは，問題になる人権の性質に鑑みて事案ごとに結論を出そうということであろう。そうすると，「法人の概念は，主として，財産権の主体として自然人と同じく扱われるために作られたものであるから，本章は，主として財産的権利義務に関しては，法人にも適用される」といえそうである（宮沢188頁。この点については，長谷部129頁以下を参照）。ただし，財産を政治資金の寄付に用いることは「財産的権利義務」のみならず政治的活動に深くかかわるだろう。「財産的権利義務」は基準としては明確ではないのである。なお，法人は法律上の制度であるから，憲法のテキストでは「団体の人権」とするケースもみられる。宗教団体を考えてみれば，法人格を有していない団体であっても宗教的行為の自由は保障される。法人格の存否はここでは決め手とはならない。もっとも，ここではすべて「法人」を主人公とした事例であるので「法人の人権」としている。

　本問をみてみると，H社の寄付が参政権を侵害する憲法上許されない行為であるから民法90条に反し無効であるとの法的構成は，「人権規定の第三者効力」といわれるものである。つまり，人権規定は公権力対国民の関係をまずは規律するから，私企業であるH社の寄付行為対一般国民の参政権という関係では，寄付行為（法律行為）が人権侵害かどうかではなく民法90条（公序良俗）違反かどうかが問題になる。

　そこで，本問(1)の内容を検討してみよう。内国の法人がいかなる人権を，どの程度享有するかは，最高裁判例によると人権の「性質」による。たとえ

ば，法人が生存権を主張しても，それは無理なのである。選挙権や被選挙権も同様に，権利の性質上，法人は享有し得ない。それでは，特定の政党あるいは特定の政策に対し，支持あるいは反対といった政治的行為をなす自由はどうだろう。最高裁は八幡製鉄政治献金事件（参考判例①）で，法人は自然人たる国民と同様，このような政治的行為をなす自由を有すると判示している。そして，政治資金の寄付は，政治的行為をなす「自由の一環」であると述べている。政治資金の寄付によって，国民が自由に判断して選挙権あるいは被選挙権を行使することが妨げられるかが残された問題である。最高裁は，政治資金の寄付によって選挙権の自由なる行使は「直接に侵害」されないと考えたのである。したがって，H社の寄付行為は民法90条に反しない。

　最高裁は，政治資金の寄付が，ⓐ「国民の政治意思の形成に作用する」局面とⓑ「選挙権の自由なる行使」を直接に妨げる局面に区別している。しかし，ⓑについて，政治資金の寄付が選挙権を「直接に」侵害するケースを思い浮かべることはなかなか難しい。問題は最高裁が立法政策とみたⓐにある。学説では最高裁の理解と異なり，政治資金は政党の活動の源泉であるから，その寄付は参政権の行使に深くかかわる政治的行為とする見方も出されている（たとえば，憲法学Ⅱ174頁）。これによれば，自然人たる国民だけが政治資金の寄付行為をなしうることになるが，この考え方を最高裁は採用しなかった。最高裁は，会社による政治資金の寄付を自然人たる国民による寄付と別異に扱うべき憲法上の要請はないとみているのである（この考え方には学説は批判的である）。

2　法人の活動と法人設立の目的

　本問(2)については，定款2条が定めるH社の事業目的をみる限り，G党への寄付行為を目的の範囲内とすることは難しいように思える。しかし，目的の範囲内の行為について，「定款に明示された目的自体に限局されるものではなく，その目的を遂行するうえに直接または間接に必要な行為」も包含されるとする考え方が最高裁によって出されている。それによれば，「間接的であっても，目的遂行のうえに必要なもの」として，「災害救援資金の寄附，地域社会への財産上の奉仕，各種福祉事業への資金面での協力」があり，会社が行う「政党への政治資金の寄附」もここに入るとする（参考判例①）。

これは柔軟といえば柔軟だが，判定基準としては緩やかである。そこで，最高裁は，政党が「議会制民主主義を支える不可欠の要素」であると同時に，「国民の政治意思を形成する最も有力な媒体」としたうえで，その政党の健全な発展に協力することは会社にも期待されると補完している。換言すれば，目的の範囲内かどうかについて，「間接に必要な行為」を入れ，さらに議会制民主主義における政党を高く評価し，政党への寄付を災害救援資金の寄付と同様のものと解することで，政治資金の寄付行為は目的の範囲内の行為と判断される。もっとも，目的を緩やかに解する手法を法人一般に用いることが適切かどうかは，検討の余地がある［→発展問題[2]］。

3 株式会社と株主

法人とその構成員の関係という視点から本問をみてみよう。H社の株主がどの程度の数かは問題文からは明らかではないが，通常，個々の株主は異なった政治的意見をもち，あるいは異なった政党を支持しているであろう。そうすると，株主の考えと異なった政治資金の寄付をH社が行うことは，株主の思想・信条の自由を侵害しないであろうか［→発展問題2］。

労働組合とその構成員たる組合員，あるいは強制加入団体である税理士会とその構成員たる税理士と比較してみるなら，株主は会社との関係では流動性が高くそこからの「脱退」も容易である。また，個人と並んで，会社を社会の一構成単位と考え，会社の政治資金の寄付を広く認める最高裁判例を前提にすれば，株主の思想・信条の自由の侵害という構成は難しいだろう。

●】参考文献【●

八幡製鉄政治献金事件についての判例評釈は多いが，ここでは，毛利透・百選I 18頁，および野中俊彦・百選II〔第5版〕（2007）350頁を挙げるにとどめる。

（笹田栄司）

基本問題 3

公務員の人権

　全農林労働組合の役員であるＸら５名は，警察官職務執行法（以下，「警職法」という）の改正に反対する統一行動の一環として，同組合各県本部に，1958年11月５日に正午出勤の行動に入るという趣旨の指令を電報や速達便で発するとともに，同日午前９時頃から農林省庁舎の各入口にピケットを張り，職員を入庁させないように仕向けたうえ，職員らに対し，同日午前中に２時間を目標として同省正面玄関前で行われる職場大会に参加するよう勧めた。この行為が国家公務員法98条5項（現行98条2項）に違反する争議行為のあおり行為に当たるとして，Ｘらは同法110条1項17号によって起訴され，1審では無罪とされたが，2審が有罪判決を下したため，最高裁に上告した。Ｘらは，国家公務員法による争議行為の禁止が憲法28条に違反すると主張している。

　この事例に含まれる憲法上の問題点について論じなさい。

●】参考判例【●

① 最大判昭和48・4・25刑集27巻4号547頁（全農林警職法事件）
② 最大判昭和41・10・26刑集20巻8号901頁（全逓東京中郵事件）

●】問題の所在【●

　憲法28条は勤労者に団結権，団体交渉権，団体行動権（争議権）を保障しているが，公務員の場合，これらの労働基本権が制限されている。非現業の国家公務員は，団結権が認められているが，団体交渉権が制限され，争議権が否認されている（国公108条の2第3項・108条の5第2項・98条2項）。争議行為の禁止に違反した場合には，懲戒処分の対象となるほか，争議行為

の遂行を「共謀し，そそのかし，若しくはあおり，又はこれらの行為を企てた者」には刑罰が科される（同法110条1項17号）。国家公務員は，憲法21条の表現の自由として保障される政治活動の自由も制限されており（同法102条，人事院規則14－7），これに違反した場合にも同様に刑罰が科される（同法110条1項19号）。国家公務員の労働基本権と政治活動の自由の制限は憲法上許されるのだろうか。

●】解説【●

1　公務員の人権

　公務員は公権力と特殊な関係にあるため，特別な人権制限が許されると考えられている。それを正当化するために明治憲法下でとられていたもっとも有力な考え方が，特別権力関係の理論である。この理論によれば，公権力は，ⓐ包括的な支配権（命令権・懲戒権）を有し，個々の場合に法律の根拠なくして特別権力関係に属する私人を包括的に支配すること（法治主義の排除），ⓑ特別権力関係に属する私人に対して，一般国民として有する人権を，法律の根拠なくして制限すること（人権の制限）ができる。そして，ⓒ特別権力関係内部における公権力の行為は，原則として司法審査に服さない（司法審査の排除）。しかし，法の支配の原理を採用し，基本的人権の尊重を基本原理としている日本国憲法下では，このような内容をもつ特別権力関係論を採用することはできない。そこで今日では，従来，特別権力関係と呼ばれてきたさまざまな法律関係（公務員の勤務関係，受刑者の在監関係，国公立大学生の在学関係など）を，それを規律するそれぞれの実定法規と関連させて，個別・具体的に考察する必要があると考えられている。そして，公務員の人権制限の根拠は，憲法が公務員関係という特別の法律関係の存在とその自律性を憲法秩序の構成要素として認めていること（15条・73条4号等）に求められている（芦部108頁・269頁）。

2　労働基本権の制限

　憲法28条は勤労者に団結権（労働組合を組織する権利），団体交渉権（労働組合が使用者と労働条件について交渉する権利），団体行動権（労働組合が労働条件の実現を図るために団体行動を行う権利。争議行為がその中心となる）を保

障している。公務員も労働力を提供して対価を得て生活する勤労者として，当然に労働基本権を保障されるはずである。しかし，公務員は（国家公務員だけでなく地方公務員も），その仕事が公共的な性格をもつため，労働基本権を制限されている。

この問題に対する判例の流れは次の3つの時期に分けることができる。それは，ⓐ「公共の福祉」や「全体の奉仕者」という抽象的な原則によって労働基本権の制限を合憲としていた時期，ⓑ公務員の労働基本権を原則的に承認し，その制限は必要最小限でなければならないとして，制限規定を限定的に解釈していた時期（全逓東京中郵事件判決〔参考判例②〕以降，全農林警職法事件判決〔参考判例①〕以前），ⓒ本問のモデルとなった全農林警職法事件判決において判例を明示的に変更し，公務員の争議行為の禁止，「あおり行為」の処罰を再び全面的に合憲としてから，今日に至るまでの時期である。

全逓東京中郵事件判決（参考判例②）では，労働基本権の制限の合憲性を具体的に判断する基準として，この制限は，ⓐ労働基本権を尊重確保する必要と国民生活全体の利益を維持増進する必要とを比較衡量して，両者が適正な均衡を保つことを目標として決定すべきであるが，その制限は合理性の認められる必要最小限度のものにとどめなければならず，ⓑ国民生活に重大な障害をもたらすおそれのあるものを避けるため，必要やむを得ない場合に限られるべきであり，ⓒ制限違反に対して課せられる不利益は必要な限度を超えず，特に刑事制裁は必要やむを得ない場合とし，ⓓ制限にあたっては代償措置が講ぜられるべきであるという4つの条件が示され，この基準に照らすと，争議権を否認する公共企業体等労働関係法17条1項は合憲であるとされた。ただし，最高裁は，正当な争議行為には労働組合法1条2項が適用され，刑事免責されるとして，ストライキをあおったとして起訴された被告人らを無罪とした。都教組事件判決（最大判昭和44・4・2刑集23巻5号305頁）もこの流れを踏襲した。

ところが，最高裁は，このような考え方を全農林警職法事件判決（参考判例①）で否定した。最高裁は，公務員が全体の奉仕者であること，公務員の労働条件は議会が法律や予算を通じて決定しており，争議は議会制民主主義に反すること，公務員の争議には市場の抑制力による歯止めがかかりにくい

こと，人事院勧告という代替措置があることを合憲判断の根拠とした。

　学説は，こうした最高裁判例を批判し，公務員といってもその職務の性質は多様であり，一般の労働者と同様の職務を行っている者も少なくないため，公務員の労働基本権の制限は，その職務の性質，違い等を勘案しつつ，必要最小限度の範囲にとどまらなければならないと考えている（芦部269頁）。

　本問では，国家公務員法による争議行為の禁止それ自体の合憲性に加えて，本問でXらの行為に刑事罰を科すことが憲法上許されるか否かも問題となる。このうち，争議行為禁止については，国家公務員に争議行為を認めることによって生じる問題点を，政府側が職種ごとに立法事実によって論証しない限り違憲になると考えるべきである（渋谷310頁）。

3　政治活動の自由の制限

　国家公務員は，現行法によって政治活動を一律に全面的に禁止され，違反に対しては懲戒処分による制裁だけでなく，刑事罰による制裁まで規定されている。この制限については違憲の疑いを指摘する学説もある。行政の中立性確保のために一定の政治活動の制限が許されるとしても，それは目的を達成するための必要最小限度の範囲にとどまらなければならないのに，公務員の政治活動を一律全面に禁止し，違反に対して刑事罰を科すことは，必要最小限度の制限とはいえないと考えられるからである。学説は，ここでも，制限の合憲性について，公務員の地位，職務の内容・性質等の相違その他諸般の事情（勤務時間の内外，国の施設の利用の有無，政治活動の種類・性質・態様など）を考慮したうえで，具体的・個別的に審査することを求めている（芦部272頁）。

　ところが，判例は，猿払事件判決（最大判昭和49・11・6刑集28巻9号393頁）において，全農林警職法事件判決（参考判例①）の立場に従い，現行法による政治活動の自由の制限を合憲とし，さらに，裁判官の積極的な政治運動の禁止（裁52条1号）も合憲とした（最大決平成10・12・1民集52巻9号1761頁）。

　猿払事件判決は，公務員の政治的中立性確保のために「合理的で必要やむをえない限度にとどまるものである限り」，憲法は政治活動の禁止を許容するとし，その判断にあたって，ⓐ禁止の目的は正当か，ⓑこの目的と禁止さ

れる政治活動には合理的関連性があるか，ⓒ禁止によって得られる利益と失われる利益は均衡しているかという3点から検討することが必要であるとした。このように目的審査と手段審査をした後，別個に比較衡量をするという手法は，その後，戸別訪問の禁止（最判昭和56・6・15刑集35巻4号205頁）と裁判官の積極的な政治運動の禁止についても用いられた。しかし，この手法は，結局はⓒが決め手となる個別的比較衡量にほかならず，比較の準則が必ずしも明確ではないため，裁判所の恣意に流されるおそれがあり，とりわけ国家権力と国民との利益の衡量が行われる場合，裁判所は国家権力の利益を優先させる傾向があるなどといった問題があることから，違憲審査の基準として採用すべきでないと批判されてきた（渋谷721頁以下）。

　最高裁は，いわゆる国公法二事件（最判平成24・12・7刑集66巻12号1337頁，最判平成24・12・7刑集66巻12号1722頁）において，このような学説の批判に一定の配慮を示し，「政治的行為」を「公務員の職務の遂行の政治的中立性を損なうおそれが実質的に認められるもの」と限定解釈した。この論点については発展問題③で解説する。

●】参考文献【●

大河内美紀・百選Ⅱ306頁，野坂泰司「国家公務員の労働基本権」法教325号（2007）120頁，元山健・争点178頁，松本和彦・争点72頁，青井未帆・百選Ⅰ28頁

（鈴木秀美）

私法関係と基本的人権

Ｘは，大学を卒業後，Ｙ株式会社に管理職要員として入社したが，3 カ月の試用期間が終わる直前に本採用を拒否された。その理由について，Ｙは，Ｘが入社試験の際に提出した身上書に虚偽の記載をし，面接試験での質問に対しても虚偽の回答を行ったことから，Ｘに管理職要員としての適格性がないとする。そこでＸは，Ｙによる採用拒否は無効であるとして雇用契約上の地位の確認と賃金の支払を求める訴えを提起した。Ｘは，Ｙが入社試験の際に応募者にその思想・信条に関する事項を申告させることは，憲法 19 条の思想の自由に反し，また，特定の思想を有することをもって本採用を拒否することは同法 14 条の「信条」による差別であると主張している。

Ｘの主張は認められるだろうか。

●】参考判例【●

①　最大判昭和 48・12・12 民集 27 巻 11 号 1536 頁（三菱樹脂事件）

②　最判昭和 49・7・19 民集 28 巻 5 号 790 頁（昭和女子大学事件）

③　最判昭和 56・3・24 民集 35 巻 2 号 300 頁（日産自動車事件）

●】問題の所在【●

憲法の人権規定は第 1 に，対国家との関係で構想された。自由権は「国家からの自由」と考えられてきた。しかし，資本主義の展開とともに，国家以外の自由を脅かす社会的権力の存在が認識されるようになる。大企業などの巨大な組織がそれである。すると，人権規定は対国家のみならず，対社会的権力の場面でも効力をもつべきとの主張が出てくる。個人が社会的権力によって人権を侵害されたとして，その救済を裁判所に求めるのである。こう

いったケースは民法や労働法の問題であるという意見もある。私法関係において憲法の人権規定はどういう役割をもつのだろうか。

●】解説【●

1　人権の私人間効力：直接適用あるいは間接適用

　人権規定は第1に国家権力に向けられたものである。しかし，問題の所在が示すように，私人間にも人権規定の効力は及ぶべきではないかという議論が提起された。つまり，ある種の人権規定は対国家と同様，私人間にも直接効力を有すると解するのである（直接適用説）。これに対立するのが，憲法規範は国家に向けられたものだから私人間では効力をもたないとする立場（無効力説）である。一方，私法の一般条項に憲法の趣旨を取り込んで解釈・適用することで間接的に私人間の行為を規律しようとする見解（間接効力説）は，これら2説の中間にあるといえよう。通説・判例は間接効力説に立つといわれている（芦部113頁）。

　こういった学説の間で激しい論争があったかというとそうでもない。というのも，直接効力説はすべての人権規定ではなく，自由権や平等権規定に限定したうえで，その直接適用を（すべての私人ではなく）社会的権力に対してのみ認めるにすぎない（木下智史『人権総論の再検討』〔日本評論社・2007〕6頁以下）。つまり，適用の場面も限定され，対等な私人間では直接適用は考えられていない。また，私的自治の原則も「憲法上の原則」と解されている。一方，間接効力説は，憲法15条4項・18条・24条・28条については，私人間における人権規定の直接適用を認める。そうすると，直接効力説か間接効力説かという区分は，言葉のもつイメージとは異なり，実際上はそれほど大きな差異があるというわけではない（芦部113頁）。

2　私人間の関係における権利対立の調整

　間接効力説に立てば，公序良俗に反する法律行為は無効と定める民法90条に，憲法19条および14条の趣旨を取り込んで解釈・適用する手法が主張されよう。つまり，人の思想・信条の自由は憲法19条が保障し，企業が労働者を雇用する場合等，一方が他方より優越した地位にある場合に，その意に反してみだりにこれを侵してはならないことは明白であり，また，人が信

条により差別されないことは憲法14条，労働基準法3条が定めるところであって，通常の商事会社においては，特定の政治思想・信条を有する者を雇用することが，そのことからただちに事業の遂行に支障を来すとは考えられない。したがって，入社試験の際に，応募者にその思想・信条に関する事項を申告させることは，公序良俗に反し許されず，応募者がこれを秘匿したとしても不利益を課し得ないと考えるのである。これは，原審（東京高判昭和43・6・12判時523号19頁）の判示である。

　これに対し，Yは上告理由として，ⓐ憲法19条・14条の規定は，国家対個人の関係において個人の自由または平等を保障したものであって，私人間の関係を直接規律するものではなく，ⓑこれらの規定の内容は，当然にそのまま民法90条にいう公序良俗の内容をなすものではないと主張した。真っ向から原審の判断に反対している。

　最高裁は，これにどう応えたのだろう。ⓐについて，憲法19条および14条は，「その他の自由権的基本権の保障規定と同じく，国または公共団体の統治行動に対して個人の基本的な自由と平等を保障する目的に出たもので，もつぱら国または公共団体と個人との関係を規律するものであり，私人相互の関係を直接規律することを予定するものではない」とする。最高裁が直接適用説を採らないことは明らかである。

　そして，人権規定の直接適用以外の救済の途について最高裁は次のように判示する。私人間の関係においては，各人の有する自由と平等の権利自体が具体的場合に対立することがありうるが，その調整は「原則として私的自治に委ねられ」る。ただ，「侵害の態様，程度が社会的に許容しうる一定の限界を越える場合にのみ，法がこれに介入しその間の調整」が図られる。たとえば労働基準法などの立法措置によって，また，「私的自治に対する一般的制限規定である民法1条，90条や不法行為に関する諸規定等の適切な運用」によって，調整を図る方途も存する。

　最高裁判決から，対国家と私人間では，人権侵害があった場合に救済の方法が異なることは明らかである。私人間では私的自治が原則であり，侵害の態様，程度が社会的に許容しうる一定の限界を超える場合にのみ「調整」が図られる。この「調整」の場面は労働基準法3条や民法90条等の一般条項

の解釈である。この解釈のプロセスに人権規定が読み込まれることで人権侵害の救済が図られるのであるから，最高裁は間接適用説を採用したと通説は考えている（芦部114頁。これに対し，最高裁は間接適用を明言していないとする見解も多い。たとえば，野坂泰司「私人間における人権保障と人権規定の私人間適用」法教300号〔2005〕137頁）。また，調査官解説も三菱樹脂事件（参考判例①）は「ほぼ間接適用説を支持している」と述べている（時岡泰・最判解民昭和56年度〔1981〕188頁）。

　それでは，最高裁は具体的にどのように判断したのであろう。最高裁は，憲法22条や29条に基づき企業者は契約の自由を有し，法律その他による特別の制限がない限り雇用の自由を有するとする。したがって，思想・信条を理由に雇入れを拒んでも違法とならないから，Yによる本採用の拒否は不法行為でもなければ，民法90条の「公序良俗」違反でもない。また，企業者は雇用の自由を有するから，雇入れに際し応募者にその思想・信条に関する事項を申告させることも許されるとする。この最高裁判例に基づいて，本問を考えるなら，Xの主張は認められない。ただ，雇用の自由から，思想・信条に関する事項を応募者に申告させることが許されるか否かは検討の余地がある。Yによる応募者の調査は許容されても，それとXの申告は同一視することはできない。この申告はXの思想・信条の自由と密接にかかわるからである（野坂・前掲134頁）。

●】参考文献【●

三菱樹脂事件については多くの文献があるが，ここでは，川岸令和・百選Ⅰ22頁およびそこで挙げられている文献を参照されたい。

（笹田栄司）

法の下の平等(1)

> 　Ａには，法律婚に基づく妻Ｂとの間にＹ，そして長く不倫関係に
> あったＣとの間に生まれ認知したＸという２人の子がいる。Ａが遺
> 言を残さずに死亡した後，Ｘは家庭裁判所の遺産分割審判でＹとの
> 均分相続を請求したが，家庭裁判所は民法 900 条 4 号を根拠として
> Ｘの請求を認めなかった。そこでＸは，同号が憲法違反であるとい
> う理由で抗告の手続をとった。
> 　Ｘの請求は認められるだろうか。

●】 参考判例 【●

①　最大決平成 7・7・5 民集 49 巻 7 号 1789 頁（非嫡出子相続分格差訴訟
　　旧決定）

②　最大決平成 25・9・4 民集 67 巻 6 号 1320 頁（非嫡出子相続分格差訴
　　訟新決定）

③　最大判昭和 48・4・4 刑集 27 巻 3 号 265 頁（尊属殺重罰事件）

●】 問題の所在 【●

　人権規制の多くは，同時に差別の問題も引き起こすので，法の下の平等
は，個別人権横断的で，常に他者との比較が問題となる特殊な権利である。
最高裁が，平等条項違反の審査手法を典型的な形で示した判例は，非嫡出子
相続分格差訴訟旧決定（参考判例①）だといえるであろう。そこで，これを
素材に，平等条項の基本的な論点を押さえることにしよう。本問の憲法上の
争点は，非嫡出子の法定相続分を嫡出子の２分の１と規定していた民法旧
900 条 4 号ただし書は，差別を禁止した憲法 14 条 1 項に違反しないかである。

●】解説【●

1 憲法 14 条 1 項の「平等」の意味

(1) 相対的平等

憲法 14 条 1 項は，立法機関を含む国家機関が，国民を「差別」すること
を禁止している。条文の文言では，権利主体は「国民」となっているが，同
条の平等権は，在留外国人にも保障されると解釈されている。

国会が一般市民を差別する内容の法律を制定すれば，その法律は憲法同条
1 項違反となる。問題は何が差別かである。通説・判例（芦部 129 頁，最大判
昭和 39・5・27 民集 18 巻 4 号 676 頁）によれば，法律が一般市民を常に一律
に処遇しないとただちに「差別」になるというわけではなく，同項が求めて
いるのは，国家機関が一般市民を「等しい場合には等しく，相違がある場合
にはその相違に応じて」取り扱うことである（いわゆる「相対的平等説」）。

(2) 合理性の判断

(A) 例示説（判例）　　　最高裁は，(1)に挙げた最大判昭和 39・5・27 で，
「相対的平等」が達成されているか否かを，法律による一般市民の別扱いが
合理的かどうかで判断する態度を示し，今日に至っている。区別の合理性を
問題にするこの発想は，学説にも受け入れられている。また，この判決は，
憲法 14 条 1 項後段に列挙されている「人種，信条，性別，社会的身分，門
地」（いわゆる「後段列挙事由」）を単なる例示と解釈した。

(B) 後段列挙事由特別意味説（多数説）　　　一般に法律は，特定の基準に
よって一般市民を複数の集団に分け，集団間で異なる処遇を定める場合が多
い。たとえば，刑法は，殺人・窃盗など特定の構成要件に該当する行為を
行った人とそうでない人とを区別して前者について刑罰を定め，所得税法
は，所得の額を基準として市民を複数の集団に分け，各集団ごとに所得税率
に相違を設けるといった具合である。実は後段列挙事由も，こうしたグルー
プ分けの基準の一種である。たとえば，女性に選挙権を認めない法律は，
「性別」を基準として国民を 2 つの集団に分け，選挙権というテーマ（政治
的関係）について集団間の別扱いを定めた法律ということになる。

このように，一般市民をグループ分けする基準にはさまざまなものがある

が，後段列挙事由は，人種や門地（家柄）のように本人の努力では変えられない属性や，信条のように個人の基本的なアイデンティティーを構成する属性で，しかも多くの国で偏見や弾圧の契機となってきたものばかりである。そこで，多数説は，後段列挙事由は判例のいうように単なる例示ではなく，法律が後段列挙事由のどれかを市民相互のグループ分けの基準としている場合には，その法律は人格価値の平等という憲法の基本理念に反する不合理な法律の可能性が高いので，憲法14条1項違反の審査は厳しく行われるべきだとしている（伊藤249 – 250頁）。

ⓒ　二重の基準説　　さらに，芦部説は，法律の採用した市民相互の別扱いの基準が，（たとえば所得や年齢など）後段列挙事由以外のものであっても，別扱いのテーマが精神的自由権などの規制である場合には，重要な人権の保障に関する差別の疑いがあるので，その合理性は経済的自由の規制より厳しく審査されるべきだとする（芦部130 – 134頁）。平等審査に二重の基準論の発想をもちこむこの考え方も有力である。

(3)　目的手段審査

特定の法令が憲法14条1項に違反するかどうかは，いわゆる目的手段審査によって判断される。いうまでもなく目的手段審査とは，一般市民の行動を規制する法令の合憲性を，当該規制の目的と，この目的を実現するために法令が選択した手段の両面を審査して判断する方法である。何を目的・手段と理解し，それをどう評価するかは，当事者と裁判所に委ねられている。普通は，違憲性が争われている規定自体がここにいう手段であり，この規定は何のために設けられたのかという問いに対する答えが目的である。

アメリカの判例理論に由来する目的手段審査は，平等問題だけに特有の審査方法ではなく，さまざまな人権規制法の合憲性審査に利用可能である。最高裁は，いわゆる尊属殺重罰違憲判決（参考判例②）以降，特に理由を示すことなく，憲法14条1項違反の判断に際して目的手段審査を採用し，学説もこの点には特に異を唱えていない。ただし，上述のように判例は合理性の審査一本槍なのに対して，多数説は後段列挙事由を区別の基準とする法令について，より厳格な審査を求める点が異なる。

2　民法旧 900 条 4 号ただし書の憲法 14 条 1 項適合性

(1)　嫡出・非嫡出と後段列挙事由

　このような基礎知識に基づいて，民法 900 条 4 号は憲法 14 条 1 項に反するかという問題を考えてみよう。

　まず，判例・学説が共通に認める目的手段審査を行うことが前提である。民法旧 900 条 4 号ただし書は，一般市民を嫡出子と非嫡出子とにグループ分けして法定相続分に差異を設ける法律である。したがって，多数説に立てば，嫡出子・非嫡出子が後段列挙事由のどれかに当たれば，この別扱いは憲法 14 条 1 項違反の疑いが強く，合理性はより厳しくチェックされる必要が出てくる。嫡出子・非嫡出子は，人種・信条・性別・門地のどれでもないことは明らかなので，「社会的身分」に含まれるかどうかが問題となる。

　ここでは，いわゆる中間説（芦部 139 - 140 頁参照）の立場をとって，憲法 14 条 1 項後段の「社会的身分」を，「本人の努力では変えられない，あるいは本人のアイデンティティーの重要な構成要素をなす，しかも否定的・消極的な社会的評価を受けうる属性」と理解しておく。そうすると，非嫡出子という属性は後段列挙の「社会的身分」に含まれると解釈できる。

(2)　審査のスタンス

　(A)　学説　　つまり，「後段列挙事由特別意味説」＋「社会的身分に関する中間説」をとれば，民法旧 900 条 4 号ただし書の目的は「重要な公共の利益の保護」といえるか，目的達成の手段である同号の内容は目的と「実質的関連性」を有するかが問われることになる。

　(B)　法廷意見　　しかし，参考判例①の法廷意見は，前掲最大判昭和 39・5・27 を踏襲して，法律が区別を設けることは，「その区別が合理性を有する限り，何ら右規定〔筆者注・憲法 14 条 1 項〕に違反するものではない」という，合理性審査のスタンスをとった。

　(C)　反対意見　　これに対して，参考判例①に付された 5 人の裁判官による反対意見は，むしろ「二重の基準説」を連想させる理由づけで，結論的には(A)と同様の，より厳格な合理性の審査を求めた。少し長いが引用しておく。

　本件は「精神的自由に直接かかわる事項ではないが，本件規定で問題とな

る差別の合理性の判断は，基本的には，非嫡出子が婚姻家族に属するか否か
という属性を重視すべきか，あるいは被相続人の子供としては平等であると
いう個人としての立場を重視すべきかにかかっているといえる。したがっ
て，その判断は，財産的利益に関する事案におけるような単なる合理性の存
否によってなされるべきではなく，立法目的自体の合理性及びその手段との
実質的関連性についてより強い合理性の存否が検討されるべきである」。

(3) **民法旧900条4号ただし書の立法目的の認定と評価**

目的審査の第1段階は，民法旧900条4号ただし書が非嫡出子の法定相続
分を嫡出子の2分の1と定めた理由は何なのかを認定する作業である。法廷
意見の目的認定は，次のとおりである。「法律上の配偶者との間に出生した
嫡出子の立場を尊重するとともに，他方，被相続人の子である非嫡出子の立
場にも配慮して……，非嫡出子を保護しようとしたものであり，法律婚の尊
重と非嫡出子の保護の調整を図ったものと解される」。

目的審査の第2段階は，認定した目的を，自分の立てた審査グレードに応
じて評価する作業であり，法廷意見はごく簡単に「現行民法は法律婚主義を
採用しているのであるから，右のような本件規定の立法理由にも合理的な根
拠があるというべき」だとして，目的の合理性を認めた。

しかし，反対意見は，「法律婚の尊重」という法廷意見の立法目的認定
と，それを合理的とする評価には同調したが，「非嫡出子の保護」という法
廷意見の立法目的認定には以下の理由で賛成しなかった。「本件規定の立法
目的が非嫡出子を保護するものであるというのは，立法当時の社会の状況な
らばあるいは格別，少なくとも今日の社会の状況には適合せず，その合理性
を欠くといわざるを得ない」。

(4) **目的達成手段としての民法旧900条4号ただし書の評価**

(A) **法廷意見** 次に手段審査である。法廷意見の場合，手段審査では，
非嫡出子の相続分を嫡出子の2分の1とすることが，法律婚の尊重と非嫡出
子保護の調整という立法目的との間で，合理的関連性を有するかどうかが問
題となる。法廷意見によれば，民法上は，被相続人が遺言で非嫡出子を優遇
することや，共同相続人同士の協議によって法定相続分とは異なる配分で遺
産を分割することが認められるなど，民法900条はあくまで補充的に機能す

る任意規定にすぎない。このように，法廷意見は，相続制度の設営はその国の伝統・社会事情・国民感情等を考慮した立法府の合理的裁量に委ねられることを前提に，日本の民法の相続制度全体の中に民法旧900条4号ただし書を位置づけることで，この規定の合理性を論証する構成をとった。判決は，日本の相続制度を冒頭で詳しく説明したうえで，非嫡出子の法定相続分2分の1という規定は，「立法理由との関係において著しく不合理であり，立法府に与えられた合理的な裁量判断の限界を超えたものということはできない」という結論を導き出している。

　(B)　反対意見　　これに対して，反対意見および追加反対意見は，手段としての民法旧900条4号ただし書には，法律婚保護という目的との関係で合理性がないとする。

　その根拠の1つは，子は生まれについて何の責任もないのに，非嫡出子だという理由で民法が相続分に差異を設け，非嫡出子差別の社会的風潮を助長する結果となっていることは，憲法の平等理念とあまりにも矛盾するということである。

　いま1つの主要な根拠は，次のような立法事実の変化の認識である。立法当時は，法律婚保護のために非嫡出子の不利益扱いを定めることは，世界的にみても一般的だったが，その後社会状況も人々の意識も大きく変化し，日本も批准している国際人権B規約および児童の権利条約は，出生による差別を明文で禁止している。フランスやドイツの民法もあいついで改正された。また，実現には至らなかったが，1979年には，法務省も当時の民法900条4号を改正する民法改正要綱試案を発表した。2013年に最高裁が，このような立法事実の変化を根拠として，民法旧900条4項ただし書の嫡出子と非嫡出子との相続分の格差を憲法14条1項違反と判断した（参考判例②）ため，国会はこの規定を削除した［→発展問題⑥］。

■】 参考文献 【■

文中引用の教科書・判例集

（赤坂正浩）

法の下の平等⑵

> X は，前夫と離婚をした後，後夫と再婚したが，民法 733 条 1 項
> （当時）は，女性の再婚禁止期間を 6 か月と定めており，同再婚は，
> 同規定があるために望んだ時期から遅れて成立したものであったとい
> う。X は，これにより被った精神的損害等の賠償を国に求め訴えた。
> 同訴訟の中で X は，同項の当時規定が合理的な理由なしに女性を差
> 別的に取り扱うものであり，憲法 14 条 1 項および 24 条 2 項に違反
> すると主張している。
> X の請求は認められるだろうか。

●】参考判例【●

① 最大判平成 27・12・16 民集 69 巻 8 号 2427 頁（再婚禁止期間一部違
憲判決）

② 最大判平成 17・9・14 民集 59 巻 7 号 2087 頁（在外国民選挙権訴訟）

●】問題の所在【●

以下では，下記各論点につき検討する。

ⓐ 民法 733 条 1 項（当時）は憲法 14 条 1 項および 24 条 2 項に違反する
か。

ⓑ （たとえ民法 733 条 1 項（当時）が憲法 14 条 1 項および 24 条 2 項に違
反するとしても）同規定を改廃してこなかった立法府の不作為は，国家
賠償法 1 条 1 項の適用上違法といえるか。

●】解説【●

1　民法733条1項（当時）は合憲か

　参考判例①は，上記論点ⓐにつき「憲法14条1項は，法の下の平等を定めており，この規定が，事柄の性質に応じた合理的な根拠に基づくものでない限り，法的な差別的取扱いを禁止する趣旨のものであると解すべき」だとする従前の最高裁判例（最大判昭和39・5・27民集18巻4号676頁など）を，まずは再確認し，さらに「憲法24条2項は，……婚姻及び家族に関する事項について，具体的な制度の構築を第一次的には国会の合理的な立法裁量に委ねるとともに，その立法に当たっては，個人の尊厳と両性の本質的平等に立脚すべきであるとする要請，指針を示すことによって，その裁量の限界を画したもの」であり，「婚姻をするについての自由は，憲法24条1項の規定の趣旨に照らし，十分尊重に値する」とした。

　参考判例①はそのうえで，まずは民法733条1項の立法目的につき「女性の再婚後に生まれた子につき父性の推定の重複を回避し，もって父子関係をめぐる紛争の発生を未然に防ぐことにある」と解したうえ，「父子関係が早期に明確となることの重要性に鑑みると，このような立法目的には合理性を認めることができる」とした。

　これに対し，もっぱら女性に6か月の再婚禁止期間を設けるという，当時の民法733条1項が採っていた手段の合理性は，制定当初（参考判例①当時の規定は昭和22年民法改正によるものであるが，それは明治31年の旧民法767条1項の内容をそのまま引き継いだものである）はともかく，「医療や科学技術の発達により，ＤＮＡ検査技術が進歩し，安価に，身体に対する侵襲を伴うこともなく，極めて高い確率で生物学上の親子関係を肯定し，又は否定することができるようになった」現在において，たやすく肯定しうるものでは，もはやない。これにつき参考判例①は，民法772条2項が「婚姻の成立の日から200日を経過した後又は婚姻の解消若しくは取消しの日から300日以内に生まれた子は，婚姻中に懐胎したものと推定する」と規定して，出産の時期から逆算して懐胎の時期を推定し，その結果婚姻中に懐胎したものと推定される子について，同条1項が「妻が婚姻中に懐胎した子は，夫の子と推定

する」と規定していることから，女性の再婚後に生まれる子については，計算上 100 日の再婚禁止期間を設けることによって，父性の推定の重複が回避されることになるとし，父性の推定の重複を避けるため上記の 100 日について一律に女性の再婚を制約することは，上記立法目的との関連において合理性を有するとした。これに対し，6 か月のうち 100 日を超える部分については，「再婚禁止期間を厳密に父性の推定が重複することを回避するための期間に限定せず，一定の期間の幅を設けることが父子関係をめぐる紛争を未然に防止することにつながるという考え方にも理解し得る面があ」るとし，昭和 22 年「当時においては，国会に認められる合理的な立法裁量の範囲を超えるものであったとまでいうことはできない」としたが，「医療や科学技術が発達した今日においては，…再婚禁止期間を厳密に父性の推定が重複することを回避するための期間に限定せず，一定の期間の幅を設けることを正当化することは困難になった」とし，憲法 14 条 1 項に違反するとともに，憲法 24 条 2 項にも違反するに至っていたものと結論づけた。こうした，当該規定の制定当初から現在に至る時代の変化における社会状況の変化に着目した，いわば当初合憲・現在違憲判断という手法は，平等分野に限っても，国籍法違憲判決（最大判平成 20・6・4 民集 62 巻 6 号 1367 頁）［→発展問題20参考判例①］や，婚外子法定相続分規定違憲決定（最大決平成 25・9・4 民集 67 巻 6 号 1320 頁）［→発展問題6参考判例②］においても共通に見られる，近時の最高裁の憲法判例の特徴となっている。

2　民法 733 条 1 項（当時）の改廃不作為は国家賠償法 1 条 1 項の適用上違法といえるか

(1)　部分的判例変更？

次に，上掲論点ⓑについて見て行こう。

「立法の内容の違憲性の問題」と，そのような違憲の内容を持つ法律の改廃を怠る立法府の不作為が国家賠償法 1 条 1 項の適用上違法となるかどうかの問題とは区別すべきであり，法律上の規定が前者の観点からたとえ違憲であるとしても，そうした違憲の法律を改廃しない立法不作為が同項の適用上違法と評価されるのはあくまで「例外」的ケースに限られるという参考判例①の立場は，「在宅投票制度廃止訴訟」に関する最判昭和 60・11・21（民集

39巻7号1512頁。以下,「昭和60年判決」という)[→基本問題29参考判例①]で初めて示されて以来,最高裁判例が一貫して維持してきたところである。もっとも,立法不作為が同項の適用上違法と評価される「例外」的ケースはどのような場合なのかを示すため,これまで最高裁の各判例が用いてきた表現には,下記のような推移も見られる[この点については→基本問題29解説も参照]。すなわち昭和60年判決では「立法の内容が憲法の一義的な文言に違反しているにもかかわらず国会があえて当該立法を行うというごとき,容易に想定し難いような例外的な場合」とされていた部分が,参考判例②では「国民に憲法上保障されている権利行使の機会を確保するために所要の立法措置を執ることが必要不可欠であり,それが明白であるにもかかわらず,国会が正当な理由なく長期にわたってこれを怠る場合など」という表現へと変更され,さらに参考判例①では「法律の規定が憲法上保障され又は保護されている権利利益を合理的な理由なく制約するものとして憲法の規定に違反するものであることが明白であるにもかかわらず,国会が正当な理由なく長期にわたってその改廃等の立法措置を怠る場合など」という表現になっている。

　特に昭和60年判決と参考判例②との間の違いについては,前者が原告の損害賠償請求を全面的に退けたのに対し,後者が一部認容したという結論そのものの違いもあって,判例の実質的な一部変更だとする見方もある。また,参考判例①の上掲部分につき千葉勝美裁判官補足意見は,「従前の当審の判示をも包摂するものとして,一般論的な判断基準を整理して示したもの」とする。しかしながら,昭和60年判決の「ごとき」,参考判例②および参考判例①の「など」という文言からすれば,各判例の上掲部分はあくまで立法不作為が国家賠償法上違法となる「例外」的場合の,あくまで「例示」にすぎないとも思われる。このように各判例の上掲各部分を「例示」だと見た場合,参考判例②と参考判例①の表現の違い,すなわち,前者の「国民に憲法上保障されている権利行使の機会を確保するために所要の立法措置を執ることが必要不可欠であり」の部分が後者では消失していることと,「制約」という前者には見られなかった文言が後者に現れていることを,どのように理解すべきか。参考判例②(のうち平成10年公職選挙法改正前の在外投票制度不存在状態を対象とした部分)では,授益的(権利具体化)法令の不存在

が問題とされたのに対し，参考判例①は権利「制約」的法令の存在が問題とされていたという，両事案の違いに帰着しうるのではないか。

この点に関しては，最高裁判所裁判官国民審査法が在外審査を設けていない状態を放置してきた立法府の不作為を国家賠償法上違法とした最大判令和4・5・25（裁判所ウェブサイト。以下，「令和4年判決」という）［→発展問題⑲ 参考判例①］にふれないわけにはいかない。同判決は，立法不作為が国家賠償法上違法となる「例外」的場合につき，「法律の規定が憲法上保障され又は保護されている権利利益を合理的な理由なく制約するものとして憲法の規定に違反するものであることが明白であるにもかかわらず，国会が正当な理由なく長期にわたってその改廃等の立法措置を怠る場合など」としたところまでは，参考判例①の表現と共通するが，その後すぐ，「国民に憲法上保障されている権利行使の機会を確保するための立法措置をとることが必要不可欠であり，それが明白であるにもかかわらず，国会が正当な理由なく長期にわたってこれを怠るときは，上記の例外的な場合に当たる」と述べる部分は，むしろ参考判例②と共通しており，「国民に憲法上保障されている権利行使の機会を確保するための立法措置をとることが必要不可欠」かどうかを含め判断している。これは，令和4年判決が参考判例②と同様，権利具体化法令の不存在をめぐる事案であったことに対応するものと解しうる。

(2) **誰にとって「明白」でなくてはならないか？**

参考判例②にも，参考判例①にも，さらに令和4年判決にも共通に見られる要素としては，「明白」という要件があるが，これは，誰にとって「明白」でなくてはならないか。参考判例①は，最判平成7・12・5（判時1563号81頁）が，国会が民法733条を改廃しなかったことにつき直ちにその立法不作為が違法となる例外的な場合に当たると解する余地のないことは明らかであるとの判断を示していたことなどを踏まえ，上告人（原告）が再婚した当時，再婚禁止期間のうち「100日超過部分が憲法14条1項及び24条2項に違反するものとなっていたことが，国会にとって明白であったということは困難である」（傍丸筆者）として，当該立法不作為が国家賠償法上違法とはいえないとした。

この点に関し，例えば平成22年現行司法試験論文式公法系第1問では，

ホームレスが選挙権を行使しうるための法改正を求める請願書が，国会各院に対してではなく総務省に提出されているが，これでは当該憲法問題が「国会にとって」明白になったとはいいがたい。

●】参考文献【●

糠塚康江・百選Ⅰ 64頁，久保野恵美子・民法判例百選Ⅲ〔第2版〕12頁，木下智史・平成28年度重判解18頁，木村敦子・平成28年度重判解86頁

（大石和彦）

投票価値の平等

　　衆議院議員選挙区画定審議会設置法（以下，「区画審設置法」という）3条2項（当時）は，各都道府県の衆議院小選挙区選出議員の数（＝小選挙区の数）につき，まずは都道府県ごとの人口にかかわらず各1（計47）を配分し，残余の253（＝300－47）は人口に比例して追加配分する方式（以下，「1人別枠方式」という）を採用していた。2012年11月16日，国会は，投票価値の最大較差（各小選挙区の人口のうち最大のものを最少のもので割った数）が2倍以内に収まらない主要原因である1人別枠方式を廃止する平成24年法律第95号を成立させたが，同日衆議院が解散されたため，同年12月の総選挙は，従前の区割規定（公職選挙法〔以下，「公選法」という〕別表第1。最大較差2.425倍）の下で行われた。その後，この平成24年法律第95号による改正後の区画審設置法の下で行われた衆議院議員選挙区画定審議会の勧告に従い，2013年6月24日，区割規定が改正された。これにより最大較差は1.998倍に縮小した。

　　2012年12月の衆議院小選挙区選出議員選挙は合憲か。

●】参考判例【●

① 最大判昭和51・4・14民集30巻3号223頁（衆議院旧「中選挙区」定数配分不均衡訴訟）

② 最大判平成23・3・23民集65巻2号755頁（1人別枠方式違憲状態判決）

③ 最大判平成25・11・20民集67巻8号1503頁（衆議院小選挙区選出議員選挙区割違憲訴訟）

●】問題の所在【●

　投票価値の較差という定番論点につき，近時の最高裁判例および法改正作業を具体的に理解しつつ考えてもらうため，参考判例③の事実をほぼそのまま引用した。焦点は，「1人別枠方式」の廃止をはじめ，投票価値の較差解消に向けた国会の努力（？）をどう評価するかである。

●】解説【●

1　較差何倍までなら合憲か

　従前の最高裁判例では，最大較差2.92倍が違憲状態とはいえないとされたこと（最判昭和63・10・21民集42巻8号644頁），および3.18倍が違憲状態とされたこと（最大判平成5・1・20民集47巻1号67頁）から，較差3倍辺りを分水嶺としているものと推測されてきた。1994年の現行小選挙区比例代表並立制（公選法4条1項）への移行後の衆議院小選挙区選出議員選挙における投票価値の較差をめぐる最高裁判例が2.309倍（最大判平成11・11・10民集53巻8号1441頁），2.471倍（最判平成13・12・18民集55巻7号1647頁）を違憲状態とはいえないと判断したのも，その延長上で考えられてきた。学説上は，複数投票制（たとえば一定の学歴や財産等がある人にはプラス1票とか2票の追加票を投ずることを認める制度）が一般に違憲と考えられていることから，最大較差2倍以上なら（よほどの理由でもない限り）違憲とする見解が有力である。

　本来較差は限りなく1倍に近づけるべきであろうが，もし仮にそれを完全履行（つまり全小選挙区の選挙人数をまったく同じに）しようとして，行政区画に沿わない選挙区割を解禁すると，ゲリマンダリング（特定の政治勢力にとって有利になるように恣意的な選挙区割を行うこと）という，選挙の公正性にとって致命的なもう一方の魔物の封印を解く羽目になりかねない。また自然の地形（山・川など）を無視した区割を行うと，有権者が投票所に行くのに，橋を渡るための大回りや峠越えを強いられたり，自然災害で投票所への交通が寸断される可能性も高まる。そこで実際には，一方で投票価値の平等に配慮しつつも，もう一方では行政区画や自然の地形等にも配慮せざるを得ない。

2　1人別枠方式の合憲性

　上記のような，較差3倍までなら違憲状態ではないとしているかに見えた判例の流れの中，大きな転機となったのが，参考判例②であった。参考判例②が指摘するように，1人別枠方式こそ，「選挙区間の投票価値の較差を生じさせる主要な原因」であった。だが最大判平成19・6・13（民集61巻4号1617頁）に至るまで，最高裁は「立法裁量論」と呼ばれる大要以下のような議論により，1人別枠方式を合憲とした。すなわち憲法（43条2項・47条）は，選挙に関する事項は法律で定めるとしており，また具体的にどのような選挙制度を選択するかについては「極めて多種多様で，複雑微妙な政策的及び技術的考慮要素が含まれて」いるので，裁判所としては国会が行った具体的選挙制度の選択について，よほどのことがない限り違憲とは判断できないというのである。こうした議論はもともと参考判例①において定式化され，その後の判例において2倍台の較差につき違憲状態とはいえないと結論するための主な理由として用いられてきたものである。

　参考判例②も，一般的判断枠組みとしてはこれを踏襲した。そして1人別枠方式については，1994年の現行小選挙区比例代表並立制への移行当初，「新しい選挙制度を導入するに当たり，直ちに人口比例のみに基づいて各都道府県への定数の配分を行った場合には，人口の少ない県における定数が急激かつ大幅に削減されることになるため，国政における安定性，連続性の確保を図る必要があると考えられたこと，何よりもこの点への配慮なくしては選挙制度の改革の実現自体が困難であったと認められる状況の下で採られた方策である」として，その後しばらくの間は「ある程度の合理性があった」ことを認めた。だが2009年総選挙当時においては，上記の必要性はすでに失われており，同方式に基づき定められた選挙区割（最大較差2.304倍）も違憲状態にあるとした。

　その後，最大判平成27・11・25（民集69巻7号2035頁）は，2014年総選挙当時の小選挙区割（最大較差2.129倍）も違憲状態としたが，最大判平成30・12・19（民集72巻6号1240頁）は，2017年総選挙当時の小選挙区割（最大較差1.979倍）は違憲状態とはいえないとした。平成30年判決はあくまで，選挙当時の最大較差が2倍以内に収まっていたことを唯一の理由とする

ものではなく，憲法判断にあたり「総合的に考慮」すべき諸事情の一つとして言及したにすぎないが，1.979 が「ほぼ 2 倍」といえる数値であるだけに，較差はできる限り 1 倍に近づけるべきだとの立場からは，懸念と批判とが寄せられている（こうした近時の判例の展開を概観する文献として安念潤司「一票の較差（最大判平成 27・11・25）」法教 464 号〔2019〕30頁）。

3　合理的期間論

　参考判例①以来，最高裁は，投票価値の選挙区間較差が違憲状態にあるというだけでは「直ちに当該議員定数配分規定を憲法違反とすべきものではなく，人口の変動の状態をも考慮して合理的期間内における是正が憲法上要求されていると考えられるのにそれが行われない場合に始めて憲法違反と断ぜられる」とする立場をとっている。ここでは，上記のような具体的選挙制度選択（どういう内容の制度にするか）に関する国会の裁量（較差が何倍かは，こちらの裁量の逸脱・濫用にかかわる問題）と並び，人口移動といった立法（改正）後の事情変更に対し，次の法改正によって対処するタイミングに関する国会の裁量が想定されており，後者の裁量の逸脱・濫用がすなわち「合理的期間」の徒過というわけである。

　もっとも，合理的期間を徒過したか否かの判断にあたり，実際に最高裁がカウントしてきたものの中には，時間以外の要素も含まれている（安念潤司・百選Ⅱ〔第 4 版〕328 頁）。たとえば参考判例②では，同じ区割規定につき，たった数年前の前掲・最大判平成 19・6・13 において最高裁自身が違憲状態でないと判断していたことを理由として，また参考判例③では，1 人別枠方式を廃止し，較差を辛うじて 2 倍以内に収める法改正作業が完了していたことに注目して，合理的期間は徒過していないとされた。おそらくは「期間」というネーミングが実態に十分合致していないのであって，ちょうど刑法で，当該行為が客観的に違法かどうかのみならず，当時行為者に「違法の認識の可能性」があったかどうか，といった主観的要素も問われるのと似ている，あるいは合理的期間論自体が，刑法で出てくる作為可能性や結果回避可能性をめぐる議論に似ているというと，よりわかりやすいであろう。

　最高裁自身，別の判例（最判昭和 60・11・21 民集 39 巻 7 号 1512 頁および最大判平成 17・9・14 民集 59 巻 7 号 2087 頁〔→基本問題27〕）において述べてい

るとおり，法律を作ったり，改正しないで放置したりする「立法行為」（立法不作為含む）と，立法行為によって産出または放置される「法律の内容」とは本来別物のはずである（両者の区別については大石和彦・百選Ⅱ 420 頁）。公務員の「行為」の違法性を問う国家賠償請求訴訟においては，それらのうちもっぱら前者（立法行為）が審査対象とならざるを得ないので，不作為の属性の 1 つとして「長期」の徒過という要素もカウントに入れられてしかるべきであるし（前掲・最大判平成 17・9・14），後者（法律の内容）は，酷い内容の法律を作った（または改廃せず放置した）立法行為（立法不作為）の一属性へと解消される（前掲・最大判平成 17・9・14）。これに対し本来「法律の内容」の合憲性を判断していたはずの参考判例①〜③において，合理的期間の徒過という「立法行為」の属性までカウントに入れたことに対しては疑問の余地もあろう。

　もっとも，投票価値の較差に関する判例に，「行為」を対象とする刑法に照らした判断に似た要素が持ち込まれることにも，理由がないわけではない。投票価値の較差問題の場合，自由制約法令に対する違憲判断のように，「法律の内容」が違憲なら即無効と判断すれば（つまりは裁判所の違憲判断のみで）即問題解決，というわけにはいかない。「法律の内容」を憲法の要請に適合させるため，国会（議員）が法改正に向けた「行為」を（今後も継続的に）してもらうことが，究極的な問題解決のために不可欠なのである。その点に，国会（議員）が法改正に向けて実際に行った，または行い得た「行為」に注目せざるを得ない要因がある。

4　「事情判決の法理」の半世紀

　参考判例②③いずれも，違憲状態であることは認めつつも，区割規定（公選法別表第 1）そのものを違憲とはしなかった。参考判例①は，当時の衆議院議員選挙区割・定数配分規定を，違憲ではあるが，しかし無効ではない，とした。この，当該規定は違憲であるが，無効とはしない，という参考判例①が採った理屈のことを「事情判決の法理」と呼んでいる。上述のように，投票価値の較差問題の場合，違憲判断対象を無効とすれば済むわけではなく，国会自身による，較差解消に向けた法改正が必須であるところ，仮に区割規定を無効とした結果，衆議院議員の地位も無効ということになれば，上

記法改正もまた不可能になるが，そうした結果をもたらす無効判決を，較差解消を望む裁判所が行うのは背理だ，というのがその理由である。

　では，上記法理は国会議員に，どのようなメッセージとして受け取られてきたであろうか。あまりに大きな較差が開いたら，想定される限界値ギリギリ（例えば 2.99 倍とか 1.99 倍）に収める弥縫策をその度ごとに繰り返していればよく，それさえサボって最高裁を怒らせても，自分たちの地位に影響はない……仮に本稿筆者が国会議員だったら，こんな受け取り方をするだろう。実際これまでの国会の「改正」作業を，上記と大差ないものと見る向きもあろう。1 人別枠方式こそ違憲状態をもたらす元凶であるとした参考判例②（事情判決どころか区割規定違憲判決ですらない）が下された後，国会が同方式を廃止する法改正を行ったこと，さらに参議院選挙における同じ問題をめぐる国会の動き［→発展問題⑦］を，この点でどう捉えるかも含め，考えてみてほしい（なお事情判決以外にありうる判決手法については，赤坂・後掲およびそこに挙げられた文献，さらに藤田宙靖「『一票の較差訴訟』に関する覚え書き──選挙無効判決の効果について」法の支配 171 号〔2013〕86 頁）。

●】参考文献【●

参考判例①につき高田篤・百選Ⅱ 320 頁，参考判例②につき安西文雄・百選Ⅱ 332 頁，参考判例③につき赤坂正浩・平成 25 年度重判 8 頁。

（大石和彦）

新しい人権

> 　XはA自動車教習所で技能指導員をしていたが，解雇され，京都
> 地方裁判所の地位保全仮処分命令により従業員たる地位が仮に定めら
> れ，これに関連する事件が京都地方裁判所や中央労働委員会に係属し
> ていた。A社からこれらの事件を受任した弁護士は，京都弁護士会に
> 対し，「中央労働委員会，京都地方裁判所に提出するため」として，
> Xの「前科と犯罪歴」について照会の申出を行った。これを受けて，
> 同弁護士会が弁護士法23条の2に基づき京都市にXの前科を照会し
> たところ，京都市中京区長が同弁護士会に対し，Xは道路交通法違反
> 11犯，業務上過失傷害1犯，暴行1犯の前科があると回答した。A
> 社は，これによりXの前科を知り，Xがこの前科を秘匿して入社し
> たことをもって経歴詐称であるとして予備的解雇した。そこでX
> は，中京区長の前科についての報告によりプライバシーを侵害された
> と主張して京都市に損害賠償を請求した。
> 　Xの請求は認められるか。

●】参考判例【●

① 　最判昭和56・4・14民集35巻3号620頁（前科照会事件）
② 　最判平成15・9・12民集57巻8号973頁（講演会参加者名簿提出事件）

●】問題の所在【●

　19世紀末のアメリカで「ひとりで放っておいてもらう権利」として提唱
され，判例を通じて承認されたプライバシーの権利は，日本でも1960年代
に本格的に論じられるようになり，1970年代以降は「自己に関する情報を
コントロールする権利」（自己情報コントロール権）としてより広い意味でと

らえられるようになった。日本国憲法にはプライバシーの権利を保障する明文規定は存在しない。そこで，ⓐこの権利を新しい人権の1つとして承認することはできるか，さらにⓑ新しい人権として承認する場合には，この権利の内容と限界をどのように考えるべきかが問題となる。

●】解説【●

1 幸福追求権

憲法13条後段は，「生命，自由及び幸福追求に対する国民の権利」を保障している。これは，一括して幸福追求権と呼ばれている（生命権と幸福追求権とを分離して考える説もある）。幸福追求権の意味について，かつては，憲法14条以下に列挙された個別の人権を「総称」したもので，そこから具体的な法的権利を導き出すことはできないと一般に解されていた。ところが，今日では，幸福追求権から具体的権利を導き出すことができるという考え方が学説・判例によって広く支持されている。日本国憲法の詳細な人権規定は，すべての人権を網羅的に掲げたものではなく，歴史的に国家権力によって侵害されることの多かった重要な権利・自由を列挙しているにすぎない。そこで，社会の変革に伴い，「新しい人権」を認める必要が生じたとき，その根拠となる規定が憲法13条だと考えられるようになった。幸福追求権と個別の人権規定で保障された諸権利は，一般法と特別法の関係にあり，個別の人権が妥当しない場合に限って同条が適用される。これまで，環境権，日照権，嫌煙権，平和的生存権などさまざまな権利が新しい人権として主張されてきたが，判例によって明確に認められているのはプライバシー権，肖像権，人格権のみである。

幸福追求権から導き出される人権の範囲については，基本的に，人格的生存に不可欠な利益に限られるとする人格的利益説と，広く一般的行為の自由を保障しているとする一般的行為自由説の対立があるが，本問の争点となっているプライバシーの権利は，学説・判例によって認められている代表的な「新しい人権」であるため，ここでは人格的利益説と一般的行為自由説の対立には立ち入らない。

2 プライバシーの権利

　日本では,「宴のあと」事件第1審判決（東京地判昭和39・9・28下民集15巻9号2317頁）が,「私生活をみだりに公開されないという法的保障ないし権利」としてプライバシーの権利を初めて認めた。この判決は,プライバシーの権利を私法上の権利として認めたうえで,この権利が,個人の尊厳を保ち,幸福の追求を保障するうえにおいて必要不可欠なものであるとし,それが憲法に基礎づけられた権利であることを確認した。日本国憲法の「個人の尊厳という思想は,相互の人格が尊重され,不当な干渉から自我が保護されることによつてはじめて確実なものとなるのであつて,そのためには,正当な理由がなく他人の私事を公開することが許されてはならない」と判示された。それゆえ,公開された内容が,ⓐ私生活上の事実であるか,またはそれらしく受け取られるおそれがあり,ⓑ一般人が公開を欲しないであろうと認められ,ⓒ一般の人々にいまだ知られていない場合,プライバシーの侵害に対して法的な救済が与えられる（ただし,モデル小説の公表が許されるか否かを判断するためには,これに加えて表現の自由との調整が必要になる）。

　最高裁も,京都府学連事件判決（最大判昭和44・12・24刑集23巻12号1625頁）において,警察官が犯罪捜査のために行つたデモ行進の写真撮影の適法性に関連して,憲法13条に基づき「個人の私生活上の自由の1つとして」,「みだりにその容ぼう・姿態……を撮影されない自由」を認めた。この判決は「プライバシー」の概念を用いてはいないが,学説は,最高裁がこの判決でプライバシーの権利の一種である肖像権に具体的権利性を認めたことから,最高裁によつてプライバシーの権利が憲法上の権利として承認されたと考えている（芦部119頁・121頁）。

　「宴のあと」事件の後,下級審は「プライバシーの権利」の概念を用いるようになつたが,最高裁は,この権利の中身の一部を実質的に肯定したとみることができる場合でも,この概念そのものを用いることは避けてきた。近年,最高裁も「プライバシー」の概念を用いるようになつたが,「プライバシーの権利」を明確に定義したことはない。とはいえ,最高裁は,前述した京都府学連事件では「みだりにその容ぼう・姿態を撮影されない自由」を,指紋押捺拒否事件では「みだりに指紋の押なつを強制されない自由」（最判

平成7・12・15刑集49巻10号842頁）を，憲法13条を根拠に認めた。また，憲法13条への言及はないものの，最高裁は，本問のモデルとなった前科照会事件では，前科等をみだりに公開されないという利益が法的保護に値するとし，後述する講演会参加者名簿提出事件では，学生の氏名や住所等について，他者にはみだりに開示されたくないという期待は保護されるべきであり，「プライバシーに係る情報として法的保護の対象になる」とした（参考判例②）。さらに，住基ネット事件では，憲法13条に基づき，「個人に関する情報をみだりに第三者に開示又は公表されない自由」（最判平成20・3・6民集62巻3号665頁）が承認された。

3 自己情報コントロール権

プライバシーの権利は，今日，自己情報コントロール権としてより広い意味でとらえられている。この権利は，以下の4つの内容を含むと考えられている。それは，ⓐ本人の同意なくして，または，正当な理由なくして，他者に自己情報を収集されない権利，ⓑ合憲的に収集された場合も，本人の同意なくして，または，正当な理由なくして，自己情報が収集目的を超えて利用（外部提供，ないし本人以外への開示等）されない権利，ⓒ他者がいかなる自己情報を保有しているかについて，本人が確認・閲覧できる権利，ⓓ合憲的に収集・保有されているが誤りのある自己情報の訂正請求権・利用停止請求権，違憲的に収集された自己情報の消去請求権・利用停止請求権，保有継続の正当化事由が消滅した自己情報の消去請求権・利用停止請求権，ⓓ前記ⓑの権利を侵害する利用停止請求権である（竹中勲・争点98頁以下）。これらのうち自己情報コントロール権の自由権的側面（ⓐとⓑ）は具体的権利である。これに対し，社会権的側面（ⓒとⓓ）は基本的には抽象的権利であり，原則として個人情報保護に関する法律や条例による具体化を必要としている。

プライバシーの権利が自己情報コントロール権としてとらえられるようになった背景には，高度情報社会の進展に伴い，行政機関や企業が業務の目的に応じて収集した個人情報が，コンピュータを使って連結されること（データマッチング）により，個人の生活状況や人物像の総合的な把握が可能になっているという状況がある。行政機関や企業による個人情報を利用した管理や操作に個人が対抗するためには，個人情報の収集・管理・利用のあり方

を本人のコントロール下におくべきだという考え方が広く支持されるに至った。

　なお，憲法13条から導き出されるプライバシーの権利は，本来は国家に対抗するための権利であるが，個人情報の保護は国家との関係だけでなく，企業や団体との関係でも問題となる。このため，プライバシーの権利は「誰に対しても主張できる全方位的権利」と理解されるようになっている（渋谷＝赤坂・人権288頁［赤坂正浩］）。2003年の「個人情報の保護に関する法律」（個人情報保護法）は，民間部門にも個人情報を保護するためのさまざまな法的義務を課した。

4　本問の考え方

　前科照会事件（参考判例①）で，最高裁は，「前科及び犯罪経歴……は人の名誉，信用に直接にかかわる事項であり，前科等のある者もこれをみだりに公開されないという法律上の保護に値する利益を有する」としたうえで，市区町村長が本来は選挙資格の調査のために作成保管する犯罪人名簿に記載されている前科等について，前科等の有無が訴訟等の重要な争点となっており，市区町村長に照会して回答を得る以外に立証方法がない場合等を除いて，これをみだりに漏えいすることは許されないとした。弁護士法23条の2に基づく弁護士会の照会は，相手方に回答を強制するものではないため，区長は，これに応じる必要性を慎重に検討すべきであったのに，照会の趣旨を確認せず，漫然と照会に応じ，犯罪の種類，軽重を問わず，前科等のすべてを回答しており，これが公権力の違法な行使（国賠1条）に当たるとされた。なお，伊藤補足意見は，前科情報をプライバシーの内容とみたが，多数意見ではプライバシーへの言及はなく，前科をみだりに公開されない利益と憲法13条の関係は明らかにされていない。とはいえ，前述した自己情報コントロール権の内容に照らせば，本件では公権力によって上記ⓑの権利が侵害されたことになる（個人情報の目的外利用）。

　これに対し，講演会参加者名簿提出事件（参考判例②）では，私人によって上記ⓑの権利が侵害された。この事件では，大学が主催する中国要人の講演会への参加者名簿の写しが，参加者の同意を得ることなく，警備のために大学から警察に提出したことがプライバシーの侵害に当たるとされた。名簿

には，参加者の学籍番号，氏名，住所，電話番号が記載されていた。これらの個人情報は秘匿されるべき必要性が必ずしも高いものではないが，取扱い方によっては，個人の人格的な権利利益を損なうおそれがあるから慎重に取り扱われる必要があり，大学が本人の意思に基づかずにみだりにこれを他者に開示することは許されないとされた。最高裁が，氏名や電話番号など，個人の生活・人格の全貌を把握するための糸口となるいわゆるインデックス情報（前科の場合は名誉・信用に直接かかわる事項であった）にもプライバシーとしての法的保護を認めたことは注目に値する。

●】参考文献【●

丸山敦裕・百選 I 38頁，稲葉一将・行政百選 I 87頁，棟居快行・百選 I 40頁，髙井裕之・争点92頁，竹中勲・争点98頁

（鈴木秀美）

政教分離

1990 年 7 月，T 市の市会議員である X が T 市体育館起工式に参列したところ，神社の神職によって神道の式次第に基づき地鎮祭が執り行われた。また，これに要する費用 7663 円を T 市は公費から支出した。公費からの支出を疑問に思った X はいろいろと調べ，憲法 20 条 3 項は国家がすべての宗教に対して中立的立場に立つこと，つまり政教分離原則を宣言するものであって，それは宗教団体への援助の禁止を包含し，憲法 89 条前段はその旨を財政面から明確にした規定だと考えるに至った。そこで，X は，本件起工式は神道の宗教的活動であることは明白であり，これに T 市が公金を支出することは憲法 20 条 3 項および 89 条に違反するとして，地方自治法 242 条の 2 に基づき T 市長に対し T 市の損害の補てんを求める住民訴訟を提起した。

X の訴えは認められるか。

（注）　なお，本問の住民訴訟は 2002 年の地方自治法改正前のもので，違法な財務会計行為をした首長や職員を直接訴えるものである。改正後の住民訴訟については発展問題⑨を参照。

●】参考判例【●

① 最大判昭和 52・7・13 民集 31 巻 4 号 533 頁（津地鎮祭事件）
② 最判平成 5・2・16 民集 47 巻 3 号 1687 頁（箕面忠魂碑・慰霊祭訴訟）

●】問題の所在【●

　憲法は 20 条 1 項前段で信教の自由を保障する一方で，政教分離原則について詳細な規定を置いている。つまり，憲法 20 条 1 項後段で，宗教団体が

国から特権を受けること，または政治上の権力を行使することを禁止し，同条3項で，「国及びその機関は，宗教教育その他いかなる宗教的活動もしてはならない」と規定する。さらに，同法89条は，「宗教上の組織若しくは団体」に対する公金の支出の禁止を定める。厳格な政教分離原則が規定されたのは，明治憲法下で信教の自由の保障が不十分であったからである。しかし，この原則は，国家と宗教のかかわりをすべて否定しているのだろうか，それとも，ある程度のかかわりは認めているのだろうか。

●】解説【●

1　政「教」分離原則が前提とする「宗教」

　政教分離原則は「国家の宗教的中立性の原則」と言い換えることもできる（芦部164頁以下）。そうすると，そこで前提とされている「宗教」の理解がポイントになる。ある行為が宗教的活動かあるいは社会的儀礼かによって，それとかかわる国や地方自治体の活動の合憲性判断は変わってくるからである。

　ところで，憲法20条1項前段および2項は信教の自由の対象としての「宗教」を保障している。それは政教分離原則が前提とする「宗教」と異なるのであろうか。両者は同じとする見解もあるが，多数説は，前者を「超自然的，超人間的本質（すなわち絶対者，造物主，至高の存在等，なかんずく神，仏，霊等）の存在を確信し，畏敬崇拝する心情と行為」（名古屋高判昭和46・5・14判時630号7頁〔参考判例①控訴審判決〕）のように広義に解し，後者を「何らかの固有の教義体系を備えた組織的背景をもつもの」と狭く解する（芦部161頁）。国家および地方公共団体の活動の広がりとその多様さを考慮に入れるならば，多数説の主張するように，政教分離原則が前提とする「宗教」は限定的に解するべきであろう。

2　政教分離原則は制度的保障か人権保障条項か

　憲法は政教分離を定めることによって間接的な強制や弾圧も排除し，信教の自由の完全な保障を図っているのであるから，「政教分離は信教の自由の1つの内容をなす」（浦部法穂『憲法学教室〔第3版〕』〔日本評論社・2016〕149頁）とする見方もあるが，最高裁は，政教分離規定は「制度的保障」の規定

であって、「信教の自由そのものを直接保障するものではなく、国家と宗教との分離を制度として保障することにより、間接的に信教の自由の保障を確保しようとするもの」と解している（参考判例①）。

　ところで、制度的保障とは、「憲法が個人的権利、とくに自由権そのものとは異なる一定の制度に対して、立法によってもその核心ないし本質的内容を侵害することができない特別の保護を与え、当該制度それ自体を客観的に保障していると解される場合」（憲法学Ⅱ87頁）を指す。したがって、最高裁のように、制度的保障と解することにより「核心部分」に至らないところでは完全な政教分離は要請されない。また、制度的保障と解された政教分離規定からは権利を基礎づけることはできないのである。

3　目的効果基準：国家と宗教のかかわりを判定する基準

　国や地方自治体はいかなる場合に、いかなる限度で、宗教にかかわることが認められるのであろうか。これは難しい問題だが、これに応えるべく判例・学説が創出したのが「目的効果基準」である。最高裁の判決をみてみよう。

　政教分離原則は、「国家が宗教とのかかわり合いをもつことを全く許さない」のではなく、「宗教とのかかわり合いをもたらす行為の目的及び効果にかんがみ、そのかかわり合いが右の［わが国の社会的・文化的］諸条件に照らし相当とされる限度を超えるものと認められる場合にこれを許さない」（［　］および傍点は筆者）のである。そして、憲法20条3項が禁止する宗教的活動とは、国家と宗教とのかかわり合いが「相当とされる限度を超えるものに限られ……、当該行為の目的が宗教的意義をもち、その効果が宗教に対する援助、助長、促進又は圧迫、干渉等になるような行為」をいう。

　最高裁は、さらに、目的効果基準の適用について、ⓐ当該行為の主宰者、ⓑ当該行為の性質、ⓒ当該行為の行われる場所、ⓓ当該行為に対する一般人の宗教的評価などの要素を挙げ、社会通念に従って客観的に判断しなければならないとする（参考判例①）。

4　本問の考え方

　本問のモデルとなった津地鎮祭事件（参考判例①）で、最高裁は、本件起工式が宗教とのかかわり合いをもつものであることを否定し得ないとする。

そして，起工式の主宰者は神職であるが，その行為の性質は「社会の一般的慣習に従つた儀礼を行うという専ら世俗的なもの」で，また，当該行為の場所は「市体育館予定地」であって，さらに，「一般人の意識においては，起工式にさしたる宗教的意義を認めず，建築着工に際しての慣習化した社会的儀礼として，世俗的な行事と評価している」と最高裁は判断する。このような検討に基づき，本件起工式が宗教とのかかわり合いをもつことは否定し得ないとしても，「その目的は建築着工に際し土地の平安堅固，工事の無事安全を願い，社会の一般的慣習に従つた儀礼を行うという専ら世俗的なものと認められ，その効果は神道を援助，助長，促進し又は他の宗教に圧迫，干渉を加えるものとは認められない」とした。

　最高裁は，したがって，本件起工式は憲法20条3項により禁止される宗教的活動には当たらないとするが，ⓑ～ⓓの評価が決め手となっている。これに対し，反対意見は，本件起工式は「極めて宗教的色彩の濃いものいうべきであつて，これを非宗教的な習俗的行事ということはとうていできない」ものであり，「明らかに，憲法20条3項にいう宗教的活動にあたる」とした。ⓑについての判断が法廷意見とまったく異なっているのである。したがって，Xが提起した住民訴訟は，最高裁法廷意見によるならば認められない。

●】参考文献【●

津地鎮祭事件については多くの判例評釈がある。ここでは，福岡安都子・百選Ⅰ94頁を挙げるにとどめる。

（笹田栄司）

信教の自由

僧侶であるＹは，Ｘ寺（宗教法人）の代表役員・住職であったが，所属するＡ宗の最高僧職である現法主は法主就任に必要な宗教上の秘儀を経ていないとして，法主就任の無効を主張したため，Ａ宗から僧職剥奪処分を受けた。しかし，Ｙは処分を不当として寺に居続けたため，Ａ宗本山の意を受けたＸ寺が，Ｙを相手どってＸ寺の建物の明渡請求訴訟を提起した。

Ｘ寺の請求は認められるだろうか。

●】 参考判例 【●

① 最判平成元・9・8民集43巻8号889頁（蓮華寺事件）
② 最判昭和56・4・7民集35巻3号443頁（板まんだら事件）

●】 問題の所在 【●

信教の自由は，近代人権思想の形成を促した重要な自由である。現在の日本にも，信教をターゲットとした国家規制がないわけではないし，一般的な国家規制が特定の信仰者には大きな苦痛を与えることもある。基本問題では前者を取り上げよう。具体的な論点は，宗教上の教義をめぐる争いが発端となった訴訟で，裁判所が建物明渡請求の当否を審査して，Ｘ寺の請求を認容または棄却する判決を下すことは，当事者の信教の自由（20条）を侵害することになるかである。

●】解説【●

1 信教の自由の規制

⑴ 信教の自由

　人類の歴史は激しい宗教対立の歴史でもあり，宗教対立は，しばしば国家権力を巻き込んで凄惨な弾圧や戦争の原因となってきた。その反省を成立の一契機とする近代人権思想の中核には，宗教的自由の承認と寛容の要請がある。憲法も，20条で信教（＝宗教）の自由を手厚く保護している。同条1項前段・2項が保障する「信教の自由」は，内心の信仰，特定宗教の礼拝・布教，信仰を同じくする者による宗教団体の結成，そして宗教団体による宗教活動を保護対象とする。

⑵ 信教の自由の規制類型

　しかし，現実の歴史をみると，近世以降の日本でも，国家権力によるさまざまな宗教規制が行われ，時には宗教弾圧もあった。それらのなかには日本国憲法の下では決して許されないものも多いが，さりとていかなる規制も常に違憲だとはいえない。そこでまず，これまでの規制の主要な類型を例示しておこう。

　　ⓐ　国家による特定宗教の信仰自体の禁止（例：江戸幕府による「キリシタン禁制」）

　　ⓑ　国家による特定宗教の礼拝・布教の全面禁止（例：同じく江戸幕府による「キリシタン禁制」）

　　ⓒ　国家による特定宗教の礼拝の強制（例：明治憲法下で行われた神社参拝の強制）

　　ⓓ　国家による宗教への意図的な介入でⓐ～ⓒの程度には至らないもの

　　ⓔ　国家法上の一般的義務と特定宗教の信仰との衝突

　もちろん，ⓐⓑが今日では憲法20条1項前段違反であることは明白である。ⓒも信教の自由の侵害（20条1項前段違反）に変わりはないが，過去の経緯を踏まえて同条2項が特に明文で禁止している。したがって，上の例示で現実に合憲性が問題となりうる規制類型は，ⓓとⓔである。

(3) 信教の自由の規制に関する判例

　ⓔは，国家法が一般市民に課している，それ自体としては合憲的な義務が，ある人の信仰と衝突する場合，法的義務のほうを免除しないとその人の信教の自由の侵害になるかという憲法問題である。外国の典型的な例としては，絶対的平和信仰を理由に兵役義務を拒否できるかという「良心的兵役拒否」の問題が挙げられる。日本国憲法下の古典的判例には，「加持祈祷事件」（最大判昭和38・5・15刑集17巻4号302頁）と「牧会事件」（神戸簡判昭和50・2・20判時768号3頁）がある。前者は真摯な信仰に基づく宗教行為であるからといって傷害致死罪の違法性は阻却されないとした判決であり，後者は逆に真摯な信仰に基づく行為であることなどを理由に，犯人蔵匿罪の違法性阻却を認めた判決である（ⓔの類型の考察は発展問題⑫で行う）。

　これに対して，ⓓの特定宗教あるいは宗教一般に対する国家の意図的な介入は，幸いなことに日本国憲法下では例が少ない。たとえば，文化財の保護などを目的として，特定の寺社の拝観料に課税することを定めた条例が，信教の自由の侵害となるかが争われた「奈良県文化観光税条例事件」（奈良地判昭和43・7・17判時527号15頁），「京都市古都保存協力税条例事件」（京都地判昭和59・3・30判時1115号51頁）は，その例といえるだろう。また，宗教法人法の規定に基づく解散の申立てを受けて，オウム真理教の法人格を剥奪した裁判所決定が，信教の自由の侵害に当たるかが争われた「オウム真理教解散命令事件」（最決平成8・1・30民集50巻1号199頁）もこれに当たる。裁判所は，いずれも信教の自由の侵害とはいえないとした。

2　宗教団体の内部紛争と司法権

(1) 宗教団体の内部紛争

　これに対して，本問で示したようなケースは，憲法の教科書では「宗教団体の内部紛争と司法権」という位置づけで，「司法権の概念」あるいは「限界」の問題として取り扱われている（芦部347頁以下。特に351-352頁）。しかし，こうした宗教団体の内部紛争に関する裁判は，裁判所という国家権力による信教の自由の規制という側面をもっているので，ⓓの一例と捉えることもできる。

　ここでいう「宗教団体の内部紛争」には，本問のような寺の住職と宗派と

の争いなど，いわば純然たる内部紛争のみならず，宗教団体とその元信者の争いのような宗教団体がらみの紛争も含まれる。

こうした紛争が民事訴訟として裁判所にもちこまれた例は決して少なくない。民事訴訟の訴訟物としては，純粋に宗教上の争いも考えられなくはないが（⑦），宗教上の教義をめぐる紛争が，形式としては，建物の明渡し，寄付金の返還，宗教法人の代表役員のような法律上の地位の確認など，それ自体としては「世俗的」な請求の体裁をとることが多い（⑦）。⑦⑦いずれの場合でも，裁判所が請求内容について本案審理をして結論を出すことが，敗訴当事者の信教の自由の侵害とならないかが問題となるわけである。

(2) 学説の考え方

まず⑦のような，宗教上の教義をめぐる争いそれ自体が訴訟の対象となっている場合には，当該紛争は司法権の及ぶ「法律上の争訟」とはいえず，裁判所は訴えを却下する以外にない。しかし⑦には，寺の住職の地位確認請求のように，宗教上の地位そのものの争いではあるが，一応当事者の権利義務の存否に関する請求となっているケースもあり，その場合には司法権が及ぶとする少数説もある（伊藤眞「宗教団体の内部紛争と裁判所の審判権」判タ710号〔1989〕4頁）。

これに対して，⑦のように，訴訟物自体は世俗的なものであるが，その前提に教義をめぐる紛争が存在する場合はどうか。これについては，やはり「法律上の争訟」とはいえないとして，訴えを却下すべきだという立場と，「法律上の争訟」性は認めて本案審理をすべきだという立場がある。多数説は後者である。

しかし，⑦のケースについて本案審理を認める多数説も，前提問題に含まれる宗教上の教義をめぐる争いそのものについて裁判所が審査することは，信教の自由・政教分離に反すると考える点では，実は一致している。そのうえで多数説はさらに，教義に関する争いについては，(i)宗教団体の自律的決定を尊重すべきだとする立場と，(ii)事案を民事訴訟法上の主張・立証責任の問題として処理すればよいとする立場とに分かれる。(i)が多数説だといわれる（山本・後掲33頁）。どちらの法的構成をとっても，結論には違いがないことになるだろう。

⑶ **判例の動向**

　最高裁は当初，「種徳寺事件」判決（最判昭和55・1・11民集34巻1号1頁），「本門寺事件」判決（最判昭和55・4・10判時973号85頁）において，宗教団体内部の紛争でも，訴訟物が法律的なものである場合には（上述㋑のケース），前提となる宗教問題についても，たとえば住職の選任手続が内規どおりであったかというような教義にわたらない争点については，裁判所が本案審理を行うことができ，通常の立証責任の問題として処理できるという発想であった（上述(ii)の立場）。

　しかしその後，最高裁は，元信者が寄付に要素の錯誤があったとして，教団に不当利得の返還を求めた「板まんだら事件」（参考判例②）を転機として，法律上の争訟の体裁をとっていても，前提問題に教義をめぐる争いが含まれる場合には法律上の争訟性が否定され，したがって本案審理をせずに訴えを却下すべきだとする立場に転換した。参考判例①もそうである。

⑷ **考え方**

　国家機関である裁判所が，宗教上の教義の解釈を行うことは，異なる解釈をとる当事者の信教の自由を侵害し，同時に政教分離原則にも反することになる。しかし，教義問題が含まれている紛争については，広く「法律上の争訟」性を否定して訴え却下の判決を下す処理にも，大きな問題があることが多くの学者によって指摘されてきた。

　確かに，「板まんだら事件」（参考判例②）のような不当利得返還請求訴訟の場合には，裁判所が訴えを却下すると，原告が給付を受けられないで事件が終結するだけだともいえる。しかし，本問のような建物の明渡請求訴訟の場合には，裁判所が明渡請求権を否定も肯定もせずに訴えを却下すると，Ｙが寺に居座る状況が続いた場合，自力救済が禁止されている現行法制の下ではＡ宗本山側には打つ手がなくなり，檀家の分裂や寺の荒廃が放置される結果となる。

　この結果を回避しつつ，信教の自由も最大限保護するためには，前提問題に教義をめぐる争いが含まれている場合には，当該宗教団体の自律的決定を尊重する(i)の立場に立って本案審理を行うことが，バランスのとれた態度だということになるだろう。当事者の一方の教義の解釈をそのまま採用し，し

たがって他方の解釈を受容しない結果となるが，信教の自由を尊重しつつ法
的権利義務関係を明確化するためにはやむを得ない選択であろう。

　そう考えると，本問のような場合には，法主就任に必要な宗教的秘儀を経
たか否かという争点については，これを肯定する A 宗の自律的判断を尊重
して，明渡請求権の存否を審査する方向が望ましいことになる。

●】参考文献【●

宍戸常寿・百選Ⅱ 400 頁，藤田尚則・百選Ⅱ 402 頁，山本和彦『民事訴訟法の基
本問題』（判例タイムズ社・2002）33 頁，安念潤司「司法権の概念」大石眞・石
川健治編『憲法の争点』（有斐閣・2008）250 頁，神橋一彦『行政救済法』（信山
社・2012）18 頁

（赤坂正浩）

基本 問題 11

思想・良心の自由

公立高校の教諭Ⅹは，卒業式のしばらく前から，校長に対し，親戚に出征経験者や戦没者遺族が多数おり，その悲惨な経験を何度も聞いて，「日の丸」や「君が代」を卒業式に組み入れることはどうしても受け入れられないと考えていると説明していた。校長は，Ⅹに対して，卒業式における国歌斉唱の際に国旗に向かって起立し国歌を斉唱すること（起立斉唱行為）を求めたが，Ⅹがあくまで起立斉唱はできないと繰り返し申し述べたため，起立斉唱行為を命ずる旨の職務命令を発した。式の当日，Ⅹは国歌斉唱時に起立しなかったが，卒業式自体は大きな混乱もなく終了した。後日，Ⅹは，職務命令違反を理由に戒告処分を受けた。そこで，Ⅹは，上記職務命令は憲法19条に違反するとして，戒告処分の取消しを求めた。

Ⅹの請求は認められるか。

●】参考判例【●

① 最判平成23・5・30民集65巻4号1780頁（起立斉唱事件）
② 最判平成19・2・27民集61巻1号291頁（ピアノ伴奏事件）
③ 最判平成24・1・16判時2147号127頁（懲戒処分訴訟）

●】問題の所在【●

諸外国の憲法では思想の自由を独自に保障する例はほとんど見当たらないとされる（芦部154頁）が，明治憲法下での弾圧等に鑑みてとくに規定された憲法19条は，一般に，ⓐ特定の思想を禁止または強制されない，ⓑ自己の思想の告白を強制されない（沈黙の自由），ⓒ思想を理由に不利益取扱いを受けない，ことを保障するものとされる。「思想」と「良心」はとくに区別

する必要はないとされ，合わせて「内心の自由」とも呼ばれる。しかし，内心の自由は絶対的だといっても，内面的な精神活動は外部的行動と密接な関係にあることから，外部的行動の規制による内心の自由の侵害が論じられるようになった。本問では，職務命令によってXの思想・良心に反する外部的行為を強制することが憲法 19 条に違反しないかが問題となる。

●】解説【●

1　起立斉唱行為と思想・良心の直接的制約

　卒業式での起立斉唱行為を命ずる職務命令が問題となった参考判例①は，翌月にかけて 3 つの小法廷で横断的に下された，同種の事件についての 4 つの小法廷判決の嚆矢となるものである（これら 4 判決の多数意見は概ね同一の内容であるが，7 名の裁判官の補足意見と 2 名の裁判官の反対意見が付されて多様な議論が展開される一方，大法廷回付を回避したことには学説から疑問も示された）。

　参考判例①は，第 1 に，起立斉唱行為は，その性質において，学校の儀式的行事における慣例上の儀礼的な所作というべきものであり，「日の丸」や「君が代」が戦前の軍国主義等との関係で一定の役割を果たしたと考える教師の歴史観ないし世界観を否定することと不可分に結びつくものではないから，起立斉唱行為を求める職務命令は，教師の歴史観ないし世界観それ自体を否定するものとはいえないとした。

　第 2 に，起立斉唱行為は，外部からも，学校の儀式的行事における慣例上の儀礼的な所作として認識されるものであって，特定の思想（またはそれに反対する思想）の表明と受け取られるとは考えにくいから，起立斉唱行為を求める職務命令は，教師に特定の思想をもつことを強制したり，これに反する思想をもつことを禁止したりするものではなく，特定の思想の有無について告白することを強要するものともいえないとした。

　以上のことから，参考判例①は，起立斉唱行為を求める職務命令が個人の思想・良心の自由を直接的に制約するものと認めることはできないとする。

　つまり，参考判例①は，学校の儀式的行事である卒業式等の式典における国歌斉唱に際して，教員に慣例上の儀礼的な所作としての起立斉唱行為を命

じても，前記ⓐおよびⓑに反しないとしたのである。上記の第1と第2の観点についての判断は，入学式での国歌のピアノ伴奏を音楽教師に命ずる職務命令が問題となった参考判例②とも共通している。

最高裁（多数意見）は，「君が代」に対する否定的評価という「歴史観ないし世界観」自体を思想・良心の核心部分と捉え，それを直接否定する外部的行為の強制や，外部からの認識可能性の点でこれと同様の作用を及ぼす外部的行為の強制が，思想・良心の自由に対する直接的制約になると考えている。たとえば，踏み絵という外部的行為の強制は，キリスト教信仰の中核を否定するものとして，直接的制約となりうる。それに対して，式典における「君が代」のピアノ伴奏や起立斉唱の拒否は，思想・良心の核心部分ではなく，その派生的ないし付随的行為であると捉えたものと解される。

2　起立斉唱行為と思想・良心の間接的制約

ところが，参考判例①は，第3の観点として，起立斉唱行為が教師の思想・良心の自由についての間接的な制約となる面があるとする。なぜなら，㋐起立斉唱行為は教員の日常の授業や事務の内容自体には含まれず，㋑起立斉唱行為は一般的・客観的に見ても国旗・国歌に対する敬意表明の要素を含む行為であり，㋒自分が否定的に評価している「日の丸」や「君が代」に対して敬意を表明することには応じがたいと考える者が，敬意表明の要素を含む行為を求められることになり，㋓個人の歴史観・世界観に由来する行動（敬意表明の拒否）と異なる外部的行為（敬意表明の要素を含む起立斉唱行為）を求められることとなるからである。

しかし，参考判例①は，個人の多種多様な歴史観・世界観に由来する外部的行動（何らかの行動の実行または拒否）が社会一般の規範等によって制限を受ける場合でも，必要かつ合理的な制限によって生ずる思想・良心の自由についての間接的制約は許されるとする。そして，職務命令による間接的制約の許容性については，職務命令の目的と内容，そしてその制約の態様等との「相関的・総合的な比較衡量」（岩井伸晃＝菊池章・最判解民平成23年度（下）479頁）を行い，制約を許容しうる程度の必要性と合理性の存否を判断するという，審査の枠組みを示した。

結局，参考判例①の事案では，職務命令は，関係法令等の諸規定の趣旨に

沿い，地方公務員の地位の性質と職務の公共性を踏まえたうえで，教育上の行事にふさわしい秩序の確保と式典の円滑な進行を図るものであって，慣例上の儀礼的な所作として起立斉唱行為を求める内容であり，思想・良心の自由についての間接的制約を許容しうる程度の必要性と合理性が認められるとされた。しかし，学説からは，外部的行動の規制による思想・良心の自由の間接的制約が絶対的に禁止されるのではないとしても，参考判例①の認定は抽象的な周辺事情の羅列にとどまり，必要性・合理性の実質的な検証を欠くとの批判がある。

先行する参考判例②では，職務命令の合理性を判断する際に，間接的制約の問題は論じられていなかった。参考判例①は，上記㋐ないし㋑のことから，職務命令が間接的制約となる面があるとした。これに対して，参考判例②は，「客観的に見て，入学式の国歌斉唱の際に『君が代』のピアノ伴奏をするという行為自体は，音楽専科の教師等にとって通常想定され期待されるもの」とみて，間接的制約にも該当しないとしたものと解される。

3 本問の考え方

本問のＸに対する職務命令は，参考判例①に従えば，憲法19条に違反せず，Ｘの請求は認められないこととなりそうである。しかしながら，Ｘの真摯な思想・良心の核心部分を保護するために，義務免除を検討する余地がある。そのように考える手がかりを，最高裁自身が本書の発展問題⑫の参考判例①において示している。つまり，発展問題⑫の設問における信教の自由を思想・良心の自由に置き換えて考えてみるのである。本問の参考判例①の須藤補足意見や最判平成23・6・6（民集65巻4号1855頁）の宮川反対意見にも，その可能性が見出される。

ただし，内心の自由に基づく義務免除を広く認めるならば，「政治社会は成り立たない」（佐藤・日本国憲法論249頁）ことになりかねない。そこで，国家による個人の内面への強制や推知が問題となる場合には，思想・良心の自由の保障内容は内心におけるものの見方ないし考え方を広く含むと考え，本問のように個人の内面に反する外部的行為の義務免除が問題となる場合には，思想・良心の自由の保障内容は世界観・人生観等のように人格形成に関連するものに限定されると考えることで，義務免除の範囲を限定することが

できるかもしれない。前述の宮川反対意見も，起立斉唱の拒否が，思想・良心の核心に昇華したと評価できる程度の「歴史観ないし世界観及び教育上の信念」と密接に関連する真摯なものである場合には，職務命令について，厳格な基準によって事案の内容に即して具体的に合憲性審査を行うべきとしている。

　ところで，本問において，Xは，自己の思想・良心に基づき起立斉唱ができないことを事前に繰り返し校長に説明していた。当日，Xは起立しなかった（不作為）だけであり，卒業式も大過なく終了したにもかかわらず，懲戒処分がなされたとすれば，Xの思想・良心を狙い打ちした意図的規制（直接的制約）ではないかを疑うことも考えられる。参考判例①と②の事案についても，思想・良心の自由の直接的制約に当たるとする見解がある（戸波・後掲 19 頁）。

　なお，最高裁は，職務命令に反して起立斉唱やピアノ伴奏を拒否した教職員に対して懲戒処分を行うことが憲法 19 条に違反しないとしても，戒告処分より重い減給処分等を選択することについては慎重な考慮が必要であるとしている（参考判例③）。これは，職務命令による間接的制約の許容性に関する「相関的・総合的な比較衡量」の枠組みをもって，制約の態様等の面に踏み込み，懲戒処分の裁量論において判断を示したものと解することも可能であろう。

●】**参考文献**【●

蟻川恒正・百選Ⅰ82 頁，戸波江二・平成 23 年度重判 18 頁，米沢広一『憲法と教育 15 講〔第 4 版〕』（北樹出版・2016）51 頁

（齊藤正彰）

表現の自由：
事前規制

　　Xは，アメリカ合衆国所在のA商社に対して雑誌・書籍の購入を
注文し，これらの雑誌等（本件物品）がA商社から日本に郵送されて
きた。しかし，関税法に基づいて検査を行った税関は，本件物品が関
税定率法21条1項4号〔現在では関税法69条の11第1項7号〕
によって輸入を禁止された「風俗を害する書籍」等に該当すると判断
して，税関長Y名義でその旨をXに通知した。これに対して，Xは，
この通知処分の根拠である同号は憲法21条2項等に反するので，本
件処分も違憲だとして，処分の取消しを求める行政訴訟を提起した。
　　Xの請求は認められるだろうか。

●】参考判例【●

① 最大判昭和59・12・12民集38巻12号1308頁（札幌税関検査事件）
② 最判平成20・2・19民集62巻2号445頁（メイプルソープ事件）

●】問題の所在【●

　表現の自由は，精神的自由と総称される権利グループの中心に位置し，論
点の多い重要な権利である。取り上げるべき論点が多い分だけ，主要な憲法
教科書による整理のしかたもさまざまだが，表現の自由の事前規制と事後規
制，内容規制と内容中立規制という，規制態様の違いによる整理はポピュ
ラーである。そのなかから，ここでは事前規制の基本論点を取り扱う。主題
は，関税法の税関検査制度は憲法21条2項前段が禁止する「検閲」ではな
いか，「検閲」ではないとしても同条1項の表現の自由を侵害する違憲の制
度ではないかである。

●】解説【●

1 表現行為の保護と規制

憲法21条1項は，集会・結社の自由とともに，「言論，出版その他一切の表現の自由」を保障している。表現の自由が保護しているのは，一般市民相互間のさまざまな情報の交換行為，つまりコミュニケーション行為である。

しかし，国家権力の担当者（＝政府）の側からみると，一般市民相互の自由な情報交換行為を規制したくなる事情がいろいろとある。たとえば，政府批判や政府が支持していない宗教的メッセージなどは，どこの国の権力担当者にとっても自由な発信を阻みたくなる情報である。ところが，民主主義が健全に維持され発展していくためにも，また個人が自分の人生の可能性を切り拓いていくためにも，こうした情報こそ，自由な交換を認められる必要性が高い（表現の自由の「自己統治の価値」と「自己実現の価値」。芦部180頁）。他方で，詐欺の被害を招いたり，名誉・プライバシー権の侵害を招くような，いわゆる「有害情報」というものが現に存在することも事実である。

そこで，日本国憲法のような立憲民主主義憲法は，表現の自由を最大限保障することを原則としながら，一般市民を有害情報から守ることにも配慮しようとしている。

2 表現行為の事前規制

(1) 事前規制と事後規制

立憲民主主義憲法にとっては，自由な表現行為の保護こそ大原則であるから，「有害情報」も自由な情報市場でのコミュニケーション（市民同士の議論や批判）を通じて識別・淘汰されるのが理想的である（「思想の自由市場」論）。この立場からは，市民による情報発信を政府が事前に規制することは本来許されない。したがって，表現行為の規制方式としては，情報発信者に対して後から刑事制裁などの何らかの不利益を課す「事後規制」が原則ということになる。憲法21条2項前段の「検閲」禁止もそういう趣旨である。

(2) 検閲の意味

憲法21条2項前段が禁止する「検閲」とは，大雑把にいえば市民による情報発信を政府が事前にチェックする行為である。しかし，検閲概念の精密

な定義をめぐっては，学説の間に対立がある。そこで，日本国憲法の学習に際しては，憲法が禁止する検閲について，いくつかの異なる理解があることを知っておく必要がある。

多数説によれば，「検閲とは，行政機関が，市民による情報発信前にその内容を審査し，不適切と判断する情報の発表を禁止したり，修正を命ずる行為」である（検閲概念①。佐藤・日本国憲法論286頁，戸波268頁）。行政権力の内部にこうした審査部門が設けられ，情報統制が行われるのが一般的だったことが定義に反映している。

検閲概念①は，検閲の主体として行政機関を想定し，行為としては発表の禁止を想定している。この定義だと，裁判所による新聞記事などの事前差止めは「検閲」には含まれず，また，第2次世界大戦前の日本のように，警察の事前審査はあるが，一旦は出版を許した後に発売禁止処分を行う仕組みも「検閲」ではないことになる。これを不当として，「検閲とは，（行政機関に限定されない）公権力が，市民による情報発信前にその内容を審査し，不適切と判断する情報が（発表の禁止だけではなく）受け手に到達するのを阻止する行為」だという定義もある（検閲概念②。芦部207-208頁参照）。

(3) 検閲禁止の意味

ところで，憲法21条2項前段の検閲禁止は，例外を許さない絶対的禁止なのだろうか。それとも「公共の福祉」のためなら場合によっては許される相対的禁止にすぎないのだろうか。

多数説は，憲法21条2項前段の検閲について，検閲概念①（狭義説）をとり，これを前提として，絶対的禁止説に立つ（伊藤320頁，佐藤・日本国憲法論286頁，戸波267-268頁）。絶対的禁止説によれば，検閲は表現行為に対して各国政府がとってきたもっとも一般的な規制方法であり，しかも情報の流通そのものを阻止するきわめて強力な規制なので，憲法は検閲が例外なく絶対に許されないことを明示したのである。

3 税関検査の合憲性判断

(1) 税関検査の仕組み

憲法21条2項前段の検閲禁止に触れないかどうかが争われてきた代表的な制度が，いわゆる「税関検査」である。参考判例①の時代には，この制度

は関税定率法21条に定められていたが，現在では，この条文は関税法69条の11に移されている。関税定率法旧21条1項は，「次に掲げる貨物は，輸入してはならない」として，1号〜5号まで5項目の輸入禁制品を列挙し，3号に「公安又は風俗を害すべき書籍，図画，彫刻物その他の物品」を掲げていた。現在の関税法69条の11第1項も同様の規定で，その1号〜10号に輸入禁制品が掲げられている。旧4号は現行規定の7号に文字どおりそのまま移されたが，続く8号に児童買春・児童ポルノ法にいう「児童ポルノ」が追加されたため，7号物品は「児童ポルノ」を除く「公安又は風俗を害すべき書籍」等である点が以前とは異なる。

　輸入禁制品の持込みは，財務省（旧大蔵省）の一組織である税関の職員が，港湾や空港でチェックしている。現関税法69条の11第1項7号・8号物品（旧4号物品）が発見されると，税関はその旨を所有者に通知し，所有者が所有権の放棄に同意せず，どうしても国内に持ち込もうとすると，最終的には関税法109条によって刑事訴追され，7年以下の懲役もしくは3000万円以下の罰金に処され，またはこれらを併科される。「風俗を害する」かどうかは，当然のことながらその書籍などの内容を調べないとわからない。この内容チェックが憲法21条2項前段の禁止する「検閲」に当たらないかが問題なのである。憲法の勉強で「税関検査」という場合には，特にこの審査を念頭に置いている。

(2) 税関検査と憲法21条2項前段

　(A) 学説　税関検査は，行為の主体（税関という行政機関）・対象（書籍等の内容）・時期（国内持込前）・結果（持込禁止と処罰）からみて，検閲概念①②のいずれをとっても検閲に該当することになるだろう。現に多数説（検閲概念①＋絶対的禁止説）も，税関検査を憲法21条2項前段違反とする。

　(B) 判例　最高裁は憲法21条2項前段の検閲禁止は絶対的かという問題について，絶対的禁止説をとったが，税関検査は同項前段の「検閲」の定義にあてはまらないという。

　その前提として，最高裁はこの判決で初めて憲法21条2項前段の「検閲」を以下のように定義した。検閲とは，「行政権が主体となつて，思想内容等の表現物を対象とし，その全部又は一部の発表の禁止を目的として，対

62

象とされる一定の表現物につき網羅的一般的に，発表前にその内容を審査した上，不適当と認めるものの発表を禁止することを，その特質として備えるものを指すと解すべきである」（検閲概念③）。

　この定義に照らして，最高裁が税関検査を検閲ではないと判断した理由は，次の3点にまとめることができるだろう。第1に，対象物はすでに国外で発表済みであり，税関で没収廃棄されるわけでもないので，税関検査は事前規制そのものではない。第2に，税関検査は関税徴収手続の一環として行われるもので，「思想内容等それ自体を網羅的に審査し規制することを目的とするものではな」く，税関も思想内容等の規制を「独自の使命」とする機関ではない。第3に，持込みを禁止された市民には，司法審査で争う機会が与えられている。

　しかし，この「あわせ技」にはいろいろと無理がある。まず，国外で発表済みの情報であることは，日本の国家機関の行為が検閲に当たるかどうかの問題とは本来関係ないし，裁判所の事後審査があれば，行政のいかなる行為も許されることにはならない。また，旧4号物品のチェックは，関税徴収を本来の業務とする税関によって，関税徴収手続に付随していわば片手間に行われるので，「網羅的審査」とはいえないとされるが，この発想だと，ランダムな抜きとり検査や，いろいろな行政機関が手分けして行う事前審査は検閲ではないことになりかねない。判決の理由づけは，税関検査合憲論者からさえ，「ゼロはいくら合計しても，ゼロ」だと酷評された（山内一夫・ジュリ830号〔1985〕8頁）。

　そもそも，税関検査は「網羅的審査」ではないという論拠が成り立つのは，最高裁の検閲の定義（検閲概念③）が，検閲概念①と基本的には同一でありながら，学説とは異なって「網羅的一般的」な審査という限定をはじめから組み込んでいるからである。判例の検閲概念のこうした独自性を，この際よく理解しておく必要があるだろう。

(3)　税関検査と憲法21条1項

　百歩譲って，仮に税関検査は憲法21条2項前段違反ではないとしても，まだ同条1項違反の可能性が残っている。

　その第1は，税関検査は憲法21条2項の検閲ではなくても，表現行為の

事前規制の一種ではあるので，その意味で同条1項違反にならないかという問題である。学説の発想からすると，税関検査の目的と，手段としての税関検査の有効性・必要性について，厳格な審査をして合憲性を判断すべきことになるだろう。しかし参考判例①は，古い「公共の福祉論」によって，簡単に同条1項違反ではないと判断した。

　第2は，関税定率法旧21条1項4号（現関税法69条の11第1項7号）の「風俗」という構成要件が，表現規制法としては憲法21条1項から要求され，刑罰法規としては同法31条からも要求されるはずの，「明確性」を備えていないのではないかという問題である。税関検査が常に抱えている憲法問題ではなく，現実の条文の文言に起因する論点である。参考判例①は，ⓐ解釈上，規制対象となるものとそうでないものとを明確に区別することができ，ⓑしかも一般国民が，当該表現物が規制対象となるかどうかを判断する基準を規定から読みとれる場合には，表現規制法の限定解釈が許されるとした。そのうえで，関税定率法旧21条1項4号（現関税法69条の11第1項7号）の「風俗」はもっぱら性的風俗を意味するので，禁止対象は「わいせつな書籍等」に限定されるとして，いわゆる「合憲限定解釈」をとった。

　しかし，上述ⓐⓑの基準に従えば，この規定の「風俗」という文言が，当然に「性的風俗」に限定されるといえるかどうかは大いに疑問である。参考判例①でも，実は5人の裁判官がこの点を否定する反対意見を書いている。とはいうものの，税関での実務上の取扱いは，この判決によって固まったことになる。

●】参考文献【●

文中引用のもの。

（赤坂正浩）

表現の自由：
事後制裁

　A県の青少年保護育成条例（以下，「本条例」という）によれば，知事は，図書の内容が「著しく性的感情を刺激し，又は著しく残忍性を助長するため，青少年の健全な育成を阻害するおそれがある」と認めるとき，当該図書を，緊急を要する場合を除き，県青少年保護育成審議会の意見を聴いた上で（9条），個別に有害図書として指定することができる（6条1項）。また，「特に卑わいな姿態若しくは性行為を被写体とした写真又はこれらの写真を掲載する紙面が編集紙面の過半を占めると認められる刊行物」については，個別指定に代えて，当該写真の内容をあらかじめ定めた規則により包括的に指定できる（6条2項）。これを受けて，本条例施行規則2条は，本条例6条2項の写真の内容について「一　全裸，半裸又はこれに近い状態での卑わいな姿態，二　性交又はこれに類する性行為」と定め，さらに，A県告示がその具体的内容についてより詳細に指定している。そして，本条例は，有害図書の青少年への販売・配布および自動販売機（以下，「自販機」という）への収納を禁止しており（6条の6），違反行為は3万円以下の罰金または科料に処せられる（21条5号）。

　自販機により図書を販売することを業とする株式会社の代表取締役Xは，5回にわたって，A県内の2カ所の自販機に，知事が指定（包括指定）した有害図書に該当する雑誌を収納したことについて，本条例違反に問われ，1審・2審で有罪とされたため，本条例の憲法21条違反を主張して上告した。

　Xの主張は認められるか。

●】参考判例【●

① 最判平成元・9・19 刑集 43 巻 8 号 785 頁（岐阜県青少年保護育成条例事件）

② 最判平成 11・12・14 裁判所時報 1258 号 1 頁（宮崎県青少年健全育成条例事件）

●】問題の所在【●

　日本では，長野県を除くすべての都道府県で青少年（18 歳未満の者）を保護するために，青少年保護育成条例が制定され，「有害図書」が規制されている。青少年保護育成条例による性表現と暴力的表現に対する規制は，刑法175 条によるわいせつ図書の規制の範囲を超えているため，「有害図書」として規制することが許される範囲をどこまで認めるべきかが問題となる。また，同条例による表現規制には，憲法 21 条 2 項前段の「検閲」に当たるのではないか，「有害図書」の定義が不明確ではないかという問題もある。

●】解説【●

1　表現の自由の価値および内容

　表現の自由には，個人が言論活動を通じて自己の人格を発展させるという意味での自己実現の価値と，言論活動によって国民が政治的意思決定に関与するという意味での自己統治の価値がある。表現の自由は，個人の人格形成にとってだけでなく，国民が自ら政治に参加するための重要な権利である。

　表現の自由は，すべての表現媒体による表現を保護する。憲法 21 条は，伝統的な言論・出版の自由（狭義の表現の自由）だけでなく，集会・結社の自由についても規定し，広く表現の自由を保障している。また，表現の自由は，思想・情報を発表し伝達する自由であるが，同時に思想・情報を受領する自由でもある（「知る権利」ともいう）。

2　表現の自由の限界

　表現の自由も公共の福祉のための制約に服する。表現の自由の規制はその態様によって，ⓐ検閲・事前抑制，ⓑ漠然不明確または過度に広汎な規制，ⓒ表現内容規制，ⓓ表現内容中立規制の4つに大別することができる［ⓐについては→基本問題⑫参照］。上記ⓑとの関係では，「明確性の理論」が重要である。罪刑法定主義の下，刑罰法規の法文はいかなる行為が禁止されているかを国民に告知するため明確でなければならないとされているが，刑罰法規が表現の自由を制約する場合，漠然不明確な規制は表現行為に萎縮的効果（本来は憲法上許される表現行為であるのに，表現主体に当該表現行為を控えさせてしまう効果）を及ぼすという問題を引き起こす。このため，漠然不明確な表現規制立法は，文面上違憲無効とされる（「漠然性のゆえに無効」）。裁判所による表現規制立法の合憲性審査は，原則として当事者の主張に応じて，当該具体的事件にその法律が適用された場合の，当該立法の合憲性を審査する。その際には，当該立法の背後にあってそれを支えている社会的・経済的・文化的な一般事実（これを立法事実という）の存在と，その妥当性が認められなければならない。これに対し，例外的に，裁判所が立法事実を検討するまでもなく，その法律の文面を検討するだけで合憲か違憲か結論を出すことができる場合がある。その典型が明確性の理論である（判例として，最大判昭和50・9・10刑集29巻8号489頁）。また，法文は明確であるが，表現の制約が過度に広汎な場合にも，当該制約は文面上違憲とされる（「過度の広汎性のゆえに無効」）。

3　表現内容規制・表現内容中立規制二分論

　日本の憲法学は，アメリカの判例法理に基づいて体系化された「二重の基準論」により，表現の自由を中心とする精神的自由の規制の合憲性は，経済的自由の規制よりも，特に厳しい基準によって審査されなければならないと考えている。その際，精神的自由の領域では，自由を規制する法律について合憲性の推定が排除され，むしろ違憲性の推定が働く。そして，学説では，人権制約立法の合憲性審査において，「厳格な審査」，「厳格な合理性の審査」，「合理性の審査」という3種の審査基準が用いられるべきだと考えられている（渋谷716頁以下）。厳格な審査は，裁判所が人権を制約する根拠を厳しく

問うことに特徴がある。これに対し，合理性の審査による場合には，人権制約立法について明らかな不合理性の存在が立証されない限り結論は合憲となる。厳しさの面で両者の中間に位置するのが厳格な合理性の審査（「中間審査」ともいう）である。

上記ⓒとⓓの表現規制について，学説では，ⓒ表現内容規制（表現の内容に着目した規制）と，ⓓ表現内容中立規制（表現の内容ではなく，時・所・方法等に対する規制）で厳格さの異なる審査基準を用いるべきだと説かれている（表現内容規制・表現内容中立規制二分論）。ただし，規制の態様による区別を認めず，ⓒとⓓにはともに厳格な審査を適用すべきと説く有力な見解もある（市川正人『表現の自由の法理』〔日本評論社・2003〕244頁以下）。

前述した二分論によれば，表現内容規制には，公権力が自己にとって都合の悪い表現を封殺するために規制を課しているのではないかという疑いの余地があるため，厳格な審査が適用される。規制の目的は真にやむを得ない利益（compelling interest）であること，その目的を達成するための手段は必要最小限度であること，そしてその目的と手段が必要不可欠な関係にあることが要求される。この点について「アメリカでは目的に対し『ぴったりに裁断された』〔narrowly tailored〕手段という表現が使われている」（高橋139頁）。これに対し表現内容中立規制には，厳格な合理性の審査が適用される。規制目的は，正当な利益（legitimate interest）では十分ではなく，重要な利益（important interest）でなければならない。規制手段については，同じ目的を達成できるより制限的ではない代替手段が存在しないことが必要であり，目的と手段は実質的に関連していなければならない。いわゆるLRA（less restrictive alternatives）の基準は，前述した厳格な合理性の審査に相当する。このため，LRAの基準においても，目的は単に正当であるだけでなく，重要なものであることが要求される（芦部202頁）。

なお，ひとくちに内容規制といってもさまざまなものがあるため，表現内容規制に一律に厳格な審査を適用すべきか否かを考えておく必要がある。学説では，表現内容と自己実現・自己統治という表現の自由の価値との関連性を手がかりに，自己統治と密接に関連している政治的言論に比べて，営利的言論は表現としての価値が低く，それゆえ営利的言論の規制には厳格な審査

ではなく，中間審査が適用されると解する見解が有力である。これに対し，表現内容によって表現としての価値が低いとか高いとか考えるべきではなく，営利的言論の規制も厳格な審査によるべきとする見解もある（松井茂記『マス・メディア法入門〔第5版〕』〔日本評論社・2013〕190頁以下）。営利的言論以外にも，わいせつ，名誉毀損，プライバシー侵害，差別的表現などは，表現内容がもたらす社会的害悪に着目して低価値表現といわれることがある。

4 本問の考え方

　本条例は青少年保護を目的として，法律では規制されていない性表現や暴力的表現を，知事による有害図書としての指定によって，青少年の目に触れさせないようにするためのものであり，有害図書の青少年への販売・配布だけでなく，他人の目をあまり気にすることなく購入できる自販機による販売を成人との関係でも制限する。こうした規制によって，有害図書を出版・販売する業者の表現の自由だけでなく，同時に読者（成人・青少年）の側の読む自由，知る自由（知る権利）も制約される。なかでも包括指定方式は，出版物が規則で指定された内容に該当すれば，個別指定を受けた場合と同様に，業者がそれを自販機へ収納するだけで条例違反となり，事後的に制裁を受けるという厳しい規制である。

　最高裁は，本問のモデルとなった岐阜県青少年保護育成条例事件（参考判例①）において，条例による有害図書の自販機への収納禁止は，先例の趣旨に照らして，憲法21条1項・2項に違反しないことは明らかであるし，有害図書の定義も不明確であるということはできないとの判断を示した。ただし，判決で引用された先例と事件の争点との関連性は明らかではなく，これらの引用には説得力がないと批判されている。

　この事件で被告人側は，憲法21条1項違反について，「著しく性的感情を刺激」する表現と青少年の健全育成の阻害との間に合理的な因果関係を認めることはできず，規制目的に合理性は認められないと主張した。これに対して，最高裁は，「本条例の定めるような有害図書が一般に思慮分別の未熟な青少年の性に関する価値観に悪い影響を及ぼし，性的な逸脱行為や残虐な行為を容認する風潮の助長につながるものであって，青少年の健全な育成に有害であることは，既に社会共通の認識になっているといってよい」という説

明だけで，合憲性判断の枠組みを示すことなく，包括指定方式と自販機収納禁止を合憲とした。

この点，参考判例①の伊藤正己裁判官補足意見は，精神的に未熟である青少年の知る自由については，その保障の程度が成人の場合に比較して低く，それゆえ，LRA の基準はそのままでは適用されないし，明確性の原則も「多少とも緩和した形で適用される」とした。また，成人の知る自由の制約については，青少年保護のために「必要とされる規制に伴って当然に附随的に生ずる効果であって」，他の方法による入手（書店での購入等）が可能なら，自販機からの入手ができないとしてもやむを得ないとした。

これに対して，学説は，有害図書規制についても厳格な審査が必要であるが，「青少年の特性を立法事実や目的・手段審査の際に考慮するアプローチをとるべき」だと指摘する（横田・後掲 94 頁）。有害図書規制を表現内容規制ととらえるなら厳格な審査を適用すべきであるが，前述した低価値表現と捉えて厳格な合理性の審査を適用する余地もあるだろう。

なお，本条例の有害図書規制には事前抑制的な性格がある。このため，たとえ検閲に該当しないとしても，青少年の手に渡る前にその流通が規制されている点で明らかな事前抑制であるため，仮に有害図書の青少年への販売を禁止し，違反者を処罰する事後規制が許されるとしても，事前の指定制度が許されるか否かについては，それとは別に考えるべきだとの指摘もある。

● 】参考文献【●

松井茂記・百選 I 112 頁，橋本基弘・メディア百選 128 頁，植村勝慶・争点 130 頁，横田耕一「有害図書規制による青少年保護の合憲性——岐阜県青少年保護育成条例違憲訴訟最高裁判決をめぐって」ジュリ 947 号（1989）89 頁

（鈴木秀美）

集会の自由

　被告人Ｘら４名は，1958 年９月 15 日に行われたデモに際し，東京都の「集会，集団行進及び集団示威運動に関する条例」（以下，「本条例」という）３条１項に基づき東京都公安委員会が付した「蛇行進，渦巻行進又はことさらな停滞等交通秩序をみだす行為は絶対に行わないこと」という許可条件に違反する集団行進を指導し，また同年 11 月５日にも無許可の集会と集団行進を主催ないし指導したとして，本条例違反で起訴された。

　１審は，本条例を違憲とし，Ｘらを無罪としたが，検察官が控訴し，刑事訴訟規則 247 条・248 条により，事件は最高裁に移送された。Ｘらは，本条例は，規制の対象・場所につき限定がなく，許可の基準が具体性を欠き不明確であり，さらに，不許可処分に対する救済手段が設けられていないため，憲法 21 条に違反すると主張した。

　この事例に含まれる憲法上の論点について検討しなさい。

●】参考判例【●

① 最大判昭和 35・7・20 刑集 14 巻９号 1243 頁（東京都公安条例事件）
② 最大判昭和 29・11・24 刑集 8 巻 11 号 1866 頁（新潟公安条例事件）

●】問題の所在【●

　集会の自由の保護は，公園等の公共の場所に多数の人が共通の目的をもって集まる集会だけでなく，道路における集団行進・集団示威運動（デモ行進）にも及ぶ。ところが，屋外の公共の場所における集会・集団行進・集団示威運動については，公安条例によって公安委員会の事前の許可または届出を要すると定めている地方公共団体がある。そこでこのような規制が憲法上

許されるかが問題となる。なお，公安条例がない地方公共団体においても，道路における集団行進については道路交通法77条1項4号に基づき許可を要する。さらに，公安条例がある場合には，同法との二重の規制もありうる。

●】解説【●

1　集会の自由の内容と限界

集会は，「国民が様々な意見や情報等に接することにより自己の思想や人格を形成，発展させ，また，相互に意見や情報等を伝達，交流する場として必要であり，さらに，対外的に意見を表明するための有効な手段であるから，憲法21条1項の保障する集会の自由は，民主主義社会における重要な基本的人権の一つとして特に尊重されなければならない」（最大判平成4・7・1民集46巻5号437頁）と考えられている。集会の自由は，集会の開催や集会への参加を公権力によって強制または妨害されない自由である。集会への参加は誰にとっても容易な表現行為であり，一般人，とりわけ少数派にとって有効な表現手段であるため手厚く保護されなければならない。しかし，集会，集団行進，集団示威運動は，純粋の言論とは異なり一定の行動を伴うため，とりわけその実施は他者の権利ないし利益と矛盾・衝突する可能性がある。そこで，それを未然に調整し，予防するために，集会の自由は，純粋の言論の自由とは異なる特別の規制に服するが，その規制も必要最小限度でなければならない。集会の自由の限界として特に問題になるのは，いわゆる「公安条例」による規制と，公共施設の使用許否である（なお，道路交通法による規制について，最判昭和57・11・16刑集36巻11号908頁，公安条例と道路交通法による二重規制について，最大判昭和50・9・10刑集29巻8号489頁）。

2　公安条例による規制

公安条例とは，公共の秩序維持のために集会・集団行進・集団示威運動を規制する地方公共団体の条例の総称である（「公安条例」という名前の条例があるわけではない）。公安条例は，集会・集団行進・集団示威運動について，公安委員会の事前の許可または届出を要すると定めて，集会の自由に事前規制を課している。公安条例は，1940年代末，占領軍の立法指導によって多くの地方公共団体で制定された。大多数の公安条例は，許可制をとってお

り，あらかじめ定められた期日内（72時間前ということが多い）に，公安委員会に届出ないしその許可を受けなければならないと定めている。公安委員会は，許可にあたって公共の秩序維持のため，交通秩序維持に関する事項等について必要な条件を付けることが認められている。実際の運用では，この権限が相当に活用されており，デモ行進に路線変更などの条件が付けられることも多いという。事前の許可ないし届出をせず集団行動をしたり，公安委員会が付した許可条件に違反すると公安条例に基づき刑罰が科される。

3　本問の考え方

　公安条例は，制定当初から政治運動や労働運動を規制することを目的とした治安立法だとの批判を受け，その合憲性が全国各地の裁判を通じて争われた。下級審の判断が合憲・違憲に分かれるなか，最高裁は，新潟県公安条例を合憲とする判決を下した（参考判例②）。この判決は，ⓐ集団行動を一般的な許可制を定めて事前に抑制することは許されないが，ⓑ特定の場所または方法につき合理的かつ明確な基準のもとで許可制をとることは憲法の趣旨に反しない，さらにⓒ公共の安全に対して明らかな差し迫った危険を及ぼすことが予見されるときはこれを許可せずまたは禁止することができる旨を定めることができる，という原則を明らかにした。この判決は，原則の具体的適用に問題があったとはいえ「一般論として行政側の裁量的判断の余地をなるべく限定しようとした点」にみるべきものがあった（渋谷455頁）。

　その後，日米安保条約改定に反対する激しいデモが国会周辺で繰り広げられるなか，最高裁は，問題点が多い条例であるにもかかわらず，本問のモデルとなった事件において東京都公安条例の合憲性を認めた（参考判例①）。この条例には，規制の対象・場所につき限定がないうえ，許可の基準が明確性を欠いているため許否の認定を公安委員会の裁量に委ねており，公安委員会が許可を与えない旨の意思表示をしないときは，許可があったものとして行動することができると定める，いわゆる許可推定条項等の救済規定を置いていないなどといった問題点があった。

　最高裁は，以下のように述べて，参考判例②の3つの原則をほとんど無視してしまった。それによると，平穏静粛な集団でも，「甚だしい場合には一瞬にして暴徒と化」すことは，「群集心理の法則と現実の経験に徴して明ら

かである」（集団暴徒化論）。それゆえ，純粋な意味における表現といえる出版等の事前規制である検閲が憲法 21 条 2 項によって禁止されていても，集団行動による表現の自由に関する限り，公安条例によって「法と秩序を維持するに必要かつ最小限度の措置を講ずることは」やむを得ない。公安委員会は，集団行動の実施を「公共の安寧を保持する上に直接危険を及ぼすと明らかに認められる場合」以外は許可しなければならないと規定され（3 条），「不許可の場合が厳格に制限されている」ので，本条例は「規定の文面上では許可制を採用しているが，この許可制はその実質において届出制とことなるところがない」。そして，上記のような場合に当たるか否かの認定が公安委員会の裁量に属することは当然である。原判決は，許可推定条項がないことから，許可を受けない集団行動の強行は処罰されると解釈し，本条例が集団行動を一般的に禁止するとみて違憲としたがこれは「本末顛倒」である。また，条例の場所についての制限が，ある程度包括的であっても集団行動を法的に規制する必要があるならやむを得ない。

　参考判例①は，前述した参考判例②の 3 つの原則のうち，ⓐの原則である許可制と届出制の区別を否定してはいないが，その区別を著しく曖昧なものとしており，ⓑの原則についても，許可基準の明確性や，規制対象となる集団行動の場所の特定性を要求していない。さらに，本条例の許可基準がⓒの原則における「明らかに差し迫った危険」の「切迫性」を欠いているうえ，許可についての判断が公安委員会の裁量に委ねられているにもかかわらず，参考判例①は，これらを問題視しておらず，ⓒの原則も無視された結果となっている。学説は，この判決について，「治安維持の必要性を重視しすぎ，集団行動の意義および表現行為規制法令の規定のあり方の理解に問題がある」と批判している（渋谷 455 頁）。

　公安条例による規制について，検閲に関する狭義説［→基本問題12参照］によれば，「検閲は本体的な表現内容の事前統制にかかわるから，規制が集団行動の場所・方法などの外形的規制にとどまる限り直ちには検閲とはいえないが，それだけに集団行動によって訴えようとする本体的な表現内容に立ち入ることは許されない」（佐藤・日本国憲法論 325 頁）。これに対し，広義説は，公安条例の規制目的が，予定されている集団行動が公衆の道路・公園等

の利用という社会生活に不可欠な要請と衝突する可能性や，集会の競合による混乱が起こる可能性を回避するための事前の調整を行うものであって，かつ，規制手段が原則として届出制（条文上許可制でも実質的には届出制といえるようなもの）であれば，この規制は検閲（広義）に該当しないという（憲法学Ⅲ 387 頁）。ただし，どちらの説も，公安条例による規制が合憲とされるためには，ⓐ裁量権の濫用の余地のなく許可基準が明確かつ厳格に限定されていることと，ⓑ裁判所による迅速な救済手続等による手続的保障が必要だと考えている。

　本問では，本条例が具体的にどのような許可基準を採用しているか明らかにされていない。このため，解答にあたっては，参考判例①と参考判例②を対比させながら，本条例が合憲とされるためには許可基準がどのようなものであればよいかを論じたうえで，本条例の場合，不許可処分に対する救済手段が設けられていないという問題点もあることを指摘しておく必要がある。

●】 参考文献 【●

植村勝慶・百選Ⅰ 177 頁，江橋崇「公安条例と表現の自由」樋口陽一＝野中俊彦編『憲法の基本判例〔第 2 版〕』（有斐閣・1996）75 頁

（鈴木秀美）

基本問題 15

取材・報道の自由

　電力会社前の公道において，原子力発電に反対するデモ隊約 300 人と警備のために出動した機動隊が衝突し，デモ隊の中には公務執行妨害罪で逮捕される者も出た。デモ隊側は，その際の機動隊員らの行為が特別公務員暴行陵虐罪（刑 195 条），公務員職権濫用罪（刑 193 条）に当たるとして告発したが，不起訴となったため付審判請求（刑訴 262 条）を行った。そこで，この審理を担当した地方裁判所が，刑事訴訟法 99 条 3 項により，地元テレビ局 A 社に対し事件の状況を撮影し録画した DVD 全部の提出を命じたところ，A 社は，当該提出命令が憲法 21 条に違反するとして高等裁判所に抗告，しかし，これを棄却されたことから，最高裁判所に特別抗告を行った。

　A 社の主張は認められるか。

●】参考判例【●

① 最大決昭和 44・11・26 刑集 23 巻 11 号 1490 頁（博多駅事件）
② 最決平成元・1・30 刑集 43 巻 1 号 19 頁（日本テレビ事件）
③ 最決平成 2・7・9 刑集 44 巻 5 号 421 頁（TBS 事件）

●】問題の所在【●

　報道の自由とは，報道機関が新聞・雑誌や放送を通じて「事実」を伝達する自由を意味する。これに対し，憲法 21 条が保障する表現の自由は，もともと「思想」の発表や「意見」の表明の自由を意味しており，単なる事実を報道する自由を含まないという見解もあった。そこで，報道の自由も表現の自由の保障に含まれるか，さらに，報道の前提として行われる取材の自由にも同条の保障が及ぶか否かが問題となる。また，報道の自由・取材の自由が

同条の保障に含まれるとしても，その制約がどの程度まで許されるのかも検討しなければならない。

●】解説【●

1 取材・報道の自由

今日では，判例・学説ともに報道の自由も当然に表現の自由の保障の中に含まれていると考えている。それは，ⓐ報道にも事実の認識や編集を通じて報道する者の意見が混入するので，事実の報道と思想や意見の発表との区別は実際上きわめて困難であるし，ⓑ表現の自由は送り手の情報を伝える自由と受け手の情報受領の自由（知る権利）が相まって成立すると考えるなら，事実の報道は知る権利を実現するための必須の条件だからである。なお，報道機関が伝える事実は，ニュースヴァリュー（ニュースとして世の中に伝える価値）という基準に従って，優先順位を付けられ，記事として紙面化されたり，放送の順番や時間の長さが決められるものである。

最高裁も，本問のモデルとなった博多駅事件（参考判例①）において，「報道機関の報道は，民主主義社会において，国民が国政に関与するにつき，重要な判断の資料を提供し，国民の『知る権利』に奉仕するものである。したがって，思想の表明の自由とならんで，事実の報道の自由は，表現の自由を規定した憲法21条の保障のもとにある」とした。その後，判例は，「報道の自由は，憲法21条が保障する表現の自由のうちでも特に重要なもの」であるとさえ説いている（最決昭和53・5・31刑集32巻3号457頁）。

これに対し，取材の自由について，かつては，これを否定はしないまでも，憲法上の自由として認めることには消極的な説があった。しかし，現在，学説では，取材の自由を積極的に認める立場が支配的である。「報道は，取材・編集・発表という一連の行為により成立するものであり，取材は，報道にとって不可欠の前提をなすからである」（芦部178頁）。これに対し，最高裁は，博多駅事件（参考判例①）において，報道の自由についての説示に続けて，「報道機関の報道が正しい内容をもつためには，報道の自由とともに，報道のための取材の自由も，憲法21条の精神に照らし，十分尊重に値いする」と述べるにとどまった。報道の自由が「憲法21条の保障の

もとにある」のに対し，取材の自由について上記のような異なる言い回しを用いたことについて，学説の多くは，「最高裁は，取材の自由も憲法上保障されるが，報道の自由と比較すると保障の程度が劣るものととらえている」と解している（工藤・後掲 15 頁の指摘）。

2　取材・報道の自由の限界

　報道の自由・取材の自由も公共の福祉による制約を受ける。報道の自由には，表現の自由の限界についての考え方がそのまま妥当する［→基本問題13 2 参照］。これに対し，取材の自由の場合，取材の自由の保障の程度を表現・報道の自由と同じ程度と考えるか否かによって，その制約の合憲性を判定する基準も異なることになる。

　憲法による取材の自由の保障が，表現・報道の自由と同じ程度であるとすれば，その制約の合憲性審査にあたって，裁判所は，表現・報道の自由の制約と同じ厳格な審査を行わなければならない（制約の合憲性審査基準については，渋谷 654 頁以下参照）。表現の自由について説かれているのと同様に，制約が取材される情報内容に基づく場合と内容中立的な場合を区別したうえで，前者については，国家が表現の自由の目的に反するような干渉を行う危険性が高いため，真にやむを得ない利益のためになされる，必要最小限度の手段による制約のみが合憲とされ（厳格な審査），後者については重要な利益のためになされる，より制限的ではない代替手段がない制約が合憲とされる（厳格な合理性の審査）。これに対し，取材の自由の保障の程度は，表現・報道の自由よりも劣ると考えるなら，その制約の合憲性は，内容規制・内容中立規制の区別なく，原則として厳格な合理性の審査で判断されることになろう。

　なお，最高裁は，参考判例①において，取材の自由の制約が許されるか否かを，取材の自由と対立する国家利益（たとえば，公正な裁判の実現）との比較衡量によって判断し，問題とされた制約を許容した。人権の制約が許容されるか否かを比較衡量によって判断する手法は，個々の事件における具体的状況を踏まえて対立する利益を衡量しながら妥当な結論を導き出そうとする点で優れた一面もあるが，一般的に比較の準則が必ずしも明確ではないため，裁判所の恣意に流されるおそれがあり，当事者に予見可能性を付与する

ことができないという問題がある。また，とりわけ国家権力と国民との利益の衡量（たとえば，「公正な裁判の実現」と「取材の自由」との衡量）が行われる場合には，裁判所は国家権力の利益を優先させる傾向がある。そこで，比較衡量論は，同じ程度に重要な2つの人権の調整に際して裁判所が仲裁者として働くような場合に原則として限定して用いるべきだと指摘されている（芦部102頁）。

取材行為自体が具体的に制約を受ける場合として，国家秘密に対する取材（前掲最決昭和53・5・31）や法廷におけるカメラ取材（最大決昭和33・2・17刑集12巻2号253頁）などがある。また，将来の取材行為を著しく困難にする措置として，取材資料提出強制のほか報道関係者に対する証言強制［→発展問題⑮参照］が問題となる。

3　本問の考え方

報道機関は，取材によって得た資料や映像を報道以外の目的に用いることはできないと考えている。それは，報道機関が，取材資料の目的外利用によって，報道の中立性や公正さに対する市民の信頼が損なわれ，将来における取材が困難になって，その結果として十分な報道ができなくなることをおそれているためである。

参考判例①では，裁判所が，公正な裁判の実現のため，事件の状況を撮影したテレビ局のフィルムの提出を命じた。最高裁によれば，取材フィルムの提出命令が許されるかどうかは，「犯罪の性質，態様，軽重および取材したものの証拠としての価値，ひいては，公正な刑事裁判を実現するにあたつての必要性の有無」と，「取材したものを証拠として提出させられることによつて報道機関の取材の自由が妨げられる程度およびこれが報道の自由に及ぼす影響の度合その他諸般の事情」とを比較衡量して決せられる。その際，最高裁は，取材したものを「刑事裁判の証拠として使用することがやむを得ないと認められる場合においても，それによつて受ける報道機関の不利益が必要な限度をこえないように配慮されなければならない」と述べて，一般論としては証拠としての必要性を重視したが，本件で報道機関側が被る不利益は「報道の自由そのものではなく，将来の取材の自由が妨げられるおそれがあるというにとどまるもの」であり，刑事裁判の公正のために「なお忍受され

なければならない程度のもの」であるとして，取材フィルム提出命令は憲法
21 条に違反しないと結論づけた。

●】参考文献【●

山口いつ子・百選Ⅰ 159 頁，工藤達朗・メディア百選 14 頁，藤井樹也・争点
122 頁，松井茂記『マス・メディア法入門〔第 5 版〕』（日本評論社・2013），鈴
木秀美「デジタル時代における取材・報道の自由の行方」法学研究 93 巻 12 号
（2020）79 頁

（鈴木秀美）

学問の自由

いわゆるクローン人間を生み出すことにつながる研究を規制する法律を制定し，(1)クローン人間の産生を刑事罰をもって禁止，(2)クローン研究について文部科学大臣が指針を策定，(3)クローン研究には一定の届出義務，(4)指針に適合しない研究への変更・中止命令，(5)届出者の研究施設への立入検査，(6)検査拒否や虚偽陳述の処罰などを定めて研究を規制することは許されるか。また，政府の方針として，クローン人間の研究に補助金を支出しないとすることはできるか。

●】参考判例【●

① 最大判昭和 38・5・22 刑集 17 巻 4 号 370 頁（東大ポポロ事件）
② 最大判昭和 51・5・21 刑集 30 巻 5 号 615 頁（旭川学テ事件）
③ 最判平成 19・7・13 判時 1982 号 152 頁（鈴鹿国際大学事件）

●】問題の所在【●

人文・社会科学系の学術研究は，基本的に個人の思索・執筆活動として行われ，既存の観念を疑い，ときには政府を批判するという学問の性質上，滝川事件（1933 年）や天皇機関説事件（1935 年）のように，政府から弾圧されることがあり，それが学問の自由の主たる問題領域と考えられてきた。しかし，今日の自然科学系の先端科学技術研究に関しては，調査・実験等の外部的行為が他者の人権や重要な法的利益を侵害するおそれがあり，また，研究によってもたらされるものが人々の倫理と衝突する可能性もあって，その規制が問題となるのである。

1 学問の自由の保障

　学問の自由の内容は，ⓐ研究の自由，ⓑ研究発表の自由，ⓒ教授（講義）の自由，ⓓ大学の自治とされる。ⓐは思想の自由の，ⓑは表現の自由の内容ということもできる。つまり，憲法23条は，19条と21条の保障内容に対して横断的に，学問という観点から特別の保障を及ぼすものとも解される。学問の自由について明文規定が置かれたのは，（20条と同様に）明治憲法時代にみられた国家権力による侵害の歴史を踏まえたものとされる。

　初期の学説は，諸外国での学問の自由の発展の沿革にかんがみて，憲法23条は，学術研究の中心としての大学に特別の自由を保障するものであり，それを担保するためにⓓの制度が保障されると解した。参考判例①も，学問の自由は，「大学が学術の中心として深く真理を探究することを本質とすることにかんがみて，特に大学におけるそれらの自由を保障することを趣旨としたもの」とし，ⓒは大学について保障されるものとした。

　その後，憲法が基本的人権として明文で規定するものを，大学の特別の自由と解することは疑問とされるようになった。ところが，学問の自由の中心的内容であるⓐないしⓑがすべての市民に保障されるとすると，憲法19条と21条に加えて23条による特別の保障がなされる意味が問題となる。

　第1に，ⓐないしⓑについて一般市民よりも強い保護を研究者に与えるところに憲法23条の意義があるとされる。たとえば，直截な性的表現物に対する規制が21条には違反しないとされる場合でも，それによって医学研究の資料が規制されるときは，適用違憲となるか法令解釈において違法性が阻却されることとなろう。

　第2に，今日の学術研究の遂行は，施設・資金の裏付けを有する研究機関に所属することが前提となっており，研究者にとっては，研究機関との雇用関係の安定的な維持が重要である。つまり，個人の活動として郷土史を研究するのとは異なり，研究機関に所属する研究者の自由な学術研究が職務命令権・人事権・解雇権等によって拘束・干渉されないようにすることが憲法23条の意義とされる（なお，参考判例③参照）。

ⓐないしⓑが公権力から強く保護されることについては，私立大学や民間の研究機関等の研究者でも同様である。他方，ⓐないしⓑを雇用者による干渉から解放することについては，雇用関係の性質による相違がある。特定の研究目的を定められた職では，雇用者が研究者に研究内容を指示しても研究対象選択の自由を侵害しないとされる（種谷春洋「学問の自由」芦部Ⅱ 381頁，伊藤 284 頁）。

　ⓑの一形態であるⓒは，教授（教育）の内容・方法に干渉されない自由である。参考判例②は，「普通教育の場においても，……一定の範囲における教授の自由が保障される」とした。現在の学説も初等中等教育機関における教師の教育の自由を認めているが，それは大学におけるⓒとは完全に同一ではないと解される［→基本問題⑱参照］。

　ⓓ大学の自治は，人事の自治，施設・学生の管理の自治（特に大学構内での警備公安活動の制限：参考判例①）を主な内容とする（財政自治権の重要性も指摘される）。大学の自治は「制度的保障」の１つとされることもある（芦部 176 頁）が，政教分離原則とは異なり，条文上に明示的に規定されているわけではなく，参考判例①もそのように明言してはいない。

2　研究活動の規制

　実際の学術研究には，実践的活動を含み，個人の内面的な思索活動であるⓐおよび表現の自由と同様のⓑからなるとはいえないものも多い。

　資料の調査・収集や観測・実験などの「発表」や「教授」に先行する段階もまた研究活動の枢要な部分であるが，外部的行為としてなされる研究活動は，他者の生命・身体・財産等の保護のために制約されうる（憲法学Ⅲ 208 -209 頁，伊藤 285 頁，渋谷＝赤坂・人権 243 頁［渋谷秀樹］）。もちろん，これらの外部的行為も，学問の自由の保障のもとにあり，「表現を伴う外面的精神活動ではないにしても，それに準じた保障が与えられる」（渋谷 438 頁）。ただし，表現の自由の強い保障が自己統治の価値に結びついているとすれば，保障の程度に相違が生じるかもしれない。

　原子力，遺伝子，先端医療等の研究は，生態系や自然環境，人間の生命・健康やプライバシー等に深刻な影響を及ぼす危険性が懸念されるが，その的確な予測は困難であり，他方，研究成果が人々に多大な利益をもたらすこと

も期待される。こうした先端科学技術研究について，研究の内容・方法の規制が問題となる。

　ⓐないしⓑの特別の保護の意義として，研究者の専門的判断を尊重し，研究者自身の倫理的抑制や専門家集団によるガイドラインなどの自主規制に委ねるべきとの考え方がある。法律による規制は，研究の進展や状況の変化に迅速・柔軟に対応できないばかりか，過剰な規制になることが懸念されるのである。他方で，研究者の自己抑制の信頼性や学会等の自主規制の実効性には疑問が残るとし，また，学問の自由という人権の制約には法律によって基準を設定すべきとの考え方がある。

　本問に関しては，2000年に「ヒトに関するクローン技術等の規制に関する法律」（クローン技術規制法）が制定された。諸外国でも，クローン技術を規制する法律が早くから制定されている。

3　先端科学技術研究の法的規制の合憲性

　例えば，特定の物質の生成・使用が一般的に規制されていることによって，研究に何らかの支障が生じうる。しかし，当該規制は，特定の研究主題・研究内容を直接的に禁止しているわけではなく，別の方法での研究遂行が可能でありうる。このような研究内容中立的な規制が許容されるには，他者への危害防止に必要やむを得ない法的規制であることが要請されよう。

　特定の研究主題・研究内容を対象とする規制には，強い正当化理由が必要とされる。先端科学技術研究については，ドイツ基本法1条の「人間の尊厳」規定に基づく議論を参考に，日本国憲法においても「個人の尊厳」を対抗利益として，研究の自由に対する規制の「厳格な基準による審査をなすべき」（渋谷441頁）とされる。これは，クローン技術規制法が社会にとっての具体的危険ではなく，「人の尊厳の保持……に重大な影響を与える可能性」を独立の規制目的として明示したことが注目されるためである。「学問の自由の規制根拠として人間の尊厳を掲げる法律規定を合憲と判断するためには，人間の尊厳が日本国憲法上の保護法益であることを承認する必要がある」とされる（赤坂正浩『憲法講義（人権）』〔信山社・2011〕107頁）。

　これに対して，先端科学技術研究では，未知の技術による危険とその予測困難性から，通常の学問の自由の規制のように重要な規制根拠のための必要

最小限度の規制に限定すべきではなく，他者の人権保護のために「明白かつ差し迫った危険の発生が予見できなくとも，危険発生のおそれが合理的に論証できれば」規制は許されるとする見解もある（戸波江二「学問の自由と科学技術の発展」ジュリ1192号〔2001〕116頁）。

　先端科学技術に関しては，企業での研究も看過できない。企業（法人）が国家の規制に対して研究の利益を主張するとき，「研究成果の応用が営利事業と一体不可分となっているケース」については，二重の基準論を前提とすれば規制の合憲性は緩やかに審査されてもよいとされる（赤坂・前掲107頁）が，研究活動については，営利的言論の規制についての議論が参考になる場合があるかもしれない。

　ところで，研究者には@ないし⑥の遂行のために特別の配慮が求められること，研究者は雇用者である研究機関の提供する施設・資金を必要とすることから，学問の自由は，抽象的権利ながらも研究施設・研究費用に対する請求権的側面を有するとする見解がある（戸波・後掲142頁，常本照樹「大学の自治と学問の自由の現代的課題」公法研究68号〔2006〕13頁）。

　高度化・大規模化した研究には研究資金の確保が必須であるが，国の支給する競争的研究資金の比重の増大が指摘される。そこで，政府は，補助金の支給・不支給で，研究活動を間接的に規制あるいは誘導しうる。支給対象の選別は避けられないとしても，不合理な差別的取扱いは，憲法23条ないし14条に違反すると解される（戸波・後掲143頁，渋谷＝赤坂・人権243頁［渋谷］）。本問のように，法律による規制を前提として補助金を支出しない方針が採られたとしても，ただちに違憲とはいえないであろう。

●】参考文献【●

戸波江二・争点142頁，赤坂正浩『世紀転換期の憲法論』（信山社・2015）143頁，松本和彦「学問の自由の憲法的意義」法学セミナー797号（2021）6頁

（齊藤正彰）

生存権

　視力障害者で，国民年金法に基づく障害福祉年金を受給している X は，内縁の夫 A と離別後，2 人の間の子 B を養育していた。X は，生活の困難な状況を少しでも改善しようと，1970 年に，兵庫県知事 Y に対し，児童扶養手当法（昭和 48 年法律第 93 号による改正前のもの）に基づく児童扶養手当の受給資格の認定を請求したところ，Y は，X が障害福祉年金を受給しているので，児童扶養手当と他の公的年金給付との併給を禁止している同法 4 条 3 項 3 号に該当するとして，X の請求を却下した。X は Y に対し異議申立てを行ったが，Y がそれを棄却する決定をしたので，X は，同法 4 条 3 項 3 号は憲法 25 条に違反するとして，却下処分の取消しを求めて出訴した。

　X の訴えは認められるか。

●】参考判例【●

① 最大判昭和 42・5・24 民集 21 巻 5 号 1043 頁（朝日訴訟）

② 最大判昭和 57・7・7 民集 36 巻 7 号 1235 頁（堀木訴訟）

③ 最判平成 19・9・28 民集 61 巻 6 号 2345 頁（学生無年金障害者訴訟）

●】問題の所在【●

　憲法は社会権として，生存権（25 条），教育を受ける権利（26 条），勤労の権利（27 条）そして労働基本権（28 条）を保障しているが，生存権はそのなかで中核となる人権と考えられている。ところが，生存権は「国家の積極的な配慮を求めることのできる権利」であるが，「憲法の規定だけを根拠として権利の実現を裁判所に請求することのできる具体的権利ではない」（芦部 82 頁）といわれている。これは一体どういう意味なのであろう。確かに，実

際の訴訟では，生存権を具体化した法律を違憲と争うことがよくみられる。たとえば，法律が定める受給資格についての行政庁による認定行為や厚生大臣の（法律に基づく）生活保護基準の設定行為の適用について争われるのである。生存権とはどういう権利なのであろう。

1　生存権の法的性格

　問題の所在で触れたように，生存権が「具体的な権利」でないとすると，憲法25条は国に対し将来行うべき政策の指針を示した政治的・道義的規定にすぎないのだろうか。しかし，生存権の「具体的な権利」性が否定されたとしても，同条に法的な意味がないわけではない。つまり，プログラム規定説によっても，公権力による不当な侵害に対してその禁止を裁判所に求めることができることは認められている。税負担を求める最下限を示す課税最低限を現実の生活を無視したことが一見明白なほどに低額に設定する場合，憲法25条の趣旨に違背するものとして違憲違法の問題が生ずる（中村睦男「生存権」芦部Ⅲ 349頁以下参照）。社会権の自由権的側面と呼ばれるものである（これに対し，生存権に法的な意味を認めないものを純粋プログラム規定説と呼ぶことがある）。

　一方，具体的権利説は，憲法25条を具体化する法律が存在しない場合においても，立法不作為の違憲性を確認する訴訟を提起でき，その意味で，生存権は裁判によって担保される「具体的権利」であると主張する。この説は生存権を実現すべき法律が制定されていない場合，立法不作為の確認判決が可能とするが（大須賀明『社会国家と憲法』〔弘文堂・1992〕62頁以下），違憲確認判決が出された後，この判決からどのような権利救済が可能になるかは明らかでない（違憲確認訴訟について，新たな訴訟手続が必要になるのか，それとも既存の訴訟法で可能かという問題もある）。加えて，「社会権の場合は広汎な立法裁量が認められるので，立法不作為の憲法訴訟が成立することは，ほとんどあり得ない」（芦部398頁）との主張もみられる。そこで，「健康で文化的な最低限度」を下回る特定の水準については，裁判所も法解釈によって確定しうるとみることで，一定の給付を憲法25条の規定だけを根拠として

裁判所に請求することができるとする見解が出されている（棟居・後掲350頁以下。棟居教授は，裁判所は「わいせつ」概念も法解釈により確定したことを指摘している）。「健康で文化的な最低限度の生活」の解釈がキーポイントである。

　ところで，現在の立法状況を考えれば，社会保障分野では何がしかの法律が存在しているから，この法律をきっかけとして裁判を提起することは十分考えられる。つまり，児童扶養手当の申請を却下した行政庁の決定を裁判で争う場合，申請却下の根拠となった児童扶養手当法の規定を憲法25条に違反していると主張することができる。同条とそれを具体化した法律とを「一体として捉え，生存権の具体的権利性を論ずる」（芦部279頁）のは，まさにこの場面であろう（渋谷＝赤坂・人権56頁以下［赤坂正浩］）。こう考えると，生存権の内容は抽象的で不明確であるから，それを具体化する法律によってはじめて具体的な権利となると主張する抽象的権利説の存在理由が明らかになる。

　憲法25条にどのような法的効力，あるいは裁判規範性を認めるかが常に議論の中心であった。裁判規範性については，憲法の生存権条項のみから個々の国民の具体的な請求権を引き出すことができるという場合と，裁判所が具体的な争訟を裁判する際に生存権を判断基準として用いることができるという場合に分けることができよう（芦部37頁以下）。前者の「狭義の裁判規範性」について，最高裁はこれまで認めていない。憲法25条1項の規定は，「直接個々の国民に対して具体的権利を賦与したものではない」との，朝日訴訟上告審判決（参考判例①）における最高裁の判示は，今も維持されている。それでは，後者の「広義の裁判規範性」はどうであろう。これについては最高裁も認めている。最高裁は，憲法25条の趣旨を具体化する立法に際しての立法府の広い裁量を認めたうえで，「それが著しく合理性を欠き明らかに裁量の逸脱・濫用と見ざるをえないような場合」には，裁判所の審査が及ぶとしている（参考判例②）。

　したがって，検討にあたっては，「生存権が一定の範囲で裁判規範としての効力を有することを前提にして，いかなる訴訟類型において，いかなる違憲審査基準によって，生存権に裁判規範としての効力を認めるか」（中村・前掲346頁）という視点が重要になってくる。

2 「裁判規範」としての憲法 25 条

生存権の裁判規範性を検討する場合，「健康で文化的な最低限度の生活」（25条1項）がポイントになる。特定の時点における「健康で文化的な最低限度の生活」を確定できるならば，裁判所による立法裁量の審査密度は高くなるだろうし，行政についても，たとえば，最低限度の生活水準を下回る厚生労働大臣による生活保護基準設定は違憲となろう（芦部280頁参照）。

この問題について，朝日訴訟（参考判例①）では1審と最高裁で意見が分かれた。同訴訟において，原告（朝日茂）が兄から月額1500円の送金を受けることになったところ，T市社会福祉事務所長はこれまでの月額600円の日用品費の生活扶助と全部給付の医療扶助を変更し，600円の生活扶助を廃止し，兄からの送金1500円のうち900円を医療費の一部として原告に負担させる決定を行った。この訴訟では，日用品費を最高600円とする（厚生大臣設定の）保護基準が「健康で文化的な最低限度の生活」を維持するに足りない違法なものかどうかが争点となっている。

東京地裁は，健康で文化的な最低限度の生活の具体的内容は決して固定的なものではないが，「それが人間としての生活の最低限度という一線を有する以上理論的には特定の国における特定の時点においては一応客観的に決定すべきものであり，またしうるもの」とする。そして，厚生大臣の設定した生活扶助基準は，「『健康で文化的な生活水準』を維持することができる程度のものとはいいがたい」から，生活保護法8条2項・3項に違反し，本件保護基準に基づく生活保護変更決定も違法と判示する（東京地判昭和35・10・19判時241号2頁）。一方，最高裁は，「健康で文化的な最低限度の生活なるものは，抽象的な相対的概念であり，その具体的内容は，文化の発達，国民経済の進展に伴つて向上するのはもとより，多数の不確定的要素を綜合考量してはじめて決定できる」から，「何が健康で文化的な最低限度の生活であるかの認定判断は，いちおう，厚生大臣の合目的的な裁量」に委ねられているとする（参考判例①）。本件の厚生大臣設定の保護基準はこの裁量の枠内にあると最高裁は見たのである。

最高裁はその後，社会保障立法について広範な立法裁量を認めている。具体的な立法措置の選択決定が，「著しく合理性を欠き明らかに裁量の逸脱・

濫用と見ざるをえないような場合」に限り裁判所の審査が及ぶとするから（参考判例②），最高裁は憲法 25 条の裁判規範性について限定的な効力を認めるにすぎない。

　通説は憲法 25 条 1 項と 2 項を一体として考えるが，それに対し，同条 1 項は文字どおり「最低限度の生活を営む権利」であり，同条 2 項はそれを上回る豊かな生活の保障を含む社会保障などの向上・増進に向けての国の努力義務を謳ったものと解する 1 項 2 項区分論の主張がある（内野正幸『憲法解釈の論点〔第 4 版〕』〔日本評論社・2005〕102 頁）。これは保障の「緊急性」に焦点を当てるもので，社会保障制度の政策目的（救貧政策／防貧政策）から 1 項を救貧目的，2 項を防貧目的と解する堀木訴訟控訴審判決（大阪高判昭和 50・11・10 判時 795 号 3 頁）とは異なる（岩本・後掲 217 頁）。ここで問題になるのは，もちろん，「最低限度の生活」である。これがまったく確定できないとすれば，憲法 25 条 1 項が法的権利を保障するといっても絵に描いた餅（画餅）に帰する。

　そこで，「健康で文化的な最低限度の生活」が不確定概念であることは認めるが，具体的な事案で特定の国民の生存が脅かされているか否かという「最低限度の生活」の存否については裁判所が認定しうるし，認定すべきとする主張が出されている。裁判所は，「最低限度の生活水準」以下であることが明らかな範囲内の給付請求については，憲法 25 条 1 項に基づき認容しなければならないのである（棟居・後掲 352 頁参照）。ここでは，違憲審査基準の厳格化の方向も明らかである。つまり，「最低限度の生活」の認定が可能なことから，「最低限度の生活」に関する立法については，立法目的達成手段の必要性・合理性に関し「合理性の基準」ではなく「厳格な合理性の基準」を用いて審査をすべきなのである（岩本・後掲 228 頁参照）。

3　問題の考え方

　まず，判例に即して考えてみよう。最高裁は，「健康で文化的な最低限度の生活」が抽象的・相対的な概念であること，そして，社会保障立法に際し求められる高度の専門的検討とそれに基づく政策判断の必要性から，社会保障制度の構築について広範な立法裁量を認め，それが，「著しく合理性を欠き明らかに裁量の逸脱・濫用と見ざるをえない」場合を除き，裁判所の審査

は及ばないとみている（参考判例②）。本問では，障害福祉年金と児童扶養手当の併給禁止を児童扶養手当法4条3項3号が規定していることが問題になる。まず，児童扶養手当は，受給者に対する所得保障である点において障害福祉年金と基本的に同一の性格を有するものとみることができる。一般に，社会保障法制上，同一人に同一の性格を有する2以上の公的年金が支給されることとなる「複数事故」について，「社会保障給付の全般的公平を図るため公的年金相互間における併給調整を行うかどうかは，……立法府の裁量の範囲に属する」し，また，「この種の立法における給付額の決定も，立法政策上の裁量事項であり，それが低額であるからといつて当然に憲法25条違反に結びつくものということはできない」から，Xの憲法25条違反の主張は認められない。

　これに対し，憲法25条1項・2項区分論に立ち，本問では，Xは障害者および寡婦であるから生活が極めて困窮しており，併給禁止規定によって，「健康で文化的な最低限度の生活」を下回る生活を余儀なくされたことを述べ，「最低限度の生活を営む権利」（1項）の問題であるから，審査基準は「厳格な合理性の基準」が用いられるべきとの主張が考えられうる。なお，「健康で文化的な最低限度の生活」は厳密に数値化しうるものではなく，「自ずから一定の幅があるもの」（杉原則彦『最高裁時の判例V〔別冊ジュリ〕』〔2007〕479頁）であるから，生活がきわめて厳しいことが認識できる程度の論証で足りるであろう。そこでたとえば，「社会保障給付の全般的公平を図る」という立法目的は認めるとしても，Xに「最低限度の生活」を下回る水準を強いる併給禁止という手段は，「人権を制約することがより少ない方法」といえず違憲という構成が考えられる。

●】参考文献【●

尾形健・百選Ⅱ288頁，棟居快行「生存権の具体的権利性」『憲法学再論』（信山社・2001）348頁，岩本一郎「生存権と国の社会保障義務」高見勝利ほか編『日本国憲法解釈の再検討』（有斐閣・2004）208頁，工藤達朗「生存権と生活保護」笹田ほか213頁

（笹田栄司）

教育を受ける権利

　文部省の指示により行われる全国中学校一斉学力調査（いわゆる「学力テスト」。以下，「学テ」という）に対し，教育への国家権力の重大な介入であるとして反対闘争を行っていた労組役員Ｘら４名は，Ａ市のＢ中学校で実施予定の学テを阻止するために説得活動をしようと集まった約70名とともに，校長の制止にもかかわらず校舎内に立ち入り，学テ実施中の校舎内を見回っていた校長に「テストを中止したらどうか」などと抗議を行い，校長の胸を突いたり，とり囲んで行動の自由を束縛するなど暴行を加えたことから，公務執行妨害罪・暴行罪・建造物侵入罪に問われた。Ｘらは，本件学テは違法であり，その実施は適法な公務の執行とは認められないと主張している。

　Ｘらの主張は認められるか。

●】 参考判例 【●

① 最大判昭和51・5・21刑集30巻5号615頁（旭川学テ事件）
② 最判平成2・1・18民集44巻1号1頁（伝習館高校事件）

●】 問題の所在 【●

　教育を受ける権利（26条）に関連する問題として「教育権の所在」をめぐる議論がある。国家によって整備される教育制度において，子どもに施される教育の内容や方法に関して，国の考え方と，教師や親の考え方が衝突する場合，どちらが優先するかという問題をめぐって，かつては，教育内容に関与・決定する国の権能を認める説（「国家の教育権」説）と，子どもの教育に責任を負うのは，親およびその付託を受けた教師を中心とする国民全体であり，国は教育の条件整備の任務を負うにとどまるとする説（「国民の教育権」

説）の対立があり，学テや教科書検定をめぐる裁判において争われた。学テを通じて，国家は，教師の教育内容決定権にどこまで干渉できるのだろうか。

●】解説【●

1　子どもの学習権と親の教育の自由

　教育を受ける権利は，かつては，教育の機会均等を実現するための経済的配慮を国家に対して要求する権利としてとらえられていたが，今日では，子どもが教育を通じて学習し，それによって人間的に成長・発達していく権利，すなわち子どもの「学習権」を保障したものと解されている。教育を受ける権利は，生存権（25条）に続いて規定されており，社会権に分類されるが，その前提として「学ぶ自由」としての自由権的側面も併有する，いわゆる複合的性格の人権であることが多くの学説によって認められている。

　学習権（教育を受ける権利）の主体である国民の中心をなすのは，親ないし親権者の保護の下にある子どもである。子どもは，国家に対して合理的な教育制度と施設を整え，適切な教育の場の提供を請求する権利をもつ。この権利は，生存権と同様に，法律による具体化を必要とする抽象的権利であり，教育基本法と学校教育法によって具体化され，小・中学校の義務教育を中心とする教育制度が設けられている。これに加えて，子どもは，学習権の自由権的側面に基づき国家による学習権の侵害に対抗することができる。高校受験の際に提出する内申書に，中学校教師が生徒の思想を推知せしめる記載を行うことが学習権の侵害になるとした下級審判例もある（東京地判昭和54・3・28判時921号18頁）。

　子どもの学習権に対応して，親が子どもに教育を施す自由および義務が認められる。ただし，親の教育の自由は，公教育制度のもとでは教師に付託されるため，現実には，学校における教育が子どもの教育の中心となり，親の教育の自由は，家庭教育の自由，私立学校選択の自由，私立学校設立の自由などに限定される。

2　教師の教育内容決定権（教育の自由）

　教育権の所在をめぐる「国家の教育権」説と「国民の教育権」説の対立において，「国家の教育権」説は，文部省（現在は文部科学省）の普通教育の内

容決定権を主張した。これに対し，「国民の教育権」説が主張したのは，「子ども・親の付託を受けた現場の教師に，教育権＝教育の自由＝教育内容決定権が，憲法上の人権として保障されているということ」であった。教師の教育内容決定権は，個々の教師の授業実施権・教育評価権・懲戒権・生活指導権，学校（教師集団）の教育課程編成権・教育措置決定権・懲戒処分権・生活指導権に分類整理することができる（渋谷＝赤坂・人権66頁［赤坂正浩]）。ここで国家の教育「権」は，国家が法令の規定に基づきその職権を行いうる「権限」にすぎないが，教師の教育内容決定「権」には，人権としての面と権限としての面が併存しているとする説（併存説）が有力である（学説には，権利説，権限説，併存説の3つがある）。

　さらに，人権としての教師の教育内容決定権の根拠については，13条（幸福追求権）説，23条（学問の自由）説，26条（教育を受ける権利）説があったが，今日では複合説が有力になっている。この説は，学問の自由は大学教員だけでなく，保障の程度に差があるとしても普通教育にたずさわる教師にも認められること，また，教師の教育の自由は子どもの学習権（26条）を支える役割も果たすことから，教師の教育内容決定権の根拠を憲法23条と26条に求める。

　教師に上記のような教育内容決定権があるとすれば，国家が決定できる教育内容は科目の種類や授業時間数などの枠を示す「学校制度的基準」の設定に限定される（兼子仁『教育法〔新版〕』〔有斐閣・1978〕343頁以下）。この見解によれば，誤記・誤植の訂正勧告を超える教科書検定の実施，学習指導要領のうち「学校制度的基準」を超える部分に法的拘束力を認めること，全国の中学校教育の機会均等を図るため，学習指導要領の内容に基づいて行政調査として学テを実施することは，いずれも教師の教育内容決定権を侵害して違憲・違法（教育への「不当な支配」を禁止する旧教育基本法10条1項〔現行16条1項〕違反）となる。

3　本問の考え方

　教育権の所在については1970年代前半，国民の教育権説をとった第2次家永訴訟1審のいわゆる杉本判決（東京地判昭和45・7・17判時604号29頁）と，国家の教育権説をとった第1次家永訴訟1審のいわゆる高津判決（東京

地判昭和49・7・16判時751号47頁）が下された。こうした状況において，最高裁は，本問のモデルとなった旭川学テ事件判決（参考判例①）において，「国家の教育権」説と「国民の教育権」説を，「いずれも極端かつ一方的であり，そのいずれをも全面的に採用することはできない」として斥け，実務的にはこの議論に決着をつけた。その際，最高裁は，憲法26条の背後に「国民各自が，一個の人間として，また，一市民として，成長，発達し，自己の人格を完成，実現するために必要な学習をする固有の権利を有する」という観念が存在することを認めたうえで，親，私学，教師，国家の教育内容決定権を画定するというアプローチをとった。

　最高裁は，憲法23条により教師にも教育の自由は認められるが，児童生徒には大学生のような教育内容批判能力がないし，普通教育では全国的水準の確保が強く要請されるため，その自由は限定されるとした。また，国も適切な教育政策を実施するために，「必要かつ相当と認められる範囲において，教育内容についてもこれを決定する権能を有する」とした。ただし，子どもが自由かつ独立の人格として成長することを妨げるような国家的介入（たとえば，誤った知識や一方的な観念を子どもに植えつけるような内容の教育を施すことを強制すること）は憲法26条・13条からも許されず，国の教育行政機関が設定する普通教育の内容と方法についての基準は大綱的なものでなければならないとされた（「大綱的基準」説）。この判決の影響を受けて，学説では，教育権の所在について「国家の教育権」説と「国民の教育権」説の中間の道を選ぶ折衷説が多数となっている。

　最高裁が，「必要かつ相当と認められる範囲において」教育内容を決定する国の権能に基づき，結論において学テを適法とし，1審・2審では否定された公務執行妨害罪の成立を認めたことについて，学説の多くは，国，教師，親の三者の分担による教育の実現という判決の基本思想は妥当だとしても，国に教育内容への広汎な介入権を認めた点を批判している（芦部266頁）。

　なお，旭川学テ事件判決は，教育内容を詳細に定める学習指導要領について，全国的な大綱基準としての性格をもつもので，必要かつ合理的な基準の設定であると述べるにとどまっていたが，伝習館高校事件判決はその法的拘束力を認め，教師が学習指導要領から著しく逸脱している場合には懲戒処分

も許されるとした（参考判例②）。2006年，教育基本法が改正され（12月22日公布・施行），旧法にはなかった道徳教育や愛国心教育が教育目標に掲げられ（教基2条），教育が法律の定めるところにより行われるべきことが強調された（同法16条1項）。このため，新法に基づく学習指導要領の規定の仕方によっては，今後，子どもや教師の内心の自由に国家が干渉する事態も起こりうるとの懸念が広がっている。

●】参考文献【●

今野健一・百選Ⅱ296頁，赤川理・百選Ⅱ298頁，大島佳代子・争点176頁，内野正幸・争点144頁，西原博史「改正教育基本法下の子どもと親と教師の権利」ジュリ1337号（2007）40頁

（鈴木秀美）

経済的自由

> 　XはY県知事に対し，医薬品の一般販売業の許可を申請したが，「既存業者からおおむね 100 メートルに保たれている」ことを許可基準とする条例に適合しないとの理由で不許可処分を受けた。同条例の根拠となっている薬事法 6 条 2 項・4 項は，薬局開設の許可条件として地域的な配置基準を定めており，その目的は，一部地域における薬局等の乱設による過当競争のために一部業者による経営の不安定を生じ，その結果として施設の欠陥等による不良医薬品の供給の危険が生じるのを防止することにある。不許可処分を受けた X は，薬局開設の距離制限を規定する薬事法および県条例は憲法 22 条 1 項に違反するとして処分取消訴訟を提起した。
>
> 　Xの主張は認められるだろうか。

●】参考判例【●

① 最大判昭和 50・4・30 民集 29 巻 4 号 572 頁（薬局距離制限事件）
② 最大判昭和 47・11・22 刑集 26 巻 9 号 586 頁（小売市場距離制限事件）
③ 最大判昭和 62・4・22 民集 41 巻 3 号 408 頁（森林法事件）
④ 最判平成 12・2・8 刑集 54 巻 2 号 1 頁（司法書士法違反事件）

●】問題の所在【●

　最高裁は，精神的自由の分野に先駆け，小売市場距離制限事件および薬局距離制限事件に関する判決において，経済的自由の領域に係る体系的な違憲審査基準を展開したとみられていたが，森林法事件を契機に，その理解が動揺した。この問題を考えるにあたっては，経済的自由だけでなく，大枠としての二重の基準論にさかのぼって考え直してみることが必要であろう。

1 目的二分論

小売市場の新設にあたって既存の市場から法定の距離を離すことを定めた小売商業調整特別措置法の規定の合憲性が争われた小売市場距離制限事件判決（参考判例②）において，最高裁は，経済活動に対する規制は，その目的に応じて，社会公共の安全と秩序の維持の観点から行う消極目的規制と，福祉国家的理想の下での社会経済政策実施のための積極目的規制の2つの類型に分けられるとし，社会経済の分野における法的規制の合憲性については，「立法府がその裁量権を逸脱し，当該法的規制措置が著しく不合理であることの明白である場合に限って，これを違憲として，その効力を否定することができる」と判示した。ここで採られた違憲審査基準は「明白の原則」あるいは「合理性の基準」と呼ばれる。

さらに薬局距離制限事件判決（参考判例①）では，消極目的規制が合憲であるためには，「重要な公共の利益のために必要かつ合理的な措置であること」および「許可制に比べて職業の自由に対するよりゆるやかな制限である職業活動の内容及び態様に対する規制によっては右の目的を十分に達成することができないと認められること」を必要とし，それを立法事実の検証に基づいて審査することとしたのである。このように立法目的が重要な公共の利益のために必要かつ合理的であること，および同じ目的を達成できる，より緩やかな規制手段が存在しないことを立法事実に即して審査する違憲審査基準を「厳格な合理性の基準」と呼ぶ。

この2つの判決によって，積極目的規制に対しては「合理性の基準」による緩やかな審査が，そして消極目的規制に対しては「厳格な合理性の基準」による実質的な審査が行われるという「目的二分論」が経済的自由の領域における違憲審査方法として確立したものと思われた。

2 二分論審査の動揺

目的二分論に基づく違憲審査は，多くの学説によって支持されたが，薬局距離制限事件判決以降の最高裁の判決，とりわけ森林法事件において予想に反した判断が示された。森林について持分価額が2分の1以下の者の共有分

割請求権を否定する森林法 186 条の合憲性が争われた事案について，最高裁大法廷は，薬局距離制限事件判決を引用しつつ，財産権に対する規制目的は積極的なものから消極的なものまで種々様々であるとして目的二分論に立つと思わせた。しかし，森林法 186 条の目的を「森林経営の安定を図り，ひいては森林の保続培養と森林の生産力の増進を図り，もって国民経済の発展に資することにある」として積極目的規制と認定したかに見えたにもかかわらず，手段について目的達成のための合理性と必要性を詳細に検討し，そのいずれも肯定することができないとして違憲判決を下したのである（参考判例③）。

森林法違憲判決は憲法 29 条 2 項のもとでの判決であったが，同法 22 条 1 項に係る事案においても，その後，公衆浴場の距離制限規定の合憲性が争点となった刑事事件において第二小法廷（最判平成元・1・20 刑集 43 巻 1 号 1 頁）は，明示的に目的二分論に立ち，距離制限は積極目的規制であるとしたうえで合理性の基準（明白の原則）に基づいて合憲判断を下したが，同じ事案から発生した行政事件を扱った第三小法廷は，目的二分論に触れることなく，距離制限は国民保健および厚生施設の確保等の「目的を達成するための必要かつ合理的な範囲内の手段と考えられる」と述べて合憲判決を下した。さらに，司法書士以外の者が登記に関する手続の代理等の業務を行うことを禁ずる司法書士法 19 条 1 項（当時）の合憲性が争われた司法書士法違反事件（参考判例④）においても，薬局距離制限事件判決の趣旨に徴するとしつつ，目的二分論には言及しなかったなど，最高裁における目的二分論の位置づけに疑問がもたれるようになったのである。

これに対応するように学説でも批判論が目立つようになり，ⓐすべての経済規制立法を 2 つの立法目的に区分することは困難である，ⓑなぜ立法目的の違いに応じて審査基準が変化するのか根拠が不明である，などの指摘がなされるようになった。

これに対し，二分論を維持すべきとする学説は，「規制の目的を重要な 1 つの指標としつつ，それだけではなく，いかなる行為がどのように規制の対象とされているかなど，規制の態様をも考えあわせる必要があろう」（芦部214 頁）として規制態様の要素を加味するとか，目的に第 3 の類型を加えるなどの修正を加えたうえでその維持を図ろうとしている。

3 二分論審査の可能性と課題

　違憲審査のあり方をできるだけ客観化することにメリットがあると考えるならば，二分論の維持を試みることにはなお意義があることになろう。

　その手法として上記のように規制態様の要素を加えることは，判例自体にもその根拠があることであり，必要であるということができよう。しかし，それで判例の変動を過不足なく説明できるかといえば，難しいといわざるを得ない。また，たとえば租税立法の税収目的などを第3の類型にするとしても，その他にも公害立法など第4，第5の類型が必要になるかもしれない。

　思うに，この問題は目的二分論の根拠に立ち戻って考えて見る必要があろう。二分論は，一見すると，一部の経済的弱者を保護する立法は合憲とする（参考判例②）が，国民一般の健康や安全を守るための立法は違憲としがちだということになり（参考判例①），矛盾していると思えないでもない。とすると，その論拠は何なのだろうか。

　それは「二重の基準論」と同じであると考えられる。二重の基準論には，その論拠を実体的価値序列に求める考え方と，議会と裁判所の役割分担に求める機能論と呼ばれる立場がある［→基本問題28］が，機能論的二重の基準論においては，多元主義的民主主義観（プルーラリズム）を前提として，さまざまに存在する利益集団同士の離合集散がスムーズに行われるように監視することが裁判所の役割だとされる。この考え方に立てば，経済問題についても，多様な利益集団が競争し，妥協するなどして多数派を形成し，何らかの経済規制立法（参入規制や価格統制などの競争制限であることが多い）を作り上げたならば，それこそが民主主義の成果であり，それに裁判所が干渉すべき理由はないということになる。ただ，条件は，それがどの利益集団の利益になるか（どの業界を保護するのか）が明らかにされることである。この条件が満たされていれば，それに問題を感じる利益集団や国民は，政治過程においてそれに対抗することができる。いわゆる積極目的規制については緩やかな審査で足りるというのはこのような考え方に基づいているとみることができるであろう。

　他方，特定の業界の利益を図る立法であるにもかかわらずそれを明示せず，国民一般の利益を達成することが目的であるかのように装っている立法は，その見せかけを暴いて政治過程で対抗することが困難である。国民一般

の利益となると，国民1人当たりの利益はごく薄くなるため，見せかけを暴くための情報コストに見合わず，行動しようというインセンティブが働かないからである。反対業界も，国民全体の利益を持ち出された場合には反対しづらいことになろう。したがって，国民の生命健康の維持などの国民一般の利益を標榜している立法については，それが本当であるかどうかを政治過程においてチェックすることが困難であるから，部外者である裁判所が厳しく審査しなければ，特定の利益集団の利益だけが実現されてしまうおそれがある。これが消極目的規制については厳格な合理性の基準による審査を必要とする理由だということができよう。

　さらに，このような見方の根底にあるのが政治過程の産物に信頼がおけるかどうか（デモクラシーを信頼できるか）という考慮であるとすると，森林法判決（参考判例③）も説明できる。すなわち，当該判決の要点は，財産の共有を定めていた森林法を無効とし，単独所有を原則とする民法の規定に立ち戻った点にあるが，民法典，特に財産法に関する規定が政治的に公正中立な基準であるという考え方は法律家に広く共有されているものであり，そちらを裁判所が信頼したと考えることができる。特に森林法に反映されている集団の利益が遙か昔のものであり，内容的にも疑問が多いものであるときには，それを信頼・維持すべき理由はないといえるであろう。

　このように，目的二分論は，実は，立法過程への信頼の可否という機能論的二重の基準論と同じ考え方に基づいているのであり，目的が積極か消極かという点は信頼の可否を判断するうえでの目安になっているにとどまると考えることもできる。つまり，消極目的が掲げられているときは，立法過程が信頼できない場合であることが多いということである。したがって，その目安を明示しているかどうか，すなわち判決文中で，積極目的とか消極目的とかの文言を用いているかが問題の本質ではない。しかし，実質的司法審査を発動すべき場合の目印にはなるという意味で，その存在意義は認められるという考え方もありうるであろう。

4　本問の考え方

　最高裁は，本問のモデルとなった薬局距離制限事件（参考判例①）で，薬事法6条2項・4項が薬局開設の許可条件として地域的な配置基準を定めた

主たる目的について，一部地域における薬局等の乱設による過当競争のために一部業者による経営の不安定が生じ，その結果，使用期限の切れた医薬品や本来は使用する必要のない医薬品などが販売される危険が生じることを防止することにあると認定している。このように，適正配置規制は，主として国民の生命および健康に対する危険の防止という消極的，警察目的のための措置とされているのである。そうすると，上述したように，それが真正な目的であるかどうかを厳格な合理性の基準によって，目的と手段の関連性の観点から審査すべきことになろう。つまり，「重要な公共の利益のために必要かつ合理的な措置であること」および「許可制に比べて職業の自由に対するよりゆるやかな制限である職業活動の内容及び態様に対する規制によっては右の目的を十分に達成することができないと認められること」について，立法事実の検証に基づいて審査しなければならないのである。

　生命・健康の保護それ自体は重要な公共的利益と認められようが，問題は，適正配置を条件とする許可制よりも職業の自由に対する制限が緩やかな手段によってはその目的を達成できないかどうかである。そこで，立法事実を検証すると，「薬局の開設の自由→薬局の偏在→競争激化→一部薬局の経営の不安定→不良医薬品の供給の危険性」という因果関係は合理的に裏づけることはできないのであり，不良医薬品の防止は，保健所職員等による立寄り検査等によっても十分に実施できると考えられるから，「厳格な合理性」の基準に基づく審査をクリアすることは困難といえよう（芦部219頁）。

　結論として，薬局開設の距離制限を規定する薬事法は憲法22条1項に違反しており，Xの主張は認められよう。本問では，国民の生命健康の維持などの国民一般の利益を標榜している立法が問題になっているから，裁判所による実質的な審査が求められるのである。

●】参考文献【●

常本照樹・百選 I 196頁，石川健治・百選 I 198頁，長谷部120頁，長谷部恭男『比較不能な価値の迷路』（東京大学出版会・2000）第7章，中林暁生＝山本龍彦『憲法判例のコンテクスト』（日本評論社・2019）198頁［山本龍彦］

（常本照樹）

適正手続の保障

　Ｙら2名は共謀のうえ，税関の輸出免許を受けることなく韓国に服地等（原価400万円）を密輸出しようと企て，上記貨物を機帆船大栄丸に積み込み1954年10月5日に下関港を出港した。Ｙらは福岡市沖合のＩ島付近の海上において韓国向けの漁船蛭子丸に積み替えようとしたが，時化に遭い蛭子丸に遭遇することができなかった。その後，Ｙらの乗る大栄丸は，海上警備中の門司水上警察署警察官に発見され，密輸出の嫌疑で逮捕された。1審および2審ともＹらを税法118条1項違反未遂で有罪とし大栄丸と貨物を没収した。そこでＹらは，没収された貨物にはＹら以外の者（Ｚ）の所有物が含まれており，Ｚに財産権擁護の機会をまったく与えないまま没収することは憲法29条1項および31条に反するとして，上告した。

　Ｙらの上告は認められるか。

●】参考判例【●

① 最大判昭和35・10・19刑集14巻12号1574頁（昭和35年第三者所有物没収事件①）

② 最大判昭和37・11・28刑集16巻11号1593頁（昭和37年第三者所有物没収事件②）

●】問題の所在【●

　Ｚは，1審および2審判決によって大栄丸に積み込まれていた自己の所有物を没収されたが，自己の財産権を守るための弁明の機会を与えられていなかった。ところで，憲法31条は，「何人も，法律の定める手続によらなければ，その生命若しくは自由を奪はれ，又はその他の刑罰を科せられない」と

する。そうすると，Ｙらは同法29条違反を主張するが，法律で定められた手続が適正であることを求める同法31条にも反するとはいえないか。さらに，適正手続の保障とは離れるが，Ｙらは第三者であるＺの権利を援用して没収の裁判を違憲と主張できるかということも重要である。

●】 解説 【●

1　「法律の定める手続」とは何を意味しているのか

　1つの見方は，手続が法律で定められていることが求められており，その内容は問わないというものであろう。憲法31条が定める「手続」が，まずは，訴訟手続を念頭に置いているとすれば，その手続の内容がどんなものでもいいとは考えにくい。同条は，手続の法定だけではなく，手続の内容が何らかの「質」を備えることを求めているのである。そこで，主張されるのが「適正な手続」である。これは，同条のモデルとされるアメリカ合衆国憲法修正14条（いかなる州も，法の適正な手続によらずに，何人からも生命，自由または財産を奪ってはならない）を前提にした考え方で，学説のなかで広く支持されている。

　ところで，合衆国憲法修正14条には，「適正な手続」が規定され，また，「財産」も明記されている。ところが，憲法31条には「適正な手続」や「財産」が規定されていない。これは，マッカーサー憲法草案に関与したアメリカ側の法律家たちによって意図されたことと言われている。というのも，彼らはルーズベルト大統領によるニューディール政策に好感をもっていたが，「1920〜30年代に合衆国最高裁がデュー・プロセス条項を手掛かりにして，ニューディール政策を推進しようとする福祉・労働・社会立法をつぎつぎに違憲無効とした」からである（奥平151頁）。したがって，明治憲法に「適正な手続」の伝統がないこともあって，憲法31条が適正手続条項と解されるようになるにはそれ相当の時間が必要であった。

　「適正な手続」の内容として，告知と聴聞が一般的である。刑罰や財産の没収などの不利益な処分が課される場合，処分の内容が当該個人に告げられ，そしてこの個人に弁明の機会が与えられねばならない。これは，個人を国家行為の単なる客体に切り下げないことを意味し，より積極的には，個人

が手続のプロセスと結果に影響を及ぼしうることを求めている。最高裁も，「所有物を没収せられる第三者についても，告知，弁解，防禦の機会を与えることが必要であつて，これなくして第三者の所有物を没収することは，適正な法律手続によらないで，財産権を侵害する制裁を科するに外ならない」と判示して，単に手続が法定されればよいとはせず，手続の内容として「告知，弁解，防禦の機会」を与えることが含まれると判示する（参考判例②）。

　ところで，憲法 31 条は「その他の刑罰を科せられない」と定めていることから，一般に，刑事手続に関する規定と考えられている。しかし，国家による不利益な処分は刑事手続だけの問題ではない。行政手続や非訟事件訴訟手続もかかわってくる。

2　Ｚの財産権侵害を援用した違憲の主張

　ここでとりあげるテーマは適正手続の保障に直接かかわらないが，本問に答えるうえで重要である。

　Ｙらは最高裁に上告する理由として，Ｚに対し財産権擁護の弁明の機会をまったく与えないまま 1 審および 2 審判決がＺの財産を没収したことを挙げている。Ｙは第三者であるＺの権利が侵害されたことを理由としているのである。一般に，訴訟当事者が第三者の憲法上の権利侵害を理由に違憲の主張をすることは許されないが，この原則にも例外がないわけではない。最高裁判所は，第三者所有物没収事件において，当初，「訴訟において，他人の権利に容喙干渉し，これが救済を求めるが如きは，本来許されない筋合いのもの」（参考判例①）としていたが，2 年後の判決でこれを改め，たとえ第三者の所有物に関する場合であっても，没収の言渡しを受けた被告人は，「没収に係る物の占有権を剥奪され，またはこれが使用，収益をなしえない状態におかれ，更には所有権を剥奪された第三者から賠償請求権等を行使される危険に曝される等，利害関係を有することが明らかであるから，上告によりこれが救済を求めることができる」（参考判例②）と判示している。これによって，「第三者の憲法上の権利を主張する適格」が認められたと学説は解している（この点について，野坂・後掲 72 頁）。

　ただ，「所有権を剥奪された第三者から賠償請求権等を行使される危険に曝される」と最高裁判決が判示するように，ＹらはＺから損害賠償を求め

られる可能性も十分ある。そうすると，Ｙらの主張は自己の利益（財産権）に関係していたと理解することもできるかもしれない（野坂・後掲72頁）。最高裁判例は，「第三者の憲法上の権利を主張する適格」について，これ以後展開していない。したがって，判例理論の確立には至っていないという見方もあり得よう。

　本問に戻ると，１審および２審が弁明の機会をＺにまったく与えていないのだから，これらの判決は憲法31条の保障する「適正手続」に違反し，そのことをＹらは主張することができる。もっとも，Ｙらの主張の根拠として，「第三者の憲法上の権利を主張する適格」を用いる方法と，Ｚ所有の貨物の没収はＹらの財産権に関係すると見る考え方があることは，すでに述べた。本問のモデルとなった事件で，最高裁判所は２つとも取り上げ，以下のように，憲法31条および29条に対する違反を認めた。「関税法118条１項は，同項所定の犯罪に関係ある船舶，貨物等が被告人以外の第三者の所有に属する場合においてもこれを没収する旨規定しながら，その所有者たる第三者に対し，告知，弁解，防禦の機会を与えるべきことを定めておらず，また刑訴法その他の法令においても，何らかかる手続に関する規定を設けていないのである。従つて，前記関税法118条１項によつて第三者の所有物を没収することは，憲法31条，29条に違反するものと断ぜざるをえない」（参考判例②）。

●】参考文献【●

野坂泰司「適正手続の保障と第三者の権利の主張」法教297号（2005）65頁，笹田栄司・百選Ⅱ238頁，大石和彦・争点278頁

（笹田栄司）

裁判を受ける権利

同じ家屋を巡り所有者Ｘと賃借人Ｙとの間で争いが激化し，Ｘは家屋明渡請求の訴えを，一方Ｙは占有回収請求の訴えを提起した。前者の訴えでは，ＹがＸから賃借中の家屋について解約が成立しているか否か，後者の訴えではＸおよびその親族が本件家屋に入居するについてＹの承諾があったか否かが争点であった。裁判所は，東京における極端な住宅難の現状にかんがみ調停による解決が妥当とし，職権によって 1947 年 6 月に，両事件を借地借家法および戦時民事特別調停法による調停に付した。しかし調停が不調に終わったため，戦時民事特別調停法 19 条が借地借家法による調停にも準用している金銭債務臨時調停法（金調法）7 条 1 項および 8 条に基づき，両事件を併合して「調停に代わる裁判（強制調停）」を行った。その内容は，Ｙは 8 カ月の猶予期間後に本件家屋を明け渡すというものであった。これに対するＹの即時抗告および再抗告が棄却されたので，Ｙは，金調法 7 条 1 項および 8 条により非訟事件手続法を適用して，非公開の審理に基づき決定により本件（占有回収の訴え）を裁断することは，憲法 32 条・82 条に反すると主張して，最高裁に特別抗告を行った。

Ｙの主張は認められるか。

●】参考判例【●

① 最大決昭和 35・7・6 民集 14 巻 9 号 1657 頁（強制調停違憲訴訟）
② 最大決昭和 40・6・30 民集 19 巻 4 号 1089 頁（夫婦同居審判違憲訴訟）

　裁判を受ける権利は，「『法の支配』を実現するうえで不可欠の前提となる
権利」との高い評価（芦部 267 頁）にもかかわらず，判例上，訴訟事件につ
いての憲法上の手続保障（公開・対審・判決）を除けば，目立った展開があ
るとはいえない。刑事裁判では，被告人が公平な裁判所による公正な公開審
理を受ける権利，そして民事・行政事件では，各人が裁判所に訴えを提起す
る権利が裁判を受ける権利の保障内容と解されている。加えて最近では，訴
訟当事者は法的聴聞を求める権利，および実効的権利保護を求める権利を有
するとの有力な主張があるが，最高裁判例がこの点について十分な応接をし
ているわけではない。理念上の高い評価にもかかわらず，裁判を受ける権利
は「発展途上の人権」というべきだろう。

1　裁判を受ける権利と手続保障

　憲法 32 条は，「何人も，裁判所において裁判を受ける権利を奪はれない」
とし，同法 82 条 1 項は，「裁判の対審及び判決は，公開法廷でこれを行ふ」
と規定する。「裁判」について規定するこれらの条文を，結びつけて解釈す
るかあるいは切り離して解釈するかが，まず問題になる。

　1 つの見方は，裁判を受ける権利を，憲法によって身分保障された裁判官
によって構成された裁判所の裁判を保障すると解するものである。つまり，
最高裁は，憲法 32 条「裁判を受ける権利」と同法 82 条の公開審理や判決を
結びつけることなく，金調法 7 条の「調停に代わる裁判」を合憲としていた
（最大決昭和 31・10・31 民集 10 巻 10 号 1355 頁）。そこで展開された合憲論は，
簡易裁判所が行った「調停による裁判」は裁判所によってなされたもので，
「これも一の裁判たるを失わない」ばかりでなく，「調停に代わる裁判」には
「抗告，再抗告，特別抗告の途も開かれており抗告人の裁判を受ける権利の
行使を妨げたことにならない」というものであった（なお，現行の民事調停
法も「調停に代わる決定」〔17 条〕を規定するが，これは上記決定に対して 2 週間
以内に異議の申立てを行うならば決定はその効力を失う〔18 条〕とするものであ

る）。

　前掲最大決昭和 31・10・31 には 7 名の反対意見が付されていた。そのなかで注目されるのが，以下の真野判事の見解である。多数意見によれば，憲法 32 条の保障は単に裁判所（最高裁判所のほかは立法で自由に定められる）でなされればよいというまったく形式的なものになる。真野判事は，「『調停に代わる裁判』は，実体法の面からいつても，訴訟手続の面からいつても，法律の厳正な適用による裁判ではなく，裁判所が職権により多分に主観的・便宜主義的・行政的に独裁するものたるに過ぎ」ず，本質において憲法 32 条にいう裁判ではなく，「裁判という名を冒称する擬装の裁判であ」り，この裁判の確定したときに裁判上の和解と同一の効力，つまり確定判決と同一の効力を認めるこの制度は，「裁判を受ける権利を奪うことになるものであつて，違憲な立法である」とした。

　また，真野判事は，「法律上の争訟に関する訴訟手続においては，……公開主義，口頭主義，直接主義，証拠主義の大原則は，裁判所が裁判をする場合に，憲法上保障されている」としており，この見解が，憲法 32 条と 82 条の「裁判」を同視し，「裁判」とは公開・対審・判決という手続が保障されたものと解する参考判例②につながっていくのである。

2　訴訟事件と非訟事件を区分する基準としての「純然たる訴訟事件」

　訴訟事件と非訟事件はどんな違いがあるのであろう。訴訟事件は，実体法が定める権利や法律関係について争いがある場合，裁判所が法律上の要件たる事実を確定し実体法にあてはめて裁判することが念頭に置かれていよう。一方，非訟事件は，遺産分割や未成年者の後見人の選任など，法律関係の形成が裁判所が行う裁量的な判断に委ねられている場合が想定されている。非訟事件における裁判所の判断は本質的に行政的性質をもつ作用であり，憲法 32 条の保障は関係がないとされるのである（谷口安平『口述民事訴訟法』〔成文堂・1987〕37 頁）。

　訴訟事件と非訟事件の区分について，最高裁は次のように判示している。「性質上純然たる訴訟事件につき，当事者の意思いかんに拘わらず終局的に，事実を確定し当事者の主張する権利義務の存否を確定するような裁判が，憲法所定の例外の場合を除き，公開の法廷における対審及び判決によつてなさ

れないとするならば，それは憲法82条に違反すると共に，同32条が基本的人権として裁判請求権を認めた趣旨をも没却するものといわねばならない」（参考判例①）。

問題は「純然たる訴訟事件」が基準となりうるかである。最高裁は，憲法32条と82条を一体として捉え，そこでいう「裁判」とは実体的権利義務の存否を確定する確認的裁判と解する（芦部信喜『演習憲法〔新版〕』〔有斐閣・1988〕211頁）。しかし，確認的裁判と裁量的形成的裁判の区別は権利の発生変更をどのように規制するかという実体法の規定の仕方次第であり（新堂幸司『新民事訴訟法〔第6版〕』〔弘文堂・2019〕29頁），憲法上の「裁判」概念の確定を左右するものではないであろう。さらに，最高裁判例は，紛争以前に要件・効果が明確に定められ完備した権利義務の体系があり，具体的ケースについては三段論法によって権利義務の存否が自動的に判断されうるというモデルを念頭に置くものと考えられる（新堂幸司『民事訴訟制度の役割』〔有斐閣・1993〕177頁以下参照）。しかし，それだけで，「純然たる訴訟事件」を説明することは困難であろう。

このようなことから，憲法32条と82条の「裁判」を一体としてとらえない見方が主張されることになる。つまり，同法32条は，「82条によって公開・対審・判決という原則が保障される『純然たる訴訟事件』の裁判だけでなく，それをあくまでも原則としつつ，より広く国民が紛争解決のために裁判所で当該事件にふさわしい適正な手続の保障の伴った裁判を受ける権利を保障したものと解される」（芦部・前掲213頁）。同法32条「裁判」は同法82条「裁判」よりも広い概念であり，純然たる訴訟事件以外にも同法32条の保障が及ぶ非訟事件は存在するのである。もっとも，出訴保障や公開以外にどのような「憲法32条の保障」があるかが問題になる（この点については，発展問題17の事例で検討する）。

3　本問の考え方

裁判所は本問で，Yの占有回収の訴えを結局のところ，非訟事件として処理しているが，Yは訴訟事件と解し，憲法32条および82条が求める「公開の審理」と「判決」が満たされていないから違憲と主張する。上記1でみたように，裁判を受ける権利を憲法によって身分保障された裁判官によって

構成された裁判所の裁判を保障すると解するのであれば，裁判所による「調停に代わる裁判」は合憲であり，Yの主張は認められない。しかし，同法32条と82条を一体としてとらえ，そこでの「裁判」とは公開・対審・判決という手続が保障されていると解すれば，Y主張のように，裁判所による「調停に代わる裁判」はこれらの手続が欠けているのだから違憲である。この考え方を参考判例は採用している。

●】参考文献【●

強制調停違憲決定については多くの判例評釈がある。ここでは，本文に挙げた芦部信喜『演習憲法〔新版〕』（有斐閣・1988）206頁以下のほか，宮井清暢・百選Ⅱ272頁を挙げるにとどめる。

（笹田栄司）

国会：立法の委任

> Xは，国営事業だった時代の郵便局の窓口業務に従事する一般職国
> 家公務員であった。Xは衆議院選挙告示後の選挙運動期間中に，自分
> の支持政党の公認候補者を支持する目的で，勤務時間終了後，その候
> 補者のポスター数百枚を公設の掲示板に貼る作業に従事したところ，
> この行為は国家公務員法 102 条 1 項と，その委任を受けて制定され
> た人事院規則 14−7 に違反するとして起訴された。
>
> この刑事裁判においてXは，国家公務員法 102 条 1 項および人事
> 院規則 14−7 が憲法 21 条で保障された自分の表現の自由を侵害す
> るという根拠と並んで，国家公務員法 102 条 1 項による人事院規則
> への委任のあり方が憲法 41 条に違反するという根拠も挙げて，無罪
> を主張した。
>
> Xの主張は認められるだろうか。

●】参考判例【●

① 最大判昭和 49・11・6 刑集 28 巻 9 号 393 頁（猿払事件）

●】問題の所在【●

国会は，憲法 41 条によって「国の唯一の立法機関」と定められている。
内閣総理大臣指名権（67 条）などとともに，こうしてとりわけ立法権をもつ
ことによって，国会は憲法が構想する議会制民主主義の要の位置を占める。
それでは，国会が立法権の行使を他の国家機関に委任することは憲法 41 条
違反であろうか。立法の委任が許される場合があるとして，それにはいかな
る限界があるだろうか。

この点を本問に即していえば，次のような憲法問題となる。「職員は，政

党又は政治的目的のために，寄附金その他の利益を求め，若しくは受領し，又は何らの方法を以てするを問わず，これらの行為に関与し，あるいは選挙権の行使を除く外，人事院規則で定める政治的行為をしてはならない」とする国家公務員法 102 条 1 項の委任規定は，憲法 41 条に反するであろうか。

●】解説【●

1 唯一の「立法」機関

憲法第 4 章「国会」の冒頭に置かれた 41 条は，その後段で，国会を「国の唯一の立法機関」と規定し，これによって，国会の主要な権限が立法権であることを示している。では，立法権とは何か。それがある特定の内容の法を制定する権限であることでは，学説はほぼ一致している。しかし，どんな内容の法を制定する作用なのかについては，いろいろな考え方がある。これは，同条の背景にある立憲主義思想の理解の相違に由来する対立である。

立法の意味をもっとも狭く捉える説は，「立法とは，国民（被治者）の権利を制限し，あるいは国民に新たな義務を課すことを内容とする法の制定である」と定義する（「権利制限規範説」と呼ぶ）。これは，被治者国民の「自由と財産」を制限する場合には，君主政府だけでは決められず，国民の代表者である民選議会の同意を取り付けなければならないとする，19 世紀ドイツの法治国家思想に基づく。現行憲法の下でも，実務はこの理解に立っていると思われる。政令の限界を定める内閣法 11 条，内閣府令の限界を定める内閣府設置法 7 条 4 項，省令の限界を定める国家行政組織法 12 条 3 項が異口同音に，「法律の委任がなければ，罰則を設け，又は義務を課し，若しくは国民の権利を制限する規定を設けることができない」としているのがその証しである。法令用語にいう法律とは，国会が制定した法を意味するので，これらの規定の背後には，国民の権利を制限し国民に義務を課す法の制定は立法なので，それは本来国会の権限だという前提があることになるからである。

ところで，本問の国家公務員法は，一般被治者の権利制限に関するルールではない。したがって，その制定は，権利制限規範説に立てば本来の立法ではない。国家公務員法は，「法律の定める基準に従ひ」国家公務員の事務を「掌理すること」を内閣の職務とする憲法 73 条 4 号に基づく法律である。こ

のように，憲法がこの点は法律で定めよと指定している事項は，同法41条の立法の意味をどう理解するにせよ，立法作用の対象ということになる。

　これに対して立法の意味をもっと広くとらえる説は，「立法とは，一般的・抽象的法規範の制定である」と定義する（芦部306頁。「一般的規範説」と呼ぶ）。「一般的・抽象的法規範」とは，適用される人とケースが不特定多数の法規範を指す。たとえば，刑法典のように，日本国家の支配を受けるすべての人の，同様の行為のすべてに適用される法がその典型である。「一般的・抽象的法規範」の正反対が「個別的・具体的法規範」である。たとえば，判決は，特定人の特定の行為だけを対象とするが，これも国家が定立した法の一種であるから，個別的・具体的法規範の代表である。この立法観の背後には，まず民選の議会が一般的なルールを定め，司法機関・行政機関がそれを具体的ケースに公正に適用することが，国家権力からの個人の自由を最大限尊重しようとする立憲民主主義の要請だという発想がある。現在の学説状況をみると，一般的規範説をとる憲法解説書が比較的多いといってよいであろう。

　しかし，今日の日本では，生活保護をはじめとして，国家が市民にさまざまな利益供与を行っており，またそれが求められているので，被治者の権利を制限する法の制定だけを立法と理解すると，国会が関与すべき立法事項の範囲を狭くとらえすぎることになる。また，国家の役割の増大に伴って，たとえば風俗営業法・旅館業法などのいわゆる「業法」や，年度を限った米の減反立法のように，適用対象がかなり限定された法律も制定されているので，厳格な一般的規範説も立法実務の現状とはかけ離れている。このように，権利制限規範説も一般的規範説も，それぞれ別な意味で狭きに失することを考慮すると，憲法41条にいう「立法とは，被治者の権利義務に関係する，原則として一般的な法規範の制定である」と定義するのが適切なように思われる（「権利関係規範説」と呼ぶ）。

2　「唯一の」立法機関

　いずれにせよ，国会が「唯一の」立法機関であるというのは，上述のような特定の内容の法を制定できるのは国会だけだという意味である。これはさらに2つの下位原則からなるとされる。

1つは，法律の制定作業は国会で完結し，たとえば明治憲法 6 条が規定していた天皇の法律裁可権のような制度は認められないという原則である（国会単独立法の原則）。

　もう 1 つは，国会以外の国家機関が独自に立法権を行使することは認められないという原則である（国会中心立法の原則）。明治憲法では，天皇が，帝国議会の関与なしに，「公共ノ安寧秩序ヲ保持シ及臣民ノ幸福ヲ増進スル為ニ必要ナル」命令を制定したり（9条），「公共ノ安全ヲ保持シ又ハ其ノ災厄ヲ避クル為緊急ノ必要ニ由リ帝国議会閉会ノ場合ニ於テ」，法律を改廃する効力をもつ命令（緊急勅令）を制定できるとされていた（8条）。罰則等を強化する治安維持法の改正案が帝国議会で審議未了廃案となったのち，当時の政府が明治憲法 8 条の規定に基づいて，緊急勅令の形式で治安維持法改正を強行した事例が，悪名高いその濫用例である。現行憲法 41 条の「唯一の」という文言は，行政機関のこうした「副立法権」を認めない趣旨でもある。

3　立法の委任

(1)　行政立法の不可避性

　しかし，現代国家においては，立法権の完全な議会独占を実現することは，現実的でもないし適切でもない。現代国家では，複雑多様な社会状況に対応して有効な政策を展開することが求められるため，技術的な細目にわたる相当詳細なルール作りが必要となる。しかし，そのすべてを議会法律に盛り込むとすれば，法律が量的に膨大で内容もきわめて煩雑なものとなるうえ，一旦法律化すればその改廃にも議会の審議議決が不可欠であるが，議会手続にはつねに大きな時間的・政治的コストがかかるため，状況の変化に対する迅速な対応が困難になるからである。

　このため，現代立憲民主主義諸国では，議会から行政機関に対する立法権の委任は不可避の現象となっている。日本国憲法も，内閣の権限を例示した 73 条の 6 号本文において，内閣は「法律の規定を実施するために」政令を制定できるとして，法律による委任の有無にかかわらず，行政機関に法律の実施細則の立法権を認め，また同号但書では，「政令には，特にその法律の委任がある場合を除いては，罰則を設けることができない」として，個別の法律規定の明示的委任があれば，被治者の権利制限の最たるものである刑罰

に関する立法権も行政機関に委任できることを認めた。

(2) **立法委任の限界**

　このように行政機関による立法は不可避だとしても，国会が憲法41条で
与えられた立法権を行政機関に対して包括的に委任すれば，法治国家・権力
分立という憲法の基本構想が破壊されてしまう。そこで，立法委任の限界が
問題となるのである。立法委任の限界については，次の2つの論点を区別す
ることができる。

　論点1は，国会が制定した法律中の委任規定が，憲法41条に違反してい
ないか（「委任法律」の合憲性）という憲法問題であり，論点2は，法律の委
任を受けて制定された行政機関の法令（内閣の政令・各省の省令など）が，親
法律の委任規定に違反していないか（「受任命令」の法律適合性）という法律
問題である。

　立法委任の限界を争点の1つとする主な最高裁判決には，次のものがある。

　ⓐ　最大判昭和27・12・24（刑集6巻11号1346頁）

　ⓑ　最判昭和33・5・1（刑集12巻7号1272頁）

　ⓒ　最大判昭和46・1・20（民集25巻1号1頁）

　ⓓ　最大判昭和49・11・6（刑集28巻9号393頁）（参考判例①）

　ⓔ　最判平成2・2・1（民集44巻2号369頁）

　ⓕ　最判平成3・7・9（民集45巻6号1049頁）

　ⓖ　最判平成14・1・31（民集56巻1号246頁）

　ⓗ　最判平成25・1・11（民集67巻1号1頁）

　ⓐは，旧憲法下に制定された鉄砲火薬類取締法に罰則委任の規定が欠けて
いたため，罰則を定めた同法施行規則の規定は，新憲法73条6号但書の要
件を満たさず失効したとする戦後過渡期の判決，ⓑとⓓは，国家公務員法
102条1項の人事院規則への委任規定を合憲とした判決，ⓒは，農地法施行
令16条が農地法80条の委任の範囲を超え，違法であることを認めた判決，
ⓔは，銃砲刀剣類登録規則4条2項が，銃砲刀剣類所持等取締法14条1項
の登録対象を日本刀に限定しているのは，同法同条5項の委任の趣旨に反し
ないとした判決，ⓕは，未決勾留者が14歳未満の者と接見することを禁止
した監獄法施行規則120条・124条は，監獄法50条の委任の範囲を超え，

違法だとした判決，ⓖは，いわゆる婚姻外懐胎児童のうち父の認知を受けた者を監護する母には，児童扶養手当受給資格が認められないとした児童扶養手当法施行令1条の2第3号括弧書が，児童扶養手当法4条1項5号の委任の範囲を超え，違法だとした判決，そしてⓗは，第1類・第2類医薬品のネット等による販売を全面禁止した薬事法施行規則が，薬事法の委任の範囲を超え，違法だとした判決である。

　こうしてみてみると，上述論点1が問題となったのは，いずれも国家公務員法102条1項に関するⓑとⓓだけで，明治憲法からの移行期のⓐを別とする残りⓒⓔⓕⓖは，すべて論点2が問題となった判決であることがわかる。

(3)　立法委任の限界の判断

　ⓑⓓ判決で最高裁法廷意見は，委任法律の合憲性の判断について何ら一般的な基準・方法を示していない。しかし，ⓓには，国家公務員法102条1項による人事院規則への委任方法を違憲とする反対意見が付されていて興味深い。この反対意見は，委任法律の合憲性判断の一般的基準について，次のように述べている。

　「国会が，法律自体の中で，特定の事項に限定してこれに関する具体的な内容の規定を他の国家機関に委任することは，その合理的必要性があり，かつ，右の具体的な定めがほしいままにされることのないように当該機関を指導又は制約すべき目標，基準，考慮すべき要素等を指示してするものであるかぎり，必ずしも憲法に違反するものということはできず，また，右の指示も委任を定める規定自体の中でこれを明示する必要はなく，当該法律の他の規定や法律全体を通じて合理的に導き出されるものであつてもよいと解される」。

　この説示は，委任法律が憲法41条に反する白紙委任とならないためには，委任法律の目標，受任命令で具体化すべき内容の基準，考慮すべき要素について，委任法律側に指示がなければならないという趣旨に読める。そうだとすれば，委任の限界についてよく引合いに出されるドイツ基本法80条1項の，「［受任命令に］与えられる権限の内容，目的及び程度は，法律において規定されなければならない」（高田敏＝初宿正典編訳『ドイツ憲法集〔第8版〕』〔信山社・2020〕256頁）という規定とも共通する憲法解釈だといえるだ

ろう。ただし，ドイツの憲法判例と同様，最高裁反対意見も，「目標・基準・考慮要素」は，委任規定に示されていなくても委任法律全体の解釈から導き出せれば足りるとしているので，委任の限界の判断には，関連規定の総合的な解釈が必要なことになる。

(4) **本問の考え方**

参考判例①では，国家公務員法102条1項による委任の合憲性について，11人の裁判官の法廷意見と4人の裁判官の反対意見が鋭く対立した。法廷意見は立法委任の限界の判断について一般的な基準を示していないが，法廷意見と反対意見は，委任法律側が，当該法律の目標，受任命令による具体化の基準，具体化にあたって考慮すべき要素を，少なくとも当該法律の全体において示していない場合には，立法委任は憲法41条違反となるという憲法解釈において対立しているわけではない。

本問についてみると，法廷意見は，国家公務員法102条1項の合理的解釈によれば，委任法律の目標・基準・考慮要素は示されていると判断した。これに対して，反対意見は，同項が，懲戒処分の対象とされるべき政治的行為を人事院規則で具体化させるための目標・基準・考慮要素は示しているといえるが，違反に刑事制裁を課すことはそれとは質的に異なるので，刑事制裁の対象となる政治的行為の具体化の委任に必要な目標・基準・考慮要素は示されていないとし，後者の点で憲法41条等に反すると判断した。

国家公務員法102条は，1項で政党・政治的目的のための寄附金受領・請求を禁止するほか，2項では立候補を禁止し，3項では政党・政治団体の役員となることを禁止している。ここからは，選挙結果と連動せずに職にとどまる一般職公務員の政治的中立を確保しようという目標はうかがわれるが，政治的中立を確保するために必要な禁止行為の範囲についての判断基準や考慮要素が十分に示されているとは必ずしもいえない。公職への立候補や政党役員への就任と，寄附金受領との間には，行為の質に大きな相違があるうえに，これらの極めて積極的な政治活動に加えて，より軽微な政治的行為をどこまで禁止対象とする趣旨か，委任の範囲が不明だからである。したがって，そもそも国家公務員法が，政治的行為禁止の目標・基準・考慮要素を示したといえるのかということ自体に，疑問をさしはさむ余地があるだろう。

●】参考文献【●

文中引用のもの

（赤坂正浩）

国会：議院自律権

　A法案は，衆議院で会期末ギリギリに，野党の強い反対を押し切って強行採決された。そこで与党側は，参議院でも可決にもちこむため，国会の会期延長を図った。国会はその活動期間を限定する「会期制」をとっており，会期内に議決されなかった法律案は廃案となって，次の会期で初めから提案・審議をやり直さなければならないからである（憲法も52条等で会期制を予定していると解されている。会期制の明確な規定は国会法10条以下にある。会期不継続の原則は同法68条，会期延長の議決に関する衆議院の優越は同法13条が規定している）。

　ところが，新聞報道等によれば，会期延長の衆議院本会議審議は野党議員の激しい抵抗にあって混乱を極め，衆議院議長は本会議場に入ることができず，議長席背後の扉を開いて会期を2日間延長することを提案し，議長席付近の2,30人の与党議員が拍手したにすぎなかった。しかし，衆議院議長はこれをもって会期延長が議決されたものと認め，参議院に通告した。これを受けて参議院でもA法案が可決された。

　Y県の住民Xは，議長による開会の宣告，議事日程の配布，議案の宣告，起立等による表決などが一切行われなかった会期延長議決は，衆議院規則に反するので，国会の会期延長とこれを前提とする参議院でのA法案可決は無効だとして，A法施行のための県予算の執行の差止めを求めて，Y県を被告とする住民訴訟を提起した。

　Xの請求は認められるか。

●】 参考判例 【●

①　最大判昭和37・3・7民集16巻3号445頁（警察法改正事件）

●】問題の所在【●

　国会を構成する衆議院・参議院（以下，「議院」という）は，法律の制定，国の予算の議決，内閣総理大臣の指名など，憲法によって国会に認められた権限の行使に参与し，憲法で議院に与えられた国政調査権を行使する。そして，議長の選任，常任委員会の委員の選任，議事日程の決定，会議の開催，議案の議決など，これらの権限行使に必要な諸々の内部的な行為を行う。「議院の内部行為」は，当然のことながら憲法上の手続を遵守しなければならず，衆・参両院が共同で制定した法律の１つである国会法の規律も受けている。また，衆・参両院は，個々の内部行為を規律するために，それぞれ衆議院規則・参議院規則を制定している。議院規則の制定自体もここでいう議院の内部行為である。議院の内部行為には，「先例」として後の内部行為を拘束するものもある。

　しかし，衆議院本会議での会期延長議決のあり方が衆議院規則に違反しているとする本問のＸの主張のように，議院の内部行為がそれを規律するこうしたさまざまな手続規範に違反していないかが，訴訟で問題となることがありうる。その場合，裁判所は，議院の内部行為の適法性を審査することが許されるだろうか。

●】解説【●

1　議院自律権

(1)　議院自律権の定義・根拠

　そもそもなぜ，議院の内部行為に対する司法審査の可否が，ことさら問題となるのだろうか。それは，議院の内部行為には他の国家機関の干渉を受けない一定の自律性が認められると考えられているからである。議院が他の国家機関の干渉を受けずに行使できる権限を総称して「議院自律権」という。日本国憲法は，たとえば58条で，「両議院は各々」議長等の役員を選任し，議院規則を制定できるとするなど，議院自律権の一部を明文化している。衆・参両院が，それぞれ別々に，独自に，行使できることを意味する「各々（おのおの）」という表現が，憲法が議院自律権を認めている証しである。

しかし，立憲民主主義体制の下では，議院の自律権は，成文憲法に明文の規定があるなしにかかわらず認められてきた。その一般的で根本的な根拠は，「あらゆる独立の組織体に認められるべき当然の理」（阪本昌成『憲法理論Ⅰ〔補訂第3版〕』〔成文堂・2000〕326頁，原田一明『議会制度』〔信山社・1997〕101頁）だとされる。すなわち，たとえば国家の統治機構の中に，議会・議院・内閣・最高裁判所など，一定の独立性を備えた合議制の機関ないし組織体を設けることに決めた以上，それらの自律権を認めることは，その当然の帰結だということである。また，特に議院自律権にあてはまる特殊立憲民主主義的根拠としては，権力分立制と両院制が挙げられる（野中ほかⅡ143頁）。

(2) 議院自律権の内容

広い意味での議院自律権には，個々の議員の身分保障も含まれる。日本国憲法も，議員の発言等の免責特権（51条），不逮捕特権（50条），歳費受領権（49条）を明文で規定している。しかし，狭い意味での議院自律権は，両院制の場合には各院の，一院制の場合には議会の，内部行為の自律的決定権だけを指す。

このような狭義の議院自律権は，「組織自律権」「運営自律権」「財務自律権」からなるとされる（大石眞『憲法概論Ⅰ』〔有斐閣・2021〕273頁，原田・前掲102-103頁）。

ⓐ 議院の組織自律権　議院の内部組織を議院自身が自主的に決定する権限である。日本国憲法は，議員の資格争訟に関する裁判権（55条）と役員選任権（58条1項）を明文化している。しかし，憲法規定はないものの，むしろその基礎には，委員会の種類・数・権限など，議院の内部組織に関する自己組織権が存在する。

ⓑ 議院の運営自律権　議院自律権の中核をなす権限で，憲法58条2項に規定された議院規則の制定権，院内秩序保持権，議員に対する懲罰権などがこれに含まれる。

ⓒ 議院の財務自律権　議院経費について議院自身が自主的に判断する権限である。議院の自律性を財政的に裏づける意味をもつ。日本法では国会法32条で明文化され，財政法17条以下では，国の予算編成にあたっ

て内閣の予算編成権からの独立性が承認されている（いわゆる「二重予算制」）。

(3) 議院自律権の強度：完全自律権と制限自律権

こうした議院自律権の思想と制度は，王権に対するイギリス議会の闘争から生まれ，さらに，第三共和制時代（1875‐1940年）のフランス議会で確立された。イギリスにはもともと成文憲法が存在せず，第三共和制フランスの成文憲法もきわめて簡略なものであったから，議院自律権は，この両国の議院自身の政治的力量と実務慣行によって，主として不文の法理として発展したものである。19世紀後半のイギリス・フランスでは，立憲体制の要としての議会・議院の地位は極めて高く，議院の内部行為には事前にも事後にも他の国家機関の統制は一切及ばないとされた。このような考え方を「絶対的自律権思想」と呼び，絶対的自律権思想に基づく議院自律権制度を「完全自律権」制度と呼ぶ。

しかし，フランスでは，特に第四共和制時代（1946‐1958年），極端な多党制の下で完全自律権制度が内閣の弱体・短命の一因となり，国政の混乱と停滞を招いたとされて，続く第五共和制憲法（1958年制定の現行憲法）では，成文憲法の中に議院自律権の制限を意味する規定が盛り込まれた（大石眞『議院自律権の構造』〔成文堂・1988〕135‐136頁）。議院の内部行為に対する外部からの統制を一定程度認める自律権制度を「制限自律権」制度と呼ぶならば，フランスの現行制度は，成文憲法によるかなり詳細な規律と，議院運営に対する政府の発言権の承認という両面からみて，制限自律権制度の典型といえるだろう。

(4) 国会法体制

では日本の場合はどうか。明治藩閥政府は，憲法制定によって開設することになる帝国議会貴族院・衆議院について，「両議院ハ此ノ憲法及議院法ニ掲グルモノノ外」諸規則を制定できるとする規定を憲法自体に設けた（明治憲法51条）。そして，憲法の制定と並行して，議院法という法律を議会開設前に制定した。つまり，明治憲法下でも議院自律権は認められたが，この自律権は，当初は藩閥政府自身の手で作られ，その後の改正にも両院の議決が必要な議院法によって両院が拘束されるという意味で，制限自律権であった。

これに対して，日本国憲法は，上述のように55〜58条に議院の内部事項についての規定を置いているが，その内容は（56条の定足数の定めを別とすれば）内部事項に関する議院の自律権を無条件に確認するものであるから，むしろ絶対的自律権思想に立っているように読める。ところが，実際には，議院の内部事項についての規律を含む国会法が制定された。国会法は，いうまでもなく衆・参両院が共同で制定した法律であるから，国会法によって各院の自律権は制限を受けたことになる。つまり，明治議院法が実際には藩閥政府の議会対策だったのとは大きく異なるが，現行制度の現状も，議会が議院を制限するタイプの制限自律権制度だとみなすことが可能である（原田・前掲104頁）。

　その結果，現行制度については，国会法と議院規則の所管事項が競合すると解するのか，競合を認める場合には国会法と規則のどちらが優先すると考えるのかという，特殊な法解釈問題が生ずることになるが，ここではこれ以上立ち入らない。

2　司法審査の可否

⑴　学　説

　議院の内部行為の自律権に関する以上の説明を前提として，改めて裁判所は議院の内部行為の適法性を審査できるかという問題を考えてみよう。この問題についての学説の解答はさまざまで，文献による学説の分類の仕方も一様ではないが，ここでは次のように整理しておきたい。

　議院の内部行為の適法性といっても，いかなるレベルの手続規範との抵触が問題となっているのかは，事案によっていろいろである。たとえば，本会議の議決が憲法56条の定足数の要件を満たさずに行われたというような，内部行為の憲法適合性が争われているケース，議院規則の内容が国会法に反するとされる場合のように，内部行為の法律適合性が争われているケース，院の議決が議院規則に反する手続で行われたというような，規則適合性が争われているケース，あるいは，個別の内部行為の先例適合性が問題となるケースなどが想定できる。

　(A)　完全否定説　　これは，日本国憲法は絶対的自律権思想に立つという理解を前提として，議院の内部行為については，いかなるレベルの適法性に

ついても，議院自身がその最終的判定者であるとして，裁判所の審査権を一切否定する見解である（多数説。典型的には，小嶋・後掲107頁，大石・前掲議院自律権3-11頁。また，後述の判例もこの立場だと解されている）。ちなみに，この説は，議院の内部事項について国会法と議院規則とが抵触する場合には，規則が優先適用されると説く。

(B) 明白違法審査説　議院自律権の趣旨から，議院の内部行為の適法性については，原則として議院自身が最終的判定者であるが，内部行為が一見明白に違法な場合には，例外的に裁判所の審査権に服するという見解である（有倉遼吉『憲法と政治と社会』〔日本評論社・1968〕148頁以下）。たとえば本問のように，議場が著しく混乱し，会期延長議決が行われたかどうかがきわめて疑問であるような例外事態の場合には，むしろ裁判所の審査権を認めることが，憲法の国民主権原理を尊重するゆえんだというのである。

(C) 憲法適合性審査説　上記と同じく，議院自律権の趣旨から，議院の内部行為の適法性は原則として裁判所の審査対象とならないことを認めながら，その憲法適合性だけは審査対象となるという見解である。裁判所による法律の内容の合憲性審査（実質的違憲審査権）が認められるのだから，バランス上，法律制定手続の合憲性審査（形式的違憲審査権）も認められて当然だというのが，その中心的な理由である（橋本公亘『日本国憲法〔改訂版〕』〔有斐閣・1988〕525頁，佐藤・日本国憲法論507頁も参照）。

(2) **判例（完全否定説）**

参考判例①で最高裁は，衆議院の会期延長議決が衆議院規則違反で無効であるから，これを前提とした参議院での警察法の可決も無効だとする当事者の主張に対して，以下のように応答した。「上告人が右警察法を無効と主張する理由は，同法を議決した参議院の議決は無効であつて同法は法律としての効力を生ぜず，……無効であるというのである。しかしながら，同法は両院において議決を経たものとされ適法な手続によつて公布されている以上，裁判所は両院の自主性を尊重すべく同法制定の議事手続に関する所論のような事実を審理してその有効無効を判断すべきでない。従つて所論のような理由によつて同法を無効とすることはできない」。

(3) **考え方**

　日本国憲法が採用する権力分立原則は，三権を構成する憲法上の国家機関に対して，それぞれの内部事項については互いの自律的判断を尊重する敬譲の態度をとることを求めている。この観点からは，完全否定説に理があることになる。ただし，その場合には，議院規則は憲法81条の裁判所による違憲審査の対象に含まれないはずなので，完全否定説をとる多数説が，違憲審査の対象のうちに漫然と議院規則を含めていることは整合性に欠けることになろう（大石・前掲議院自律権10頁）。

　他方で，憲法81条の趣旨は，憲法の番人たる最高裁を頂点とする裁判所に，原則として一切の国家行為の違憲審査権を認めることにある。この観点からは，憲法適合性審査説が自然であろう。

　しかし，裁判所が国会議員を召喚して議事手続の事実関係について証拠調べを行うことが，議院の独立性に与えるダメージ，その政治的影響の大きさ，そして事実認定の実際上の困難さを考えれば，やはり完全否定説に分があるだろう。また，完全否定説といっても，実は「一切の裁判所の介入が否定されるという趣旨ではな」く，「証拠法則の問題としてみた場合に，当事者に対する尋問などによって審理を行う口頭証拠主義……によることなく，議会の議事録に記載された事実を確定的だとする議事録掲載主義……で足りるという意味である」（大石・前掲憲法概論Ⅰ 280 - 281頁）点にも注意が必要である。

　本問も，議院の内部行為の適法性が争われていることには疑問がないから，完全否定説の立場からは，裁判所の審査権は当然否定される。また本問は，衆議院の個別の議決が衆議院規則に反するかどうかが問題となっている事案であるから，憲法適合性審査説の立場からも，裁判所が適法性審査をすべきでないことになる。明白違法審査説に立てば，まさに明白に違法といえる場合か否かの判断が決め手となるが，この説に対しても，議院の内部行為について裁判所が事実認定を行うことの困難性・不適切性を指摘することができよう。

●】参考文献【●

文中に引用したもののほか，藤田晴子「議院の自律権」田中二郎編集代表『日本国憲法体系(5)統治の機構Ⅱ・宮沢俊義先生還暦記念』（有斐閣・1964）313 頁，小嶋和司『憲法学講話』（有斐閣・1982）91 頁，畑尻剛「議事手続に対する司法審査・再考」法学新報 108 巻 3 号（2001）383 頁，奥村公輔・百選Ⅱ 392 頁，新正幸『憲法訴訟論〔第 2 版〕』（信山社・2010）41-44 頁

（赤坂正浩）

内閣：議院内閣制と
衆議院解散権

> 　首相の強いリーダーシップの下で内閣が国会に提出したＡ法案に
> は与党内でも反発が強く，衆議院ではかろうじて可決されたものの，
> 参議院では否決された。これを受けて，かねての言明どおり内閣は衆
> 議院を解散した。これによって衆議院議員の身分を失ったＸは，両
> 院協議会の開催や衆議院での再議決の手続も経ずに，参議院での否決
> を理由に衆議院を解散することは憲法違反であるとして，衆議院議員
> の地位確認請求訴訟を提起した。
>
> 　Ｘの請求は認められるだろうか。

●】 参考判例 【●

①　最大判昭和 35・6・8 民集 14 巻 7 号 1206 頁（苫米地事件）

●】 問題の所在 【●

　日本国憲法が採用する統治機構は一般に議院内閣制といわれるが，議院内
閣制とはどのような仕組みだろうか。また，憲法には衆議院解散の規定があ
るが，いかなる場合に内閣による衆議院の解散が認められるのか，そして，
衆議院解散権と議院内閣制との間にはどのような関係があるのだろうか。

●】 解説 【●

1　議院内閣制

⑴　議院内閣制と大統領制

　ひとくちに立憲民主主義の統治機構といっても，時代により国によりさま
ざまなヴァリエーションがある。それらは，主権原理の相違，代表制のあり
方の相違，政党システムの相違などによって分類されてきた。こうした分類

と並んで，立法部と行政部の制度的関係に着目した分類がある。それによると，立憲民主主義の統治機構は，アメリカ合衆国型の大統領制と，イギリスを発祥の地とする議院内閣制に分けられる。

　議院内閣制の古典的な定義として，宮沢俊義の文章を引用しておこう。宮沢俊義は芦部信喜の師で，芦部の一世代前の代表的な憲法学者である。「議院内閣制とは何かというと，その概念には，2つの要素があるとおもう。第1は，行政府と立法府とが一応分立していることである。これは……権力分立の原理をひとまずみとめることである。第2は，行政府と立法府とが一応分立した上で，行政府が立法府——両院制の場合には，主として下院——に対して政治的な責任を負うこと，言葉をかえていえば，政府が議会（下院）の信任を在職要件とすることである」（宮沢俊義「議院内閣制のイギリス型とフランス型」初出1949年。のちに宮沢俊義『憲法と政治制度』〔岩波書店・1968〕59頁に収録）。

　議院内閣制は，合議制の内閣が最高行政機関であること，内閣が議会（下院）の多数派から選任され，議会選挙や政党の離合集散などで多数派が少数派に転落して内閣が議会の支持を失った場合には，そのまま職にとどまるわけにはいかないことを特徴とする。最高行政機関が独任制（ポストの定員1名）の大統領で，内閣や総理大臣は存在せず，大統領が議会とは別に有権者から選挙され，原則として任期いっぱい職にとどまるアメリカ型の大統領制とはこの点が決定的に異なる。

(2)　一元型議院内閣制と二元型議院内閣制（半大統領制）

　立法権に参与する民選の議会は存在するけれども，君主の権力もまだ強かった時代には，総理大臣以下の内閣構成員は君主によって任免され，同時に立法権を握る議会の信任も得なければ政策遂行が不可能であった。君主と議会の双方の信任を必要とするこのタイプの議院内閣制を「二元型議院内閣制」という。その後，1919年ドイツ共和国憲法や1958年フランス第五共和制憲法（現行法）の制度のように，有権者から直接選挙される大統領と議会があり，内閣はその両方の信任を得なければならない議院内閣制も出てきた。これも二元型議院内閣制だが，フランスの学者は，アメリカ型大統領制と議院内閣制のミックスという趣旨で「半大統領制」と呼んでいる。これに

対して，君主の権限が名目化し，あるいは大統領が置かれていてもその地位は儀礼的元首にすぎないため，内閣がもっぱら議会だけに責任を負っているような議院内閣制を「一元型議院内閣制」と呼ぶ。

(3) 日本国憲法の統治機構

　では，日本国憲法の定める統治機構はこれらのどの類型に属するのだろうか。行政権は内閣に属し（65条），内閣は首長たる内閣総理大臣と国務大臣で組織される（66条1項）。内閣総理大臣は国会議員のなかから国会によって指名され（衆参両院の指名が異なるときには，最終的には衆議院の指名が優越する。67条），国務大臣は内閣総理大臣によって任免される（68条）。国務大臣の過半数は国会議員でなければならない（68条1項但書）。内閣は行政権の行使について連帯して国会に責任を負う（66条3項）。衆議院が内閣不信任の意思表明をしたときには，内閣は衆議院を解散するか，ただちに総辞職しなければならない（69条）。

　これらの憲法規定に示されているのは，国会を母体として構成される合議制の最高行政機関である内閣が，国会とりわけ衆議院の信任を在職要件とする統治機構であるから，日本国憲法は一元型議院内閣制を採用したものと理解されている。

2　衆議院の解散

(1) 議院内閣制と議院の解散制度

　日本国憲法には衆議院の解散に関する規定もある（7条3号・45条・69条）。つまり，憲法が採用する統治機構は，解散制度を伴う一元型議院内閣制ということになる。議院の解散とは，任期満了以前に議員全員の身分を一時に失わせ，議院を消滅させる行為である。歴史的には，君主が意に沿わない議会を改選するための手段であった。明治憲法7条が，天皇大権の1つとして，帝国議会の召集・開会・停会・閉会権とともに衆議院解散権を規定しており，特に会期中の議会活動を中断できる君主の大権として，衆議院解散権と並んで議会停会権も認めていたことは，こうした発想を反映しているとみてよいであろう。

　このように，議院とりわけ下院の解散は，（議会の信任を在職要件としない）大権内閣制や，さらには二元型議院内閣制の下では，君主政府がその政

策に反対する下院に対抗するための手段であった。二元型を議院内閣制のスタンダードとする発想から，議院の内閣不信任権と均衡をとる手段として元首または内閣に議院解散権が認められていることを，議院内閣制に不可欠のメルクマールだとする学説もある（議院内閣制の均衡本質論的定義）。しかし，一般に学説は，そもそも一元型と二元型のどちらも議院内閣制と理解しているのであるから，議会と元首・内閣との均衡関係の有無，なかでも議院解散権の有無にかかわらず，議会の信任が内閣の在職要件であることを，実は議院内閣制の決定的なメルクマールとみなしていることになるだろう（議院内閣制の責任本質論的定義。高見勝利・争点 194 頁参照）。

(2) 衆議院解散の要件に関する 69 条限定説・7 条説・制度説

　議院内閣制と解散権との関係という問題と並んで，内閣による衆議院の解散はどのような場合に可能なのかという問題も実務上は極めて重要である。この点に関する日本国憲法の規定は必ずしも明確ではない（ちなみに，衆議院の解散はよく総理の専権事項だといわれるが，憲法上，解散権の主体は内閣であり，現に解散は閣議で決定されている。もっとも，総理大臣は，憲法 68 条によって国務大臣を任意に任免できるので，解散に反対する国務大臣は罷免すればよいという理屈にはなる）。

　解散の要件について手がかりとなる憲法規定は，7 条と 69 条である。憲法 69 条は，衆議院による内閣不信任の意思表明があった場合（不信任決議案の可決または信任決議案の否決），内閣は 10 日以内に衆議院を解散できるとして，解散の具体的な要件を定めた唯一の規定である。問題は，この要件が満たされた場合にしか解散は許されないのかという点である。

　連合国占領軍当局は 69 条限定説をとったので，日本国憲法下最初の解散は，与野党合意のうえ，衆議院による内閣不信任決議ののちに行われた（1948 年の「なれあい解散」）。しかし，多数説は，憲法 7 条で天皇の国事行為の 1 つとして列挙されている衆議院の解散について，同条の要件は内閣の助言・承認のみであることを根拠として，無限定説をとっていた（7 条説）。多数説に対しては，69 条限定説から次のような批判が提起された。天皇の憲法上の行為はすべて国事行為であり（4 条 1 項），天皇の国事行為にはすべて内閣の助言・承認が必要である（3 条）。しかし，たとえば天皇による

総理大臣の任命の場合（6条1項），次期総理大臣は国会が指名するので（67条），助言・承認権者である現内閣も，次期総理大臣の実質的決定権をもつわけではない。これからわかるように，助言・承認は，必ずしも実質的決定権の根拠にはならない。したがって，憲法7条だけを根拠に無限定の衆議院解散権を導くことはできない（小嶋和司「解散権論議について」初出1952年。のちに小嶋和司『憲法と政治機構』〔木鐸社・1988〕71頁以下に収録）。この鋭い批判を受けて，同条だけを根拠とするのではなく，憲法の採用する統治機構が議院内閣制であることを理由に，同法69条に限定されない衆議院解散が認められるという説も唱えられた（制度説）。しかし，本来は憲法の諸規定から帰納されるべき議院内閣制という統治類型を当然の前提として，そこから69条非限定説を演繹する論法は論点の先取りだと批判された。また，上述のように，そもそも解散権が議院内閣制の定義要素といえるかどうかも疑問である。

69条限定説の主張はきわめて鋭いが，政治的実務の受け入れるところとはならず，占領解除後はじめての解散である1952年の「抜き打ち解散」（参考判例①）以降，実務は7条説で固まっている。

(3)　**新制限説**

69条限定説には，上述のような憲法規定の入念な読みとともに，議会に対する内閣の対抗手段である解散権行使は制限的であることが，より民主的で憲法の構想にも適うという考え方が背後にあったと思われる。これに対して，7条説を前提とする今日の学説は，むしろ有権者への「上訴」という民主的機能を重視して，憲法69条の場合に限定されない衆議院解散に意義を見出す傾向にある（高橋321頁）。

しかし，解散権の民主的機能を評価するとしても，解散によって民意を問うべき場合は，憲法69条に準ずるような政治状況があるときに限定されるとするのが，有力な学説である。ここでは，仮に「新制限説」と呼んでおこう。すでに宮沢俊義が，衆議院解散が許される要件として，(a)69条の場合とともに，「(b)衆議院で内閣の重要法案や予算が否決され，または握りつぶされた場合，(c)政党の分野の再編成が行われ，その結果，内閣が衆議院の多数の支持をもたなくなった場合，(d)新たに重大な政治上の事件（平和条約の

締結など）が生じた場合，および(e)内閣がその政策の根本的変更を行おうと
する場合」の4つを挙げていた（宮沢116頁，同旨芦部346頁）。しかし，69
条限定説と同様，新制限説も，政治的実務には受け入れられていない。

⑷　**実例と評価**

　憲法69条の要件を満たさない初の解散であった上述の「抜き打ち解散」
のほかに，7条説の立場からも憲法との関係が問題視された衆議院解散とし
ては，最高裁の衆議院議員定数不均衡違憲判決が出たのち，是正措置がとら
れずに実施された解散（東京高判昭和59・10・19判時1131号61頁）と，衆・
参同日選挙を意図して1986年に中曽根内閣が行った解散（名古屋高判昭和
62・3・25判時1234号38頁）がある。

　しかし，何といっても近年話題となったのは，2005年の「郵政民営化解
散」である。小泉総理大臣が自民党内の強い抵抗を押し切って提出した郵政
民営化法案は，衆議院では僅差で可決されたものの，参議院では賛成108
票，反対125票で否決されたため，小泉総理大臣はかねての言明どおり，即
日衆議院を解散した。小泉自民党は，民営化反対の自民党議員には公認を与
えず，「刺客」と称される対立候補を立てて総選挙を戦った。この衆議院総
選挙で小泉自民党が圧勝したため，新国会では参議院でも郵政民営化法案が
可決された。政治的実務がすでに先行しているわけだが，この実例が契機と
なって，参議院における重要法案の否決を理由として衆議院を解散すること
が憲法上許されるかが学界でも議論になった。

　憲法59条2項によれば，衆議院で可決された法案が参議院で否決された
場合でも，衆議院が出席議員の3分の2の多数で再議決すれば，法律は成立
する。また，同条3項では，両院協議会の開催も可能とされている。そこ
で，本問の場合，両院協議会の開催や，衆議院での再議決の試みなしに，い
きなり衆議院を解散したことを疑問視する学説と，参議院における重要法案
の否決は改めて民意を問う十分な理由となるので，衆議院解散は内閣の裁量
権の範囲内だとする学説とが対立している（芦部346頁参照）。

　ただし，参議院での法案否決を理由とする衆議院解散を疑問視する学説
も，この種の解散を必ずしも違憲だと主張しているわけではない。新制限説
は，憲法69条の要件を満たしているのに内閣が衆議院解散も総辞職もしな

いのは端的に違憲だが，衆議院での重要法案の否決など，他の要件を満たす場合（あるいは満たさない場合）に解散するかしないかは「すべて内閣の決定するところ」であって，「政治上の当不当の問題であり，合法・非合法の問題ではない」としてきた（宮沢116頁・115頁）。郵政民営化解散を疑問視する学説も，次のように述べているところからすると，このような「違憲とはいえないまでも不当」説に立つものと思われる。「内閣の解散権行使が『極めて政治性の高い』行為であるとしても，それは憲法上の権力ないし権限の行使にかかわる問題であり，したがって，その濫用にわたる不当な行使は許されないことはもとより，憲法の原則に照らして，当該行為を『違憲ではなくとも非立憲だ』と評することもありうるだろう」（高見勝利『現代日本の議会政と憲法』〔岩波書店・2008〕193頁）。

(5) **考え方**

最高裁は，参考判例①において，内閣による衆議院解散は憲法69条の場合だけに認められるのかという問題の判断を回避した。この判決は，最高裁が内閣の衆議院解散をいわゆる「統治行為」とみなしたものと理解されている。該当箇所を引用しておこう。「直接国家統治の基本に関する高度に政治性のある国家行為のごときはたとえそれが法律上の争訟となり，これに対する有効無効の判断が法律上可能である場合であつても，かかる国家行為は裁判所の審査権の外にあり，その判断は主権者たる国民に対して政治的責任を負うところの政府，国会等の政治部門の判断に委され，最終的には国民の政治判断に委ねられているものと解すべきである」。

憲法69条の要件を満たしているのに，内閣が衆議院解散も総辞職もしなければ，明らかに違憲である。しかし，内閣は同条の場合以外に衆議院を解散できないのかという問題については最高裁が判断を回避したので，7条解散を合憲とする歴代内閣の実務がファイナルな憲法解釈ということになる。本問は，7条説を前提とした新制限説の立場からは，許されるかどうかの判断が分かれるケースである。しかし，新制限説もこれを当不当の問題と捉えていること，最高裁は統治行為論で処理すると予測されること，これらの点を考慮すれば，本問の場合も内閣の政治的実務が終局的な憲法解釈として先例となったというべきだろう。

●】参考文献【●

文中引用のもの。

（赤坂正浩）

裁判員制度

　Xは，氏名不詳者らと共謀の上，201X年4月5日（現地時間），営利目的で覚せい剤2kgを二重底に加工されたスーツケースの底の部分に隠匿し，それを機内預託手荷物としてA航空第45便に搭載し，マレーシアのクアラルンプール国際空港から成田国際空港に持ち込んだが，同日午後7時45分頃，同空港の税関検査において税関職員によって発見された。Xは覚せい剤取締法違反および関税法違反で起訴されたが，営利目的による覚せい剤の輸入について，覚せい剤取締法41条2項が「無期若しくは3年以上の懲役に処し，又は情状により無期若しくは3年以上の懲役及び1000万円以下の罰金」と定めることから，本件は，裁判員の参加する刑事裁判に関する法律（以下，「裁判員法」という）2条1項により裁判員裁判対象事件となった。第1審（千葉地裁）は，Xを有罪と認めたうえで懲役9年および罰金400万円とする判決を下した。この判決に対して，Xは，事実誤認および量刑不当のほか，裁判員制度が違憲である旨を主張したが，第2審（東京高裁）が控訴を棄却したため，上告に及んだ。

　Xの主張は以下の通りである。

①　憲法には，裁判官以外の国民が裁判体の構成員となり評決権をもって裁判を行うこと（国民の司法参加）を想定した規定はなく，国民の司法参加は憲法上許容されない。

②　裁判官以外の者が構成員となる裁判員制度は，憲法32条・37条1項・76条1項・31条・80条1項に違反する。

③　裁判員制度の下では，裁判官は裁判員の判断に影響・拘束されることから，憲法76条3項に違反する。

④　裁判員となる国民に憲法上の根拠のない負担を課す裁判員制度は，意に反する苦役に服させることを禁じた憲法18条後段に違反する。

　Xの主張は認められるか。

●】参考判例【●

① 最大決平成 23・11・16 刑集 65 巻 8 号 1285 頁（裁判員制度違憲訴訟）

●】問題の所在【●

　陪審制および参審制について，代表的な憲法テキストの説明を見てみよう。芦部は，「日本国憲法のもとでも，裁判官が陪審の評決に拘束されないものであるかぎり，陪審制を設けることは可能と解される（通説）」（芦部365 頁）とし，伊藤は，参審制について，「憲法にはそれを認める規定がないこと，憲法が裁判官の任期や身分保障について定めるところは，専門の裁判官のみを予想しているところからみて，参審員が憲法にいう裁判官ではないこと，その権能が裁判官のそれとは区別されることなどの考慮を払う必要があり，わが国では採用がかなり困難」（伊藤正己『憲法〔第 3 版〕』〔弘文堂・1995〕570 頁）と述べていた。一方，1990 年代に入り，新たな合憲論が学説の中で提起され，一定の支持を得ることになる。そうしたなか，司法制度改革の目玉ともいうべき裁判員制度が登場し，それが刑事司法を大きく変えることから，賛否両論が展開されたのである。X の主張の多くは従来の通説的立場に依拠するもので，最高裁判所がそれについていかなる判断を行うかが注目された。

●】解説【●

1　国民の司法参加と憲法

　日本国憲法がそもそも国民の司法参加を禁じているのかどうか，が問題になる。1 つの見方は，「元来，陪審制，参審制を採用する国々では，憲法中にこれを規定し，陪審員，参審員については，専門的裁判官についての任期，身分保障等に関する規定の適用の除外を明記するのが普通で（例えば，ワイマール憲法，ベルギー憲法）」あって，憲法が明文で規定していない以上，採用の余地はないとするものである（兼子一『新憲法と司法』〔国立書院 1948〕22 頁）。確かに，明治憲法に強い影響を与えたプロイセン憲法は陪審に関して，ワイマール憲法は陪審・参審に関して規定していたが，現在，参

審制を採るボン基本法（ドイツ）あるいはフランス第五共和制憲法は，明文で規定することなく法律で制度を定めている。最高裁が判示するように，「憲法は，一般的には国民の司法参加を許容しており，これを採用する場合には，上記の諸原則〔適正な刑事裁判を実現するための諸原則・筆者注〕が確保されている限り，陪審制とするか参審制とするかを含め，その内容を立法政策に委ねている」と解すべきであろう。

2　「公平な裁判所」と裁判員制度

日本国憲法の制定過程を見ると，明治憲法下での陪審違憲論を念頭に置いて，憲法32条は明治憲法24条と異なり，意図的に裁判官ではなく裁判所の裁判を受ける権利と規定された。そこで，職業裁判官でない裁判員を「裁判所」の構成員とした場合，裁判員制度は被告人Ｘの「公平な裁判所において裁判を受ける権利」を侵害するのだろうか。

「公平な裁判所」とは「構成其他において偏頗の惧なき裁判所」（最大判昭和23・5・5刑集2巻5号447頁）を意味する。この点に関わり，裁判員法は以下のように定める。同法6条は，職業裁判官の専門性に基づく判断がとくに求められる「法令の解釈および訴訟手続に係る判断」を裁判官に留保し，「事実の認定」，「法令の適用」，および「刑の量定」について，裁判官と裁判員が合議によって判断すると規定する。また，裁判官と裁判員から成る合議体による事件解決プロセスについて，同法は，裁判員に，公平誠実に職務を行う義務（9条1項）および守秘義務（同条2項）を課すとともに，職権行使の独立性（8条）を保障し，さらに，裁判員の欠格事由（14条），不適格事由（17条・18条），不公平な裁判をするおそれがある裁判員の解任（41条以下），裁判員が公平に職務を行うための裁判員保護規定（72条・73条・77条・78条）を置く。最高裁は，このような「裁判員制度の仕組みを考慮すれば，公平な『裁判所』における法と証拠に基づく適正な裁判が行われること（憲法31条，32条，37条1項）は制度的に十分保障されている上，裁判官は刑事裁判の基本的な担い手とされているものと認められ，憲法が定める刑事裁判の諸原則を確保する上での支障はない」と判示している。

3 裁判官の独立

　従来の陪審合憲論が,「陪審」の評決に裁判官が拘束されないことを前提にしていたことから,裁判員制度における「裁判官の職権行使の独立」は重要なポイントである。この点について,上級審の裁判の拘束力（裁4条）や合議体の裁判（同法18条等）を考えてみれば,裁判官の職権行使の独立が,唯一かつ終局的な決定権限を裁判官に付与するとまではいえない。例えば,3人の裁判官から成る合議体の裁判をについてみれば,「憲法及び法律にもとづいて」自己の見解を形成した裁判官は多数決によって自己の見解が入れられない場合,多数の意見に従わざるを得ない。その意味で,「職権の行使の独立」は制限を受けるのである。裁判所の司法権行使について法律に基づく一定の「制約」はありうる。問題は,その「制約」が裁判員の関与によってもたらされた場合の評価である。「裁判所」の構成員として裁判員を認めるか否かが問題だが,最高裁は,「憲法が一般的に国民の司法参加を許容しており,裁判員法が憲法に適合するようにこれを法制化したものである以上,裁判員法が規定する評決制度の下で,裁判官が時に自らの意見と異なる結論に従わざるを得ない場合があるとしても,それは憲法に適合する法律に拘束される結果であるから,同項〔憲法76条3項・筆者注〕違反との評価を受ける余地はない」と判示する。

4 憲法が禁ずる「苦役」と裁判員

　憲法18条後段が規定する「その意に反する苦役」とは,「広く本人の意思に反して強制される労役」（芦部252頁）を意味する。国民に義務を課す法令は多くない。これまで,災害対策基本法や災害救助法が規定する,「消防,水防,救助その他災害の発生を防禦し,その拡大を防止するため緊急の必要があると認められる応急措置の業務への従事」（芦部252頁）が,例としてあげられるにすぎなかった。

　裁判員の負担については,Xが主張する違憲論の他に,以下のような合憲論がある。①「苦役」には含まれないとする立場,ⅱ憲法18条は絶対的なルールとして苦役を排除しているというわけではなくて,真にやむを得ない理由があれば,不当な負担といえない限りにおいては「苦役」を課すこともありうる（笹田栄司ほか「座談会」ジュリ1363号〔2008〕94頁［長谷部恭男発

言」）とする立場，そして，⒤憲法 18 条後段の「犯罪に因る処罰の場合を除いては」は限定列挙ではなく例示であり，「市民としての通常の義務とされる作業又は役務」（市民的及び政治的権利に関する国際規約 8 条 3 項 (c)）も例外に該当し，裁判員の任務はこの「作業又は役務」に当たるとするもの（土井真一「日本国憲法と国民の司法参加」土井真一編『憲法 4 ——変容する統治システム』〔岩波書店・2007〕270 頁以下，笹田・後掲ジュリ 83 頁）である。

　最高裁は，「裁判員の職務等は，司法権の行使に対する国民の参加という点で参政権と同様の権限を国民に付与するものであり，これを「苦役」ということは必ずしも適切ではない」と判示することから，ⅰを採ったと考えられる。確かに，裁判員の職務を参政権と同様の権限と見るなら，それを「苦役」と呼ぶことには無理があろう。しかし，この両者をはたして「同様の権限」と解しうるについては，説得力ある説明があったとは言いがたい。最高裁は，裁判員の職務が「苦役」に当たらない理由として，裁判員の「辞退に関し柔軟な制度を設けている」点も指摘する（裁判員辞退事由：「自己又は第三者に身体上，精神上又は経済上の重大な不利益が生ずると認めるに足りる相当の理由」〔平成 20 年政令第 3 号〕）。こちらのほうに「苦役」と認めないより実質的な理由があるとすれば，「辞退」制度の柔軟な運用は裁判員の職務が「苦役」に当たらない前提条件とも解されよう。

　以上見たように，Xによる違憲の主張①〜④は認められない（①〜④はそれぞれ 1 〜 4 に対応している）。

●】参考文献【●

土井真一・百選Ⅱ 380 頁，笹田栄司・平成 24 年度重判 10 頁，笹田栄司「裁判員制度と憲法的思考」ジュリ 1363 号（2008）83 頁，西野吾一・ジュリ 1442 号（2012）83 頁

（笹田栄司）

<table>
<tr><td>基本
問題 26</td><td># 司法権の限界</td></tr>
</table>

　Y市議会議員であったＸは，海外渡航のため，Y市議会教育民生常任委員会を欠席した。Y市議会は，上記欠席について公開の議場において陳謝を命じる懲罰（地方自治法 135 条 1 項 2 号）をＸに科し，Ｘはこれに応じて議場で陳謝文を読み上げた。ところが，Ｘは，後日，Y市議会の議会運営委員会において次のように発言した。上記陳謝文において「読み上げられた中身に書いてあることは，事実とは限りません。それから，仮に読み上げなければ，次の懲罰があります。こういうのを政治的妥協といいます。政治的に妥協したんです」（以下，「本件発言」という）。Y市議会は，本件発言を問題として，Ｘに対して議会への出席を 23 日間停止する懲罰（同項 3 号）を科した（以下，「本件処分」という）。これを不服としたＸは，Y市を相手取り，⑴本件処分の取消し，⑵本件処分の結果減額された議員報酬の支払をそれぞれ求める訴えを裁判所に提起した。

　Ｘの請求は認められるか。

●】参考判例【●

① 最大判昭和 35・10・19 民集 14 巻 12 号 2633 頁（山北村議会事件）

② 最判昭和 52・3・15 民集 31 巻 2 号 234 頁（富山大学事件）

③ 最大判令和 2・11・25 民集 74 巻 8 号 2229 頁（岩沼市議会事件）

●】問題の所在【●

　憲法上「司法権」は，最高裁判所をはじめとする各裁判所が行使する（76条 1 項）。同項を受けて，裁判所法は，「裁判所は，日本国憲法に特別の定のある場合を除いて一切の法律上の争訟を裁判」すると規定する（3 条 1 項前

段)。「一切の法律上の争訟」とは，ⓐ「当事者間の具体的な権利義務ないし法律関係の存否」に関し，ⓑ「法律の適用によつて終局的に解決し得べき」紛争を指す（最判昭和 28・11・17 行集 4 巻 11 号 2760 頁）。したがって，裁判所は，「一切の法律上の争訟」に該当する紛争の解決のため司法権を行使すべき憲法上の責務を負う。逆に，裁判所がこの責務を履行しない場合，当事者の「裁判を受ける権利」（32 条）を侵害するおそれがある。

　もっとも，日本の裁判所は，「法律上の争訟」に該当しうる紛争であっても，その審査を拒否することがある。その典型例として，国会両議院による懲罰の適否に関する紛争が挙げられる。憲法は，両議院の自律権を明文で認めている（41 条前段・51 条・55 条）。したがって，国会議員に対する懲罰という議院自律権に属する紛争を裁判所は他律的に審査すべきではない，というわけである（参考判例③・宇賀克也裁判官補足意見）。これに対して，地方議会の自律権を直接認めた憲法上の規定はない。地方議員に対する本件処分は，司法審査の対象となるのだろうか。以下，本問と同種の事案を扱った参考判例③をベースに検討してみよう。

●】 解説 【●

1　判例上の部分社会論

(1)　部分社会論の成立

　参考判例③より前の判例理論によれば，本件処分は司法審査を拒否される可能性が高い。近時まで裁判実務を支配してきた参考判例①は，本問と同じく，地方議会による出席停止処分の適否が争われた事案である。参考判例①によれば，地方議会は，「自律的な法規範をもつ社会ないしは団体」に当たるから，「規範の実現を内部規律の問題として自治的措置に任せ」るのが原則となる。したがって，議員の除名処分のような「議員の身分の喪失に関する重大事項」は，例外的に司法審査の対象とするが，出席停止処分は，「議員の権利行使の一時的制限に過ぎない」ので，司法審査は拒否される。さらに，大学による単位認定の適否が争われた参考判例②は，参考判例①のいう「自律的な法規範をもつ社会ないしは団体」を，「特殊な部分社会」と読み替えた。そのうえで，「特殊な部分社会」内部の紛争は，「一般市民法秩序と直

接の関係を有しない内部的な問題にとどまる限り」司法審査の対象とはならない，と判示する。

(2) 部分社会論の問題点

しかし，この部分社会論には数多くの問題がある。従来の判例理論によれば，「部分社会」には地方議会，大学，政党（最判昭和 63・12・20 判時 1307 号 113 頁）が含まれるが，性質の異なる諸団体を「部分社会」に一くくりにして，その司法審査を拒否する根拠は必ずしも明らかではない（佐藤・後掲 178 頁以下）。また，司法審査が例外的に及ぶとされる「一般市民法秩序と直接の関係」を有する紛争とは何かについても明確性を欠く（野坂・後掲 136 頁）。参考判例①によれば，地方議会の「自治的措置」については，原則司法審査が拒否されるかに見える。しかし，最高裁判所は，地方議会による議員辞職勧告決議が名誉毀損に当たるか（最判平成 6・6・21 判時 1502 号 96 頁）等，地方議会の「自治的措置」が国家賠償法上の違法を構成するか審査の対象としている（笹田・後掲 131 頁参照）。本問における出席停止処分に伴う報酬減額分の請求が，「自治的措置」だからという理由で司法審査の対象から外されるとすると，上記の国家賠償法に関する事案もまた「自治的措置」の違法性が問題になっているにもかかわらず，司法審査の対象となっていることとの整合性に疑問符が付く（野坂・後掲 134 頁参照）。《報酬減額は「一般市民法秩序」と無関係であるが，名誉毀損は「一般市民法秩序と直接の関係」にある》と解すべき根拠は一見明瞭とはいえない。

2 地方議会・地方議員の「権利義務ないし法律関係」

上記のように，地方議会を「部分社会」として原則司法審査の対象から外す思考は，およそ適切ではない（市川・後掲 139 頁）。地方議会と地方議員との間の「権利義務ないし法律関係」〔上記「法律上の争訟」の⒜要件〕をより具体的に明らかにしたうえで，司法審査の範囲・限界を論じるべきである。

(1) 地方議会

上述したように，地方議会の自律権に関する憲法上の明文規定はない。しかし，憲法解釈により，一定の自律権を導出することは可能であろう。地方公共団体の組織・運営は，「地方自治の本旨」（92 条）に基づく必要がある。「地方自治の本旨」には，住民が地方公共団体の意思を直接・間接に決定す

るという「住民自治」の原則が含まれている。地方議会は，この「住民自治」実現のため，憲法が明文で定めた議事機関である（93条1項）。地方議会は，議事機関として効果的に住民の付託に応えるために，その円滑な活動を可能にする一定の自律権を有する必要がある。したがって，地方議会は自らの秩序維持を目的として，秩序を乱す所属議員に対して懲罰を科す一定の裁量権を有する（参考判例③）。

(2) **地方議員**

地方議員は，憲法上の「住民自治」の原則を具体化するため，住民から直接選挙される（93条2項）。そのうえで地方議員は，地方議会の議事に参与し，その議決に加わることを通じて，住民の代表として，住民の意思を地方公共団体の意思決定に反映させるよう活動しなければならない（参考判例③）。憲法は，このような地方議員の「本質的責務」（参考判例③・宇賀克也裁判官補足意見）を暗黙の裡に前提にしているといえる。地方議員は，そのような責務を具体化した地方自治法以下の各法令が定める議員としての職権を行使しなければならない。では，地方議員の活動の自由は，憲法上の権利とはいえないであろうか。地方議員は，住民からの支持を集め当選を勝ちとるため，政治・選挙活動をする自由を必要とするだろうし，議員の任期中は，自らの信念に従った発言・投票等の議員活動を望むはずである。この意味で，地方議員は表現の自由（21条1項）の権利主体だともいえる。このように，地方議員の活動は，職務上の権限行使・表現の自由という基本権行使の各側面を併有するものと解される（野坂・後掲135頁，渡辺・後掲11頁）。

3 **本問の考え方**

参考判例③は，上記のような部分社会論の問題点を踏まえて，参考判例①を明示的に変更した。参考判例③によれば，出席停止処分は，地方議員の「権利行使の一時的制限」（参考判例①）に止まるものではない。出席停止処分により，地方議員は，その期間，議事に参与できず，議決にも加われないことになる。こうした地方議員としての「中核的な活動」（参考判例③）を不能とする出席停止処分の適否に関する判断は，全面的に地方議会の裁量に委ねられるべきものではない。参考判例③は，「出席停止の懲罰は，議会の自律的な権能に基づいてされたものとして，議会に一定の裁量が認められるべ

きであるものの，裁判所は，常にその適否を判断することができるというべきである」とする。

　本問は，地方議会の自律権と地方議員の活動権限（自由）との衝突を地方自治法の解釈・適用により終局解決しようとする事案である。したがって，上記「法律上の争訟」の@ⓑ双方の要件を満たしたものとして，本件処分は，司法審査の対象になるものと解される（荒谷・後掲2075頁注30参照）。本問Xの請求が最終的に認容されるか否かは，陳謝が本心ではないことを匂わせる本件発言を理由に，23日間もの出席停止を科すことが著しく均衡を欠いていないか等，本問Y市議会の裁量権の逸脱・濫用を裏づける諸事情の存否の認定にかかっている。

　なお，本件処分の前提となっている，本問Xに陳謝を命じる懲罰に司法審査が及ぶか否かも問題になりうる。出席停止と異なり，陳謝は，地方議員の上記「中核的な活動」を制約することはないので，その適否に関する判断は，地方議会の自律権に委ねればよいとも考えられる。これに対して，「多数派による専横的な議会運営に対する裁判的統制」（人見・後掲662頁）として，陳謝を含む懲罰のすべてを司法審査に付すべきだとも解しうる（野坂・後掲136頁，渡辺・後掲11頁参照）。参考判例①の下，すでに最高裁判所は，参考判例③の当事者である市議会議員に対して市議会議長が下した厳重注意処分およびその公表について同議員の名誉を毀損するか審査していた（最判平成31・2・14民集73巻2号123頁）。違法性を否定する結論ではあったが，議員活動に対する地方議会の「自治的措置」を司法審査の対象とした点で，参考判例③の登場を予感させる裁判例であった。

●】参考文献【●

荒谷謙介・曹時73巻10号（2021）2017頁，市川正人・論究ジュリ36号（2021）134頁，笹田栄司・法教465号（2019）131頁，佐藤幸治『現代国家と司法権』（有斐閣・1988）147頁，野坂泰司・判時2505号（2022）132頁，人見剛・早法95巻3号（2020）639頁，渡辺康行・令和3年度重判解（2022）10頁

（山崎友也）

違憲審査の性格

　1950 年 8 月,「わが国の平和と安全を維持し,公共の福祉を保護するのに必要な限度内で,国家地方警察及び自治体警察の警察力を補う」目的で,警察予備隊が設けられた。原告 X（日本社会党党首）は,警察予備隊の組織,保有する兵器の性質,目的の 3 点から判断して,警察予備隊は憲法 9 条 2 項の禁ずる「戦力」に当たると考えた。そこで X は,1951 年 4 月以降,国が行った警察予備隊の設置維持に関する一切の行為は同条に反し無効であることの確認を求める訴えを,直接最高裁判所に提起した。X は,同法 81 条によって,最高裁判所が「一般の司法裁判所としての性格」のみならず「憲法裁判所としての性格」を併せ有するのであるから,具体的訴訟においてでなくとも,「違憲法令処分の効力を直接争いうるとするのは理の当然」と主張している。加えて,X は,重大な憲法問題について最高裁判所は「第 1 審にして最終審である」とも主張する。

　X の訴えは認められるか。

●】参考判例【●

① 最大判昭和 27・10・8 民集 6 巻 9 号 783 頁（警察予備隊違憲訴訟）
② 最大判昭和 25・2・1 刑集 4 巻 2 号 73 頁（ヤミ米販売事件）

●】問題の所在【●

　違憲審査制は日本国憲法で初めて導入されたもので,その性質をめぐって,憲法および裁判所法制定時にさまざまな議論があった。当初,日本側は,「下級裁判所からの最高裁判所への事件の移送そして最高裁判所による集中的な違憲審査」を構想していたが,連合国総司令部は反対の態度を示し

たのである。さて，日本国憲法の下での違憲審査制についても，最高裁判所が集中的に違憲審査を行うのか否か，あるいは違憲審査権を行使するためには具体的な事件が存在する必要があるかという2つの問題が設定されよう。本問は主に後者の問題にかかわるが，Xは，重大な憲法問題について最高裁判所は「第1審にして最終審である」と主張するから，前者の問題にも触れる必要がある。

●】解説【●

1　大陸型違憲審査制とアメリカ型違憲審査制

　よく知られているように，裁判所による違憲審査制は，ⓐ「特別に設けられた憲法裁判所が，具体的な争訟と関係なく，抽象的に違憲審査を行う方式（抽象的違憲審査制）」とⓑ「通常の裁判所が，具体的な訴訟事件を裁判する際に，その前提として事件の解決に必要な限度で，適用法条の違憲審査を行う方式（付随的違憲審査制）」に大別される（芦部391頁）。そして，ⓐをドイツやフランスなどのヨーロッパ大陸諸国が，ⓑをアメリカが採用するのである。そうすると，わが国の違憲審査制がⓑに含まれるなら，Xの訴えは却下となりそうである。しかし，アメリカ型に属するものとされるカナダの違憲審査権の性格について，「私権保障型の具体的・付随的審査と憲法保障型の抽象的・独立的審査の両方を含む，複合的なもの」との指摘がなされている（佐々木雅寿『現代における違憲審査権の性格』〔有斐閣・1995〕120頁）。また，ⓐの典型であるドイツでは，公権力による基本権侵害を要件とする私人による連邦憲法裁判所への憲法異議の訴え（基本法93条1項4a）が，連邦憲法裁判所の処理件数の95％強を占めている。これは，公権力による基本権侵害が要件であるから，具体的事件を前提にしている。一方，連邦憲法裁判所が抽象的違憲審査権限を行使する事案は年に数件にとどまる。

　したがって，上記の違憲審査制の類型化は思考を整理するうえで有用としても，そこから，わが国の違憲審査制はアメリカ型だから抽象的違憲審査権は一切憲法上禁止されているとまで断定してよいかはさらに検討する必要がある（芦部391頁以下参照）。

2　最高裁判所の違憲審査権限

　憲法81条が付随的違憲審査制を定めたものであることは争いがない。問題は，付随的違憲審査制に尽きるのか，あるいは最高裁判所にはそれに加え抽象的違憲審査権限も認められていると解するかどうかである。通説判例は，同条は付随的違憲審査制を定めたものとする。その根拠として，憲法や裁判所法の制定過程でアメリカ流の違憲審査制が念頭に置かれていたこと，抽象的違憲審査制を認めるのであれば，憲法上明文の規定が必要であること（たとえば，ドイツは基本法93条1項号が規定する）が挙げられる。最高裁判所は，本問のモデルとなった事件で，「裁判所が現行の制度上与えられているのは司法権を行う権限であり，そして司法権が発動するためには具体的な争訟事件が提起されることを必要とする。我が裁判所は具体的な争訟事件が提起されないのに将来を予想して憲法及びその他の法律命令等の解釈に対し存在する疑義論争に関し抽象的な判断を下すごとき権限を行い得るものではない」と判示している（参考判例①）。最高裁判所は抽象的違憲審査権限を否定しているが，後述するように，「現行の制度上」の解釈は検討の余地を残すものである。

　これに対し，憲法81条は抽象的違憲審査権限を最高裁判所に認めたとする学説として，以下の3説がある。

ⓐ　権限行使を規定する手続法が制定されれば抽象的違憲審査は可能である

ⓑ　抽象的違憲審査権限の根拠は憲法規定から直接引き出されるから，手続法が制定されていなくとも抽象的違憲審査は可能である

ⓒ　憲法81条が最高裁判所に直接憲法裁判所としての性格を認めたとは解されないが，最高裁判所の司法裁判所としての本質に反しない限度で立法によって一定の抽象的違憲審査権を与えることは可能である

　本問の原告Xの主張はⓑ説である。最高裁判例による限り，Xの主張は認められない。「わが現行の制度の下においては，特定の者の具体的な法律関係につき紛争の存する場合においてのみ裁判所にその判断を求めることができるのであり，裁判所がかような具体的事件を離れて抽象的に法律命令等の合憲性を判断する権限を有するとの見解には，憲法上及び法令上何等の根

拠も存しない」のである（参考判例①）。また，抽象的違憲審査権の行使を規定する手続法が制定されていない以上，Xの主張は上記のⓐ説およびⓒ説からも認められない。

さらに，Xは，重大な憲法問題について最高裁判所は「第1審にして最終審」と主張していた。しかし，憲法81条は最高裁判所が「終審」であることを規定するのみで「第1審」との解釈は引き出され得ないし，最高裁判所はヤミ米販売事件（参考判例②）で，下級審も違憲審査権を行使しうることを明らかにしている。したがって，Xの主張は認められないであろう。

ところで，最高裁判所に抽象的違憲審査権限を認める手続法の制定は合憲であろうか。参考判例①は，「現行の制度の下」，あるいは「法令上何等の根拠（も存しない）」と述べているから，法律による抽象的違憲審査権限の付与は，それが最高裁判所の司法裁判所としての本質に反しない限度で可能とみる学説が登場する（棟居快行『人権論の新構成』〔信山社・1992〕288頁以下）。その例として，政府が最高裁判所に勧告的意見を求める「照会(reference)」が提案されているが，これは，アメリカ型司法審査制のカナダが採用するものである（中村睦男「国民の権利実現と違憲審査制」ジュリ859号〔1986〕99頁参照）。しかし，この点については，最高裁判所はいまだ判断を示していない。将来の課題というべきだろう。

●】参考文献【●

岸野薫・百選Ⅱ406頁，畑尻剛・争点272頁，宍戸常寿「違憲審査制」小山＝駒村347頁

（笹田栄司）

違憲審査の方法

　違憲審査の方法について，学生Ａ・学生Ｂが議論しています。現在の最高裁判例を説明するうえで適切なものは，どちらの考え方でしょうか。

学生Ａ　法令の違憲審査を考えるときは，精神的自由を制約する場合と経済的自由を制約する場合に分け，前者のほうが厳しい審査をすべきなんですよね。これは二重の基準論と言われてますが，前者についてなぜ厳しい審査をするかというと，民主的政治過程の維持保全に力点をおいて違憲審査を行う必要があるからです。

学生Ｂ　そうは思わないな。経済的自由が保障されてこその精神的自由じゃないの。それに，人がある職業を選ぶというのは当人の自己決定として重要だと思うよ。最高裁判例を見ても，二重の基準論を採用したとは思えない。

学生Ａ　最高裁は二重の基準論を採用していると思うけど。

学生Ｂ　でも，薬局距離制限事件では最高裁は距離制限規定を違憲としたけど，精神的自由を制約する立法を最高裁が違憲としたことはないよね。薬局の距離制限って経済的自由が関係するんだよ。

学生Ａ　言いたいことは分かるけど，二重の基準論を採らないと違憲審査基準は一体どうなるの。３段階の審査基準をようやく覚えたばかりなのに。頭がこんがらがってきたから，Ｔ教授に聞きに行きましょう。

学生Ｂ　行くのはいいけど，Ｔ先生も僕と同じ意見だと思うよ。

① 最大判昭和 61・6・11 民集 40 巻 4 号 872 頁（北方ジャーナル事件）
② 最大判昭和 47・11・22 刑集 26 巻 9 号 586 頁（小売市場距離制限事件）
③ 最大判昭和 50・4・30 民集 29 巻 4 号 572 頁（薬局距離制限事件）

●】問題の所在【●

　違憲審査にあたっては，精神的自由を制約する法令に対しては厳格に，経済的自由を制約する法令は緩やかに審査すべきだといわれることがある。それはどのような根拠に基づくのか，自由権以外の人権についてはどうすべきなのか，さらに，具体的な事案の解決にあたってはどのような審査基準を用いるべきなのだろうか。

●】解説【●

1　「二重の基準」の理論

⑴　「二重の基準」とは何か

　法令による人権制限の可否の審査において，その大枠を設定する基準として多くの支持を得ているのが「二重の基準」の理論である。

　二重の基準とは，端的にいえば，裁判所は，精神的自由を制限する法律の合憲性を審査する際には比較的厳格な（つまり，容易に合憲としないような）審査基準を適用し，経済的自由を制限する法律の場合には比較的緩やかな基準を適用するべきだという考え方であるといわれることが多い。

　この考え方については，2つの相異なる根拠が提示されている。1つは，国家機関間（要するに国会と裁判所）の役割分担に関する機能的根拠であり，もう1つは，人権の実体的価値序列論である。

⑵　「二重の基準」の根拠

　前者の議論をやや詳しく述べると次のようになる。すなわち，人間は，その考え方や置かれている立場によって，どの価値をより重要とみるかは異なる。また，憲法の文言もいずれの憲法的価値を優先すべきかを明示していない。結局のところ，諸価値のいずれを優先選択するかは，そのときの社会の

多数者の決定に委ねられているのであり，制度的にはそれが選挙を通じて表明され，また国民代表議会により法律として結実されるのである。したがって，このような民主的政治過程が正常に機能している限りは，国民によって選出されていないという意味で非民主的な機関である裁判所は，政治過程の判断を尊重するのが民主主義の要請ということになろう。

　具体的には，たとえば財産権が不当に制約されたとしても，国民は政治過程を通じてその是正を図ることが可能なのであり，裁判所は原則としてそのプロセスに干渉すべきではないのである。しかし，このことは，逆にいえば，民主的政治過程が正常に機能しないときには局外に位置する裁判所が介入し，それを修正することが民主主義の観点からも正当化されうることを意味するともいえる。そのような場合として考えられるのが，国民の声が政治過程に反映しないとき，たとえば自由な表現が阻害されているときであり，また，構造的に差別され，自らの利害を多数決を基本とする政治過程に反映させることができない少数者の人権が侵害されているときである。要するに，表現の自由が裁判所によって特に厚く保障されるべきだというのは，それが優越的価値を有し，誰によっても優先されるべきだからということではなく，それが民主的政治過程の正常な機能にとって不可欠の前提であり，民主的政治過程を維持するために裁判所がその制約法令に対して厳格なチェックを行うべきだからなのである。つまり，機能論の立場に立てば，民主的政治過程の維持・補完に必要な権利，すなわち，表現の自由（政治的表現に限定すべきかという問題は別にある），参政権，平等権（の一部）について厳格な審査を，それ以外の自由権（経済的自由），社会権等については緩やかな審査をすべきことになる。

　このような民主的政治過程論ないし代議的自治論が二重の基準の機能的論拠の主要なものである。このほかに，経済的自由の政策の規制の可否については裁判所に十分な審査能力がないとする司法能力論も機能論に含められることがある。この機能論の立場に立つ初期の論者としては芦部信喜教授が挙げられる。現在，この立場を明確に打ち出しているのは松井茂記教授である。

　他方，表現の自由の優越的地位の理由付けは「民主主義政治といった制度上，社会効用上の価値と結びつけてだけなされるべきではない。精神活動の

自由が，諸個人の人間的存在それ自体にとって特別に重要な価値を有するからであるという議論にこそ，力点を置かれるべき」（奥平160頁）としたり，「憲法の指定する価値体系において，言論の自由などの精神的自由権は，いわゆる経済的自由に比し優越的地位を占める」（伊藤正己『言論・出版の自由』〔岩波書店・1959〕306頁）として，精神的自由が価値序列上優位を占めるという議論がある。これが実体論的根拠である。

(3)　**学説の状況**

　現在の学説の大勢は，これらの機能論と実体論を併用しているといえよう。違いは比重をどちらに置くかである。（初期の）芦部説はどちらかといえば機能論に，奥平説，伊藤説，さらに「個人の自律にとって枢要の人権で，かつ立憲民主制の維持保全にとって不可欠である精神的自由の領域では違憲性の推定原則が妥当する」と説く佐藤幸治教授は実体論に傾く併用論といえよう。どちらかに限定する立場としては，松井教授が機能論を，内野正幸教授が実体論（『憲法解釈の論理と体系』〔日本評論社・1991〕）をとる。

　どちらの立場に立つにせよ，このような考え方が「二重の基準」の理論と呼ばれるが，これは裁判所のとるべき姿勢ないしスタンスを原則的に表現した名称であり，具体的事件の解決にあたっては，個別の審査基準が用いられることはいうまでもない。

(4)　**最高裁判例の立場**

　最高裁も，「主権が国民に属する民主制国家は，その構成員である国民がおよそ一切の主義主張等を表明するとともにこれらの情報を相互に受領することができ，その中から自由な意思をもって自己が正当と信ずるものを採用することにより多数意見が形成され，かかる過程を通じて国政が決定されることをその存立の基盤としているのであるから，表現の自由，とりわけ，公共的事項に関する表現の自由は，特に重要な憲法上の権利として尊重されなければならないものであり，憲法21条1項の規定は，その核心においてかかる趣旨を含む」（参考判例①）と表現の自由の意義を確認するとともに，「職業の自由は，それ以外の憲法の保障する自由，殊にいわゆる精神的自由に比較して，公権力による規制の要請がつよ」い（参考判例②）と述べて，結論的には一応「二重の基準」的考え方を承認していると見られているが，

その根拠は詳細に論じていない。ただ，北方ジャーナル事件判決（参考判例①）や，小売市場距離制限事件判決（参考判例②）をみる限り，機能論的根拠を示唆していると思われるが，薬局距離制限事件判決（参考判例③）をみると，憲法22条における「公共の福祉」の留保も根拠の1つとして挙げている。しかし，判例の何よりの問題は，具体的事件の解決において，それが十分に反映されているかどうかであり，実際に精神的自由を十分に保障しているかが問われなければならないであろう。

(5) 「二重の基準」の日本国憲法上の理解

　二重の基準が人権保障の限界を考えるうえでのフレームワークとして有用であることは明らかである。ただ，注意すべきことは，これは20世紀半ばにアメリカにおいて成立した法理であり，アメリカ合衆国憲法には自由権と平等権の規定しか存在しないこともあって，もともとそれらしか射程にいれていない理論だということである。アメリカでは機能論的発想が比較的強いということができるが，それは自由権・平等権しか存在しないということと無関係ではないであろう。しかし，わが国では社会権規定が存在しているのであり，機能論的アプローチを徹底すると，上記のように社会権に関しても緩やかな司法審査しか正当化できないことになろう（差別の存在が認定できるときは平等権の問題として争うことができる）。しかし，それではわざわざ憲法25条という実体的規定を設けた憲法の趣旨とは合致しないことになるのではないだろうか。やはり実体的権利についての明文規定の存在は無視できないとすると，日本国憲法の下では機能論の徹底は難しいのかもしれない。同様に，最高裁が示唆するように，憲法22条・29条における「公共の福祉」規定の存在も無視できない。そもそも政治過程がどれだけ国民の声を適正に反映するプロセスとして信頼に価するかという基本的問題もある。日本の政治過程は，機能論的二重の基準論が前提とする多元主義（プルーラリズム）というよりコーポラティズムとみるべきだとの指摘もみられる（長谷部63頁）。要するに，機能論的発想を基本に据えながらも，日本国憲法の条文の構造に即した修正を加えるべきであるように思われる。

2 具体的事案での違憲審査基準の適用：「二重の基準」の修正と具体化

(1) アメリカにおける違憲審査基準

　それでは具体的事案の解決にあたって用いられる違憲審査基準にはどのようなものがあるのであろうか。よく知られているものに「明白かつ現在の危険」の基準やLRA（より制限的でない他に選びうる手段）の基準などがあるが，これらは歴史的産物であり，体系的に整理することには無理があることに注意する必要がある。たとえば，「明白かつ現在の危険」の基準は，1930年代前後のアメリカにおいて表現の自由を保障するために用いられたと言われるが，1950年代以降は，本家のアメリカにおいては表現の自由の領域で用いられることはなくなっているし，LRAの基準は，今では下記の中間審査基準の中に吸収されている。

　アメリカでは，1950年代後半以降，主として平等保護の領域で積極的な違憲審査が行われ，その中で違憲審査基準の体系化が進められていった。そこでできあがった@「厳格審査基準」（立法目的に公益上の強度の必要性があり，規制手段が，目的達成のために必要不可欠であることを公権力側が主張立証しなくてはならない），ⓑ「合理性基準」（立法目的と規制手段がいずれも合理的でなく，両者の間に合理的な関連性がないことを国民の側が主張立証しなければならない），ⓒ「中間審査基準」（厳格な合理性の基準ともよばれ，立法目的が重要であり，ほかの規制手段では目的が十分に達成できないかどうかを裁判所の責任で判断する）という3段階の審査基準の体系は，法律を目的と手段の2要素からなるものとし，それぞれについての審査の強度を3段階に区分するもので，平等保護の領域に限らず，あらゆる人権に関する違憲審査に適用できる汎用性をもっており，現在のアメリカにおいては実際にすべての領域で用いられている。これは日本においても同様のはずであり，学説においてもこの3段階の審査基準を用いるべきとする声が強い。

(2) 日本国憲法の下での違憲審査基準

　上記の機能的二重の基準論を日本国憲法に即して修正して具体的審査を行う場合に，たとえば，表現の自由については，その内容に基づく規制には「厳格審査基準」を，表現の自由の態様に関する規制や職業の自由に対する「消極目的規制」および社会権の一部に「中間審査基準」を，そして職業の

自由の「積極目的規制」および社会権の残部に「合理性基準」を用いて審査することが考えられる。

　他方，このような汎用性のある審査基準だけでなく，実際には特定の領域で決めうち的に用いられる審査基準があることにも注意する必要がある。特に判例によって形成された審査基準は，アメリカにおける「明白かつ現在の危険」の基準などと同様に歴史的産物なのであり，日本の判例を理解するためには日本の最高裁によって形成された基準を無視することはできない。たとえば，政教分離原則に係る「目的効果」基準や在監者の人権の領域で用いられる「相当の蓋然性」の基準などはその例である。

3　アメリカ型審査基準論とドイツ型比例原則

　先に日本の最高裁判例の理解について述べたが，近時，ドイツの憲法裁判所の審査手法のほうが日本の判例により親和的ではないかとの指摘がなされるようになっている。

　ドイツの憲法学によれば，自由権の規制に対しては次のような3段階の審査を行うべきとされる。まず第1段階として，規制の対象となる行為が，憲法上の権利の保護範囲に入るかどうかが審査される。それが肯定されると，第2段階として，問題の国家行為が，憲法上の権利を侵害するかどうかが審査される。それも肯定されると，第3段階として，国家行為が正当化されうるかどうかについて，目的の正当性と手段の比例原則充足性に照らして判断されるのである。比例原則を充足するためには，ⓐ合理性（手段が目的に適合すること），ⓑ必要性（手段が目的達成のために必要であること），ⓒ狭義の比例性（制限により得られる利益と失われる利益が均衡していること），を満たす必要がある。

　アメリカ型の審査基準論においても実質的に第1および第2段階の審査は行われていると考えられるので，ドイツの特徴はもっぱら第3段階の審査，すなわち比例原則に現れるということができるが，比例原則のⓐおよびⓑについては審査基準論におけるような厳格審査，厳格な合理性，合理性の基準のような区分が行われておらず，ⓒはアドホックな利益衡量にほかならないということができるように思われる。

　こうしてみると，比例原則による審査は，個別の事案に応じた柔軟な判断

を可能にするということもできるが，見方を変えれば裁判官による主観的判断を広く認めるということもできよう。近時の最高裁判事の中には，「違憲審査基準をあらかじめ裁判規範として確立して」おくべきとする泉徳治判事のような考え方も見られるが，最近の判例において，例えば目的効果基準や目的二分論に基づく審査に代えて「総合考慮」に依る傾向が強くなっている背景には，泉判事が 2009 年に退官した後に，首席調査官を経て最高裁判事になった千葉勝美判事のように「基準を定立して自らこれに縛られることなく，柔軟に対処」すべきとする考え方が強くなっていることがあるようにも思われる。

　より根本的に言えば，前述のように，アメリカ型の審査基準論の根底には，司法の非民主性に照らし，精神的自由とりわけ表現の自由が侵害されたときや政治過程において多数派を形成することが困難なマイノリティが差別されたときのように，問題の解決について民主的政治過程が信頼できないときに限って（ただし，そのときにはためらうことなく）積極的司法審査が正当化されるという発想があるということができるが，ドイツ憲法裁判所の法令審査権は憲法に明文で根拠付けられているから，その民主的正統性はそもそも問題にならない。裁判官の主観的判断を拘束する審査基準論を採るか，裁判官の自由な判断を許す比例原則を採るべきかという問題の背景には，このような違憲審査権の制度的相違があることを見逃してはならないであろう。つまるところ，この問題は，日本国憲法のもとでの違憲審査権の民主的正統性の理解にかかっているということができるのかもしれない。

4　本問の考え方

　最高裁は二重の基準論を採用しているとみることができないわけではなく，A 君の言ってることが最高裁判例に近いといえよう。でも，B 君の発言（「精神的自由を制約する立法を最高裁が違憲としたことはないよね。」）も最高裁判例の問題状況を的確に示している。最高裁判例については精神的自由を十分に保障しているかが問われなければならない（1 ⑷参照）。また，違憲審査基準の適用に際しては，アメリカ憲法と日本国憲法の違いに留意する必要がある（2 ⑵参照）。A 君も 3 段階の審査基準を覚えただけでは十分ではないのである。

また，学界におけるドイツ型比例原則の主張や最高裁での千葉判事に代表されるような「総合考慮」の興隆をみるとき，あらためて日本国憲法のもとでの違憲審査権の制度的特質を踏まえて違憲審査権行使のあり方を考える必要があるというべきだろう。

●】参考文献【●

松井茂記・争点282頁およびそこで引用されている参考文献，長谷部恭男「政治取引のバザールと司法審査」法時67巻4号（1995）62頁，ジョン・H・イリィ（佐藤幸治＝松井茂記訳）『民主主義と司法審査』（成文堂・1990），泉徳治『私の最高裁判所論』（日本評論社・2013），千葉勝美『憲法判例と裁判官の視線』（有斐閣・2019）

（常本照樹）

立法不作為

　　ニューヨークで鮨屋を経営している X は，日本の政治の貧困さに
呆れ，1996 年の衆議院議員選挙に投票しようと思ったが，国外に居
住しているため投票できなかった。X は鮨屋の客から国外に住んでい
ても投票ができる国があることを聞き，ますます疑問を深め，イン
ターネットで調べたところ，1984 年に衆議院議員および参議院議員
選挙について国外に居住する国民に在外投票を可能にする法案が内閣
によって国会に提出されたが廃案となり，それ以後，在外選挙につい
て国会は何も活動していないことがわかった。そこで，X は日本に帰
国後，国会が公職選挙法の改正を怠ったため投票できず損害をこう
むったとして国家賠償を請求した。

　　X の請求は認められるだろうか。

●】参考判例【●

① 　最判昭和 60・11・21 民集 39 巻 7 号 1512 頁（在宅投票制廃止違憲訴
　　訟）
② 　最大判平成 17・9・14 民集 59 巻 7 号 2087 頁（在外日本人選挙権訴訟）
③ 　熊本地判平成 13・5・11 判時 1748 号 30 頁（熊本ハンセン病訴訟）

●】問題の所在【●

　公権力が人権侵害を引き起こした場合，被害を受けた者がその救済を求め
て裁判所に出訴することを，憲法は 32 条によって保障している。したがっ
て，国会が法律を制定すべきなのにそれを怠った「立法不作為」に人権侵害
が起因する場合でも，行政処分や法律による人権の侵害と同じように，裁判
所は憲法判断をしなければならない。しかし，立法者たる国会には立法裁量

が認められており，特に，本問のような選挙制度の構築については広い立法裁量があると考えられていた。最高裁も，在宅投票制廃止違憲訴訟（参考判例①）でそのことを明言している。人権の実効的救済は立法裁量の前に挫折するのか，あるいは，両者は適切なバランシングのもと折り合うことができるのか。解決困難な問題だが，司法の真価が問われるテーマである。

●】解説【●

1 立法不作為に基づく人権侵害の救済方法

(1) 違憲審査の対象としての立法不作為

ある法律が人権の侵害を引き起こしている場合，当該法律を違憲無効とすれば人権の救済にとって一応のメドは立つ（もちろん，人権侵害についての補償などの問題は残る）。ところが，憲法上，一定の法律が制定されるべきなのに国会がそれを怠る場合，立法の不存在のため人権を行使できないことがあり，これは場合によっては違憲と評価されよう。このことは，次のように言い換えることができる。ⓐ憲法により明文上ないし解釈上一定の立法をなすべきことが義務づけられているにもかかわらず，ⓑ正当な理由もなく相当の期間を経過してもなお国会が立法を怠ったような場合には，その不作為は違憲といわざるを得ない（芦部397頁以下）。ⓐについては，「解釈上一定の立法をなすべきことが義務づけられている」か否かが，もっぱら問題となろう。もっとも，憲法解釈論によって一定の立法義務を引き出すことは容易なことではない。ⓑについては，相当な期間の経過には正当な理由が必要だが，そもそも，立法裁量の存在や立法には慎重を期す必要があること等を考えれば，ⓐほどの強い意味は見出せないだろう。

(2) 国家賠償訴訟

立法不作為を特に対象とする訴訟類型がないことから，上記ⓐⓑは既存の訴訟法の枠組みのなかで読みこまれなければならない。そこで，登場するのが，公権力行使の違法（国賠1条）に基づき国家賠償請求を行うなかで，国の行為の違憲性を主張する国家賠償訴訟である。「違憲の」公権力の行為を取り消すことを直接の目的とはしないが，損害賠償請求のなかで公権力の作為（あるいは不作為）の違憲確認を得ようとする。その際，国家賠償法1条

1項が規定する，「公権力の行使」「故意・過失」そして「違法」の解釈が問題になる。まず，「公権力の行使」に，立法行為あるいは立法不作為が含まれることは判例・学説とも認めている。また，公務員の「故意・過失」については，個々の国会議員の主観的意思を問題にする必要はなく，立法を行うあるいは行わない国会の意思を問題にすればよい。

それほど問題がないこれらの要件と異なり，国家賠償法1条1項の「違法」判断はやっかいである。「国会が違憲の法律を制定した場合には，当該立法行為は国賠法の適用上も違法と評価され」る（札幌地判昭和55・1・17判時953号18頁）とすれば，立法内容の違憲は国家賠償法上の違法を意味する。立法行為を立法不作為と読み替えることができれば，同法上の違法が認められよう。これなら，それほど複雑ではない。ところが，最高裁は，同法1条1項の適用上違法となるかどうかは，「国会議員の立法過程における行動が個別の国民に対して負う職務上の法的義務に違背したかどうかの問題」であって，（不作為を含む）立法内容の違憲性の問題とは区別されると判示している（参考判例①）。立法内容の違憲性と国家賠償法上の違法性を区別したのである。そのうえで，国会議員は立法に関しては，原則として，政治責任を負うにとどまり，個別の国民の権利に対応した関係での法的義務を負わないとする。よほどのことがない限り立法行為に（国家賠償法上の）違法性は認めないというわけである。それでは，違法性を認める「例外」とはどんな場合だろうか。最高裁は，「国会議員の立法行為は，立法の内容が憲法の一義的な文言に違反しているにもかかわらず国会があえて当該立法を行うというがごとき，容易に想定し難いような例外的な場合」に違法の評価を受けるとする。また，最高裁は，「あるべき立法行為を措定して具体的立法行為の適否を法的に評価するということは，原則的には許されない」とも判示しており，「立法不作為の違憲審査を否認するにひとしいほど厳しい制約を課した」（芦部398頁）と評されたのである。

2　事案の考え方

(1)　広範な立法裁量を認める考え方

在宅投票制最高裁判決（参考判例①）は，立法不作為の違憲性判断に厳しい態度をとり，「例外的な場合」に限り，国家賠償法1条1項の適用上，違

法の評価を受けるというものであった。一方，選挙制度の構築が原則として立法府の裁量に委ねられていることに鑑みれば，在外選挙制度を設けるか否か，設けるとすればどのような仕組みでどのような時期から実施するか等の具体的決定は国会の裁量に委ねられている。したがって，選挙権の重要性を顧慮するとしても，憲法が，在外日本人の選挙権の行使を可能にする立法を制定することを一義的に明白に命じていると解することはできない。そうすると，Ｘの請求は認められない。以上の考え方が参考判例①に依拠する１つの道筋であろう（東京地判平成 11・10・28 判時 1705 号 50 頁，東京高判平成 12・11・8 判タ 1088 号 133 頁〔参考判例②の第１審・控訴審〕）。

　すでに述べたように，立法不作為の違憲性を検討する際には，「憲法により明文上ないし解釈上一定の立法をなすべきことが義務づけられている」（芦部 397 頁）かどうかが最初の関門である。本問に即していえば，公職選挙法が外国在住の日本国民による選挙権の行使を制限しており，この「制限」は選挙権行使を認める制度を公職選挙法が設けていないこと（つまり，立法不作為）によって生じている。しかし，選挙制度の構築が立法裁量に原則的に委ねられているとすれば，「一定の立法をなすべきことが義務づけられている」とはいえない。Ｘの請求が認容されるためには，最高裁の定数不均衡判決でよくみられる国会の裁量を重視する判断枠組みを克服する必要がある（野坂・後掲 319 頁参照）。

⑵　**参考判例②に依拠した解決策**

　最高裁は，選挙の公正を害する行為をした者の選挙権に対する制限を別にすれば，「国民の選挙権又はその行使を制限することは原則として許され」ないとし，「国民の選挙権又はその行使を制限するためには，そのような制限をすることがやむを得ないと認められる事由がなければならない」と判示している（参考判例②）。そして，「そのような制限をすることなしには選挙の公正を確保しつつ選挙権の行使を認めることが事実上不能ないし著しく困難であると認められる場合でない限り……やむを得ない事由があるとはいえず」，このことは，立法の不作為によって「国民が選挙権を行使することができない場合についても，同様である」。やむを得ない事由なしに選挙権行使を制限することは憲法 15 条 1 項・3 項・43 条 1 項ならびに 44 条但書に違

反するのである。最高裁は「やむを得ないと認められる事由」の存否を合憲性判断の基準とするが，このような厳しい審査基準を採ったのは，選挙権を，「国民の国政への参加の機会を保障する基本的権利として，議会制民主主義の根幹を成すもの」と考えたためである。したがって，やむを得ない事由なしに選挙権行使を制限し，かつ，この制限が立法不作為に起因する場合，違憲の評価は免れないだろう。

　立法不作為を国家賠償訴訟で争う場合には，違法性の判断が決め手になる。参考判例②によると，ⓐ「立法の内容又は立法不作為が国民に憲法上保障されている権利を違法に侵害するものであることが明白な場合」，ⓑ「国民に憲法上保障されている権利行使の機会を確保するために所要の立法措置を執ることが必要不可欠であり，それが明白であるにもかかわらず，国会が正当な理由なく長期にわたってこれを怠る場合」などには，「例外的に，国会議員の立法行為または立法不作為は，国家賠償法１条１項の規定の適用上，違法の評価を受ける」のである。参考判例②は参考判例①の示した「例外」を拡大している。

　ⓑに「合理的な期間」の要素が加わっていることに注意したい。それは，ⓐが自由制約立法を念頭に置くのに対し（したがって，制約自体の違憲性を判断するについて「期間」の設定は必要ない），ⓑは，制度構築立法（選挙などの「権利行使の機会を確保するために立法措置が必要な場合」〔山本・後掲33頁〕）を念頭に置くからである。つまり，ⓐの身体の自由や移動の自由を制限する立法については，当該立法を違憲無効とすれば一応の解決が図られるが，ⓑについては，たとえば選挙権や裁判を受ける権利のように，選挙制度や裁判制度を前提にした権利の行使が考えられる場合，権利を制約する立法を違憲無効とするだけで権利の行使が可能となるわけではない。一定の時間の猶予は立法府に必要であり，それは「合理的な期間」と呼ぶことができる。

　本問ではⓑの要件が関係する。参考判例②がいう「国民に憲法上保障されている権利行使の機会を確保するために所要の立法措置を執ることが必要不可欠であり，それが明白であるにもかかわらず，……これを怠る」とは，これまでたびたび引用している「一定の立法をなすべきことが義務づけられている」に，また，「国会が正当な理由なく長期にわたって（これを怠る）」と

は，「正当な理由もなく相当の期間を経過してもなお国会が立法を怠った」（芦部397頁以下）に照応している。在外国民であったXは国政選挙において投票する機会が憲法上保障されており，この権利行使の機会を確保するためには，在外選挙制度を設けるなどの立法措置をとることが必要不可欠であったにもかかわらず，在外国民の投票を可能にするための法律案が廃案となった後1996年の選挙まで12年にわたって何らの立法措置もとられなかった。このような立法不作為について「やむを得ない事由」があったとは到底いうことはできず，「憲法15条1項および3項，43条1項ならびに44条但書に違反」するものである。したがって，Xの主張する国家賠償請求は認められる。

●】参考文献【●

野坂泰司・百選Ⅱ 318頁，山本隆司「在外邦人選挙権最高裁大法廷判決の行政法上の論点」法教308号（2006）25頁，米沢広一・平成17年度重判7頁，井上典之「立法不作為とその争い方」笹田ほか299頁，駒村圭吾「立法行為の違憲審査」小山＝駒村358頁

（笹田栄司）

地方自治

　いわゆる「デモ行進」は，道路交通法（以下，「道交法」という）77
条1項4号にいう「一般交通に著しい影響を及ぼすような通行の形
態若しくは方法により道路を使用する行為」，さらには同条を受けて
P県公安委員会が定めているP県道路交通法施行細則19条にいう
「集団行進」に該当し，道交法77条3項および119条による規制の
対象とされている。こうした法律（国）レベルの規制に加え，P県C
市では「集団行進及び集団示威運動に関する条例」を定め，デモ行進
に対して市独自の規制を「上乗せ」している。

⑴　上記条例による規制の「上乗せ」は「法令に違反しない」（地
　　自14条1項）か。

⑵　上記条例5条は刑罰を科しているが，条例で罰則を定めるこ
　　とは合憲か。

道路交通法

77条1項　次の各号のいずれかに該当する者は，それぞれ当該各号に掲
　げる行為について当該行為に係る場所を管轄する警察署長（以下この
　節において「所轄警察署長」という。）の許可……を受けなければなら
　ない。

　　四　前各号に掲げるもののほか，道路において祭礼行事をし，又は
　ロケーションをする等一般交通に著しい影響を及ぼすような通行の形
　態若しくは方法により道路を使用する行為又は道路に人が集まり一般
　交通に著しい影響を及ぼすような行為で，公安委員会が，その土地の
　道路又は交通の状況により，道路における危険を防止し，その他交通
　の安全と円滑を図るため必要と認めて定めたものをしようとする者

　　3項　第1項の規定による許可をする場合において，必要があると認
　めるときは，所轄警察署長は，……当該許可に道路における危険を防
　止し，その他交通の安全と円滑を図るため必要な条件を付することが
　できる。

119条　次の各号のいずれかに該当する者は，3月以下の懲役又は5万円

以下の罰金に処する。

　　十三　第77条（道路の使用の許可）第3項の規定により警察署長が
　　付し…た条件に違反した者

P県道路交通法施行細則

19条　法第77条第1項第4号の規定により署長の許可を受けなければ
ならない行為は，次の各号に掲げるとおりとする。

　　(3)　道路において，祭礼行事，記念行事，式典，競技会，集団行進
　　（遠足，旅行若しくは見学の隊列又は通常の婚礼及び葬儀による行列を
　　除く。），踊り，仮装行列，パレードその他これらに類する催物をする
　　こと。

集団行進及び集団示威運動に関する条例

3条　集団行進又は集団示威運動を行うとする者は，集団行進又は集団
示威運動の秩序を保ち，公共の安寧を保持するため，次の事項を守ら
なければならない。

　　(3)　交通秩序を維持すること。

5条　……第3条の規定……に違反して行われた集団行進又は集団示威
運動の主催者，指導者又は煽動者は，これを1年以下の懲役若しくは
禁錮又は5万円以下の罰金に処する。

●】**参考判例**【●

①　最大判昭和50・9・10刑集29巻8号489頁（徳島市公安条例事件）

②　最大判昭和37・5・30刑集16巻5号577頁（大阪市売春取締条例事
　件）

●】**問題の所在**【●

　すでに法律によって全国的な規制対象となっている事項（たとえばデモ行
進）に対し，各地方公共団体が条例により独自の規制を，いわば「オプショ
ン」として追加することは，「法律の範囲内」（94条）または「法令に違反し
ない」（地自14条1項）か。また条例で罰則を定めることは「法律……によ
らなければ，……刑罰を科せられない」とする憲法31条（罪刑法定主義）に
反しないか。なお，同法94条がいう「条例」としては，地方議会制定法の
みにとどまらず，地方公共団体の長の定める「規則」（地自15条）や委員会

の定める「規則その他の規程」（地自138条の4第2項）などの行政立法まで含めて広義に解する場合もあるとされるが，以下ではもっぱら地方議会制定法を念頭に置く。

●】解説【●

1　総　説

　憲法94条によれば，条例は「法律の範囲内」でなくてはならず，また地方自治法14条1項は，「法令に違反しない限りにおいて」条例を制定できるとする。憲法94条と地方自治法14条1項との関係については，後者にいう「法令に違反しない限りにおいて」とは，前者にいう「法律の範囲内」を別の表現で述べたものと解するのが通説であるが，憲法94条にいう「法律」として地方自治法14条1項が定められていると解する説（小嶋和司『憲法概説』〔信山社・2004〕543頁，佐藤・日本国憲法論564頁，大石眞『憲法概論Ⅰ』〔有斐閣・2021〕503頁）もある。参考判例①は，憲法94条と地方自治法14条1項の関係につき，上記のうちいずれの立場に立つかを明らかにすることなく，もっぱら条例が地方自治法14条1項の要請に反しないかという観点からのみ判断している。

　国の法令と地方の条例との間の関係を，国の法律と政省令との間の関係と同じように，両方とも単なる上下串刺しの関係として，ルーズにイメージしてはならない。政省令（あるいは広く行政機関が定立する被治者の権利義務に関する規律）は，法律に違反しないだけでなく，法律に根拠づけられたものでなくてはならない。行政法総論の基本的な用語を使えば，行政立法や行政処分に対しては，「法律の優位の原則」（法律に違反してはならない）のみならず「法律の留保の原則」（法律の根拠がなければ定立してはならない）が働く。これに対し地方自治法14条1項が定める法令と条例の関係では，あくまで後者が前者に違反しないことのみが要請される（つまり法令の「優位の原則」は働くが「留保の原則」は働かない）。確かに条例の中には，法律上の根拠に基づき，法律を実施するために定められる「委任条例」（公衆浴場法2条3項に基づき都道府県で定められる「公衆浴場法施行条例」など）の例もあるが，地方公共団体は，法令の委任のないところでも広く「自主条例」を定めることが

できる。

2 「上乗せ」「横出し」の可否

参考判例①は，国の法令と地方の条例の関係の例として，ⓐある事項について国の法令中にこれを規律する明文の規定がない場合，ⓑ－①）特定事項についてこれを規律する国の法令と条例とが併存する場合でも，後者が前者とは別の目的に基づく規律を意図するとき，ⓑ－②）特定事項についてこれを規律する国の法令と条例とが併存する場合で，両者が同一の目的に出たものであるとき，をあげる。そしてⓐおよびⓑ－②）については，国の法令が条例の制定を許容する「趣旨」であれば，またⓑ－①）については，条例の適用によって法令の規定の意図する目的と効果をなんら阻害することがない場合であれば「法令に違反しない」（地方自治法14条1項）という判断枠組を提示したうえ，当該法令（道交法）と公安条例の目的には重なる部分とそうでない部分の両方あることから，重なる部分につきⓑ－②），重ならない部分につきⓑ－①）を適用したうえで，結論としては条例が法令に反するところはないとした。ⓑ－②）の適用にあたっては，道交法77条1項4号が，各地の公安委員会に対しローカル・ルールを定めることを認めていることを理由として，条例制定を認める「趣旨」と解した。

当該法律が保護している（＝条例が制約する）価値の高さ，あるいはそれと条例が保護しようとしている価値との比較衡量の観点をカウントすべきだという考え方もある。たとえば本問のように表現の自由規制分野については，法令は地域ごとのオプション規制を許容しない（規制の上限を定める）「趣旨」であるとの推定が働き，あるいは排出物規制分野については，条例が制約する価値（経済的自由）の高さと，条例が保護しようとしている価値（「生存権」）の高さを比較衡量し，福祉国家（25条参照）においては後者が優先するがゆえ，排出物規制法令は，自治体ごとにオプション規制を加重することを妨げない（「ナショナル・ミニマム」の規制を，いわば「標準装備」として定めるにすぎない）「趣旨」だとの推定が働くと解するのである。最高裁によれば，河川法3条が「同法による河川管理の対象となる『河川』に含まれる堤防，護岸等の『河川管理施設』……が河川管理者以外の者の設置したものであるときは，当該施設を『河川管理施設』とすることについて，河川管

理者が権原に基づき当該施設を管理する者の同意を得たものに限るものとしている」のは、「河川管理者以外の者」の財産権（29条）に配慮した結果であり、河川法が規制対象としない普通河川を管理するため設置された河川附属施設につき、条例により、管理している本人の同意の有無にかかわらず市長の管理権に服させることは違法だというが（最判昭和53・12・21民集32巻9号1723頁）、その一方、参考判例①や、さらには岐阜県青少年保護育成条例による「有害図書」規制を合憲とする（最判平成元・9・19刑集43巻8号785頁）など表現活動規制条例の法令違反の疑いについてはおとがめなしというのは、上記観点からすれば、何だか逆立ちしたダブル・スタンダードにみえなくもない。

　なお、参考判例①は、上記定式（ⓐ～ⓑ-②）を掲げるにあたり、冒頭に「例えば」と明記しているため、これらの定式に該当するパターンのほかに、いかなるパターンが存在するのかが問題となる。神奈川県臨時特例企業税条例の規定が地方税法の規定に違反しないかが争われた最判平成25・3・21（民集67巻3号438頁）は、先例として参考判例①に言及してはいるものの、上記定式自体を引用するところがなく、当該事案が上記定式そのうちいずれのパターンに該当するか（またはいずれにも該当しないのか）は明らかでない。このため学説の側からは、平成25年判決の事案が上記定式のいずれにも該当しない理由を説明するため、さまざまな試論が提起されている（具体的には須賀博志・百選Ⅱ434頁参照）。

3　条例による罰則

　罰則の創設権は国が独占するという大前提のもと、法律による委任を条件に条例による罰則制定を認める説（A説）と、法律の委任によらず罰則の制定が可能だとする説（B説）がある。A説が要求する法律の委任の態様には、包括的委任から個別具体的なものまでさまざまなバリエーションがありうる。B説の根拠としては、憲法94条で直接認められている条例制定権には、条例の実効性を担保するための罰則制定権が当然含まれているはずだというものが多いが、条例も法律と同じく、民主的正統性の確保（条例は住民代表機関である地方議会が制定するため）、事前の明確な成文法による予見可能性の確保という、罪刑法定主義の2つの目的を満たしうるがゆえ、憲法31条

にいう「法律」に含めて理解して良いという考え方もあり得よう。参考判例②は基本的にA説に立ちつつ，要求される委任の態様については，「条例は，……公選の議員をもって組織する……議会の議決を経て制定される」点で「法律に類する」ことを理由に，「条例によつて刑罰を定める場合には，法律の授権が相当な程度に具体的であり，限定されておればたりる」とした。この判示は，「地方公共の秩序を維持し，住民及び滞在者の安全，健康及び福祉を保持すること」および「風俗又は清潔を汚す行為の制限その他の保健衛生，風俗のじゆん化に関する事項を処理すること」を普通地方公共団体の事務として例示していた当時の地方自治法2条3項の規定を前提として，それらの規定が「相当な程度に具体的」といったものであった。そうした，普通地方公共団体の事務を例示列挙した当時の長大な規定を丸ごと削除してしまった現行（1999年大改正以降の）地方自治法のもとでは，B説でいくか，A説に立ちつつ包括委任で足りるとするしか，現に全国にあまた存在する条例上の罰則を合憲という途はなさそうである。

●】参考文献【●

木村草太・百選Ⅰ179頁，山下淳・地方自治百選54頁，村田尚紀・百選Ⅱ448頁，鵜澤剛・地方自治百選50頁

（大石和彦）

発展問題

外国人と基本的人権

　　1950 年に A 県で出生した大韓民国籍の特別永住者である X は，1988 年に Y 県に保健婦（当時）として採用された（Y 県は，1986 年に保健婦の採用について国籍要件を撤廃していた）。その後，X は，主任試験に合格し，Y 県 B 保健所に主任として勤務していた。1994 年，X が Y 県人事委員会の実施した管理職選考を受験しようとしたところ，日本国籍を有しないことを理由に上司から受験申込書の受取りを拒否され，管理職試験を受験できなかった。上司は，管理職になれば公権力の行使や公の意思の形成に参画することとなるが，そのような職に就くには日本国籍が必要なので，X に受験資格はないと説明した。X は，そのような漠然とした理由で外国人の管理職への昇任を制約することは許されないと主張した。

　　X の主張は認められるか。

●】参考判例【●

① 最大判平成 17・1・26 民集 59 巻 1 号 128 頁（東京都管理職試験事件）
② 最判平成 5・2・26 判時 1452 号 37 頁（ビッグス・アラン事件）
③ 最判平成 7・2・28 民集 49 巻 2 号 639 頁（定住外国人地方選挙権訴訟）

●】問題の所在【●

　外国人の人権保障を考える場合に，外国人の分類が重要とされる場合がある。不法入国者であっても，人身の自由は保障されるべきであろう。問題は，参政権や社会権のような権利について，いわゆる定住外国人を一般の在留外国人とは区別せずに，国籍を理由とする一律の人権制限に服させてよいかである。公務員になる権利ないし資格についても，管理職への昇任も含め

て，外国人に対する保障の程度が問題となっている。

●】解説【●

1 定住外国人の人権

在留外国人にも，不法入国者や旅行者から永住者や難民まで，さまざまな類型がある。そこで，外国人も人権享有主体性を有することを前提に，問題となる権利の性質と外国人の類型に鑑みて，国籍に基づく権利制限の合理性がどの程度厳格に審査されうるかが問題である（問題は「国籍を理由とする人権制約の合理性」である。国籍の取得が「基本的人権の保障等を受ける上で重大な意味を持つ」〔最大判平成 20・6・4 民集 62 巻 6 号 1367 頁〕としても，国籍そのものは人権保障を受けるための法的地位ではない。国籍法制は，憲法上想定される「国民」に含まれる人々を確認するためのものであるが，実際の国籍法制が憲法上の「国民」を常に適切に包含しているという保障はない）。

日本に生活の本拠を有する外国人は「定住外国人」とも呼ばれ，短期滞在の一般外国人とは分けて考えるべきとされる。法的には外国籍であっても，日本で生まれ育ち，日本語を話す人は少なくない。しかし，法律上の在留資格としては，「永住者」および「特別永住者」（入管特例法に基づいて永住を認められた旧植民地出身者とその子孫等）が存するのみであり，定住外国人の定義は論者によって差がある。ただ，少なくとも，戦後に植民地の離脱によって日本国籍を失って「外国人」とされた人々とその子孫については，国籍を理由とする人権制限の合理性が大きな問題となる。特別永住者とは，単に入管特例法という法律上の地位なのではなく，その歴史上の経緯から，国籍を人権制限の指標として用いることについて慎重な憲法上の考慮を必要とすると考えられるのである。

参政権については，現在では，「地方自治体，とくに市町村という住民の生活に最も密着した地方自治体のレベルにおける選挙権は，永住資格を有する定住外国人に認めることもできる」（芦部 93 頁）とする説が有力である。判例は，国政レベルの選挙権を日本国民に限っている公職選挙法の規定は憲法に違反しない（参考判例②）としつつ，一定の永住者等に法律で地方レベルの選挙権を付与することは憲法上禁止されていないとの立場を示している

（参考判例③）。地方選挙権の付与が憲法上「許容」されているという場合，参考判例③が憲法15条の保障を否定した上で立法政策の問題としているのに対し，選挙権が保障されている「住民」（93条2項）の中で選挙権を具体的に行使できる者を定める点に広い立法裁量が許されていると解する余地もあろう。

　しかし，参考判例①の多数意見は，その判断において，特別永住者を一般外国人と特に区別しなかった。藤田宙靖裁判官の補足意見は，「現行法上，地方公務員への就任につき，特別永住者がそれ以外の外国籍の者から区別され，特に優遇さるべきものとされていると考えるべき根拠は無」いとしている。これに対して，滝井繁男裁判官の反対意見は，「多様な外国人を一律にその国籍のみを理由として管理職から排除することの合理性」を問う際に，日本では「平和条約によって日本国籍を失うことになったものの，永らく我が国社会の構成員であり，これからもそのような生活を続けようとしている特別永住者たる外国人の数が在留外国人の多数を占めている」ことに注意を喚起した。さらに，泉徳治裁判官の反対意見は，「国家主権を有する国が，法律で，特別永住者に対し永住権を与えつつ，特別永住者が地方公務員になることを制限しておらず，一方，憲法に規定する平等原則及び職業選択の自由が特別永住者にも及ぶことを考えれば，特別永住者は，地方公務員となることにつき，日本国民と平等に扱われるべきである」としている。

　学説においても，「特別永住者の歴史や生活実態等を併せ考慮する必要があろう」（大沢・後掲14頁。なお「歴史」と「生活実態」の相違について，渡辺康・後掲105頁）とする見解に対して，公務就任に関し一般永住者や他の定住外国人と区別して特別永住者を国民と同様に扱うべきことを十分に説明できるかに疑問も示されている（野坂・後掲477頁）。

2　公務就任権の制限

　公務員になる権利ないし資格（公務就任権）は，（被選挙権と対比して）選挙以外の方法で公職に選任される権利として，広い意味の参政権に含まれるとされてきた（芦部270頁。批判として渋谷・後掲4-5頁）。

　参政権に含まれるとしても，「権利の性質上，非管理的・機械的な公務を含めてすべての公務に携わる権利（ないし資格）が外国人には認められな

い，という結論が当然に出てくるわけではない」（憲法学Ⅱ133頁）とされる。「非管理的・機械的な公務」が公権力の行使または公の意思の形成への参画に携わる職に該当しないならば，「このような職務内容をもつ公務に就任する権利を参政権的権利として捉える必然性はない」（野坂・後掲462-463頁）とも考えられる。

　そこで，外国人の一般職の公務員への就任については，職業選択の自由の問題とする見解も有力となっている。ただし，「個人の人格的価値とも不可分の関連を有する」（最大判昭和50・4・30民集29巻4号572頁）とされる職業選択の自由であるとしても，一定の職業や公務について外国人の就任を制限することがただちに違憲となるといえるかは疑問である。

　実定法上は，外務公務員法7条が「国籍を有しない者又は外国の国籍を有する者は，外務公務員となることができない」とするのみで，欠格事由を定める国家公務員法38条も地方公務員法16条も国籍には言及していない。しかし，実務においては，「公務員に関する当然の法理として，公権力の行使又は国家意思の形成への参画にたずさわる公務員となるためには，日本国籍を必要とする」（昭和28・3・25内閣法制局第一部長回答，昭和28・6・29人事院事務総長回答）という考え方に基づき，外国人の公務員への就任が制限されてきた（ただし，本問のように，一定の職種から国籍要件を外す自治体も増加しているとされる）。

　この「当然の法理」によって「日本国籍を有しない者を任用することができない」とされるものを「地方公務員の職のうち公権力の行使又は地方公共団体の意思の形成に携わるもの」（昭和48・5・28自治省公務員第一課長回答。昭和54年に「公の意思」に拡大）とすることには，定義が広汎で漠然としているとの批判が多い。また，憲法73条4号は公務員の資格要件を法律または条例で規定する趣旨とされ（渋谷・後掲9-10頁），とりわけ公務就任も憲法22条の問題とする見解からは，憲法で保障されている人権の制限は法律または条例による必要があると批判される。

　参考判例①の第1審・第2審判決は，国民主権の原理に反しない限度において外国人の公務就任が認められるとしていた。とりわけ，第2審判決（東京高判平成9・11・26高民集50巻3号459頁）は，「当然の法理」を意識しつ

つ，ⓐ専門的・技術的な分野のスタッフなど，統治作用に関わる程度の弱い管理職，ⓑ上司の命を受けて補佐的・補助的な事務に従事する公務員，ⓒ学術的・技術的な専門分野の事務に従事する公務員に外国人を採用することは国民主権の原理に反せず，そのような職への任用については憲法 22 条 1 項・14 条 1 項による保障が及ぶとする判断を示し，注目された。

しかし，国民主権の原理が「国の政治のあり方を最終的に決定する力または権威」が「国民に存する」（芦部 40 頁）という意味であるとすると，それは，「国政選挙への外国人の参加を否定し，あるいは国政の枢要な地位への外国人の就任を否定する根拠」となりうるにとどまる（野坂・後掲 466 頁）。第 2 審判決についても，「国民〈主権〉が，〈自由〉を制約する〈切り札〉として用いられる，という定式への警戒感が皆無である」（石川健治・法教 210 号別冊判例セレクト 1997〔1998〕5 頁）との批判がある。国民主権原理からは治者と被治者の同一性ないし同質性が要請されること，そこでの「国民」は国籍保有者に限られないことがいわれるが，一般職の公務員に日本国籍が必要か否かには関わりがないとされる（渋谷・後掲 6-7 頁）。

3　管理職への任用と制度

参考判例①の多数意見は，外国人に公務就任権が保障されるかを直接には論じていない。多数意見は，国籍による差別を禁ずる労働基準法 3 条の下で，地方公共団体が職員に採用した外国人について国籍を理由に国民と異なる取扱いをすることが，合理的な理由に基づくものであって憲法 14 条 1 項に違反しないといえるかを問題とした。

その際，「地方公務員のうち，住民の権利義務を直接形成し，その範囲を確定するなどの公権力の行使に当たる行為を行い，若しくは普通地方公共団体の重要な施策に関する決定を行い，又はこれらに参画することを職務とするもの」として「公権力行使等地方公務員」という概念が使用された。この新しい概念については，十分な例示と限定によって「周到な注意を払った上で定義されたもの」であり，「当然の法理」は否定されたとの評価（藤田補足意見，石川健治・法教 306 号別冊判例セレクト 2005〔2006〕5 頁）もあるが，「当然の法理」の問題点を克服しうるものではないとの批判も多い。

参考判例①の多数意見は，国籍を理由とする別異取扱いの合理性につい

て，「国民主権の原理に基づき，……原則として日本の国籍を有する者が公権力行使等地方公務員に就任することが想定されている」とした。しかし，国民主権の原理の援用には前述のような批判があり，「一般職の公務員の場合，その職務は法律に従って行われるのであり，それによって公務遂行の民主的正統性は確保されるのであるから，……国民主権原理を根拠に外国人の管理職への就任を一般的に妨げることはできない」（渡辺賢・法時77巻13号〔2005〕335頁，滝井反対意見）とされる。なお，「外国人が公権力行使等地方公務員に就任することは，本来我が国の法体系の想定するところではない」との判示について，外国人の任用を禁止する「当然の法理」とは異なり，「原則として」という文言と相まって，参考判例③の流れを汲み，法律によって外国人を公権力行使等地方公務員に就任させることも否定していないとの理解がある。しかし，職業選択の自由に立脚するならば，選挙権についての判例とは事案が異なることになるとの指摘（渡辺康・後掲99頁）もある。

　参考判例①の多数意見は，地方公共団体が公権力行使等地方公務員の職とそれ以外の管理職とを一体的に扱う人事管理制度を構築・運用し，日本国民である職員に限って管理職に昇任させることも許されるとした。この判示については，Xのような者に「管理職就任資格を認める制度選択も，あり得べき『政策』として憲法上許容されている」（石川・前掲法教306号判例セレクト5頁）との理解もある。しかし，職業選択の自由の見地からは，公権力行使等地方公務員とそれ以外の管理職とを一体的に扱う「制度そのものが過度に広汎に外国人の就任機会を制限している」のであって「違憲あるいは違法といえたはず」（渋谷・後掲12頁）とされる。

4　違憲審査の厳格度

　参考判例①の多数意見が合理性の基準を採用したとみられる（長谷部・後掲103‑104頁。渋谷・後掲13頁は，審査基準論を採らなかったとする）のに対し，「職業選択の自由の人格権的側面，地方自治における住民の意味……特別永住者等の定住外国人の法的地位を考慮すると，厳格な合理性の基準が適用されるべき」（大沢・後掲14頁）とされる。さらに，Xが特別永住者であることに鑑みれば，「厳格な基準を用いる余地もあった」（渋谷・後掲13‑14頁）とも指摘される。そうであるならば，「外国人を任用することが許され

ない管理職とそれが許される管理職とを区別して任用管理を行う」のは，一般に「全体としての人事の流動性を著しく損なう結果となる可能性がある」（藤田補足意見）というだけでは許されないかもしれない。実際に，参考判例①の事案では人事の流動性を著しく損なうおそれがあったとは認定されていない（藤田補足意見参照）。

　本問についても，生活の本拠を有する日本で公務員という職業を選択し，勤続している特別永住者のXに対して，国籍を理由に管理職への昇任を制約することに合理性があるかについては，より厳格に審査されるべきとも考えられる。その場合，学説や参考判例①の第2審判決が指摘するように，個々の管理職の職務内容や決定権限との関係で，外国人の昇任が許される管理職と昇任が許されない管理職とを区別することが求められる。参考判例①も，「公権力行使等地方公務員」という概念を用いて，従来の「当然の法理」よりも外国人の管理職昇任が許されない場合を絞り込もうとしていると解される。そのうえで，参考判例①におけるような任用管理上の必要性の主張についても，厳格に審査すべきであろう。

●】参考文献【●

大沢秀介・平成17年度重判13頁，渡辺康行・民商法雑誌135巻2号（2006）89頁，野坂泰司『憲法基本判例を読み直す〔第2版〕』（有斐閣・2019）455頁，長谷部恭男『Interactive憲法』（有斐閣・2006）98頁，渋谷秀樹・ジュリ1288号（2005）2頁

（齊藤正彰）

法人の人権

(1) Ｙ司法書士会は総会で司法書士法改正反対の決議を行い，その反対運動を支援するため，会員から特別会費を徴収し，これを政治資金規正法上の政治団体であるＡ司法書士政治連盟に寄付することを決議した。同会の会員であるＸはこの決議に反対し，特別会費の納入を拒否した。Ｙは役員選任規則に基づき，Ｘの会費滞納を理由として，Ｙ司法書士会役員選挙において選挙人名簿へのＸの登載を行わなかった。この結果，Ｘは選挙権・被選挙権が停止されたのである。Ｘは，Ｙ司法書士会総会決議が違法・無効であるから支払義務がないとして，上記決議に基づく特別会費納入義務の不存在確認を求めて訴えを提起した。

Ｘの主張は認められるか。

(2) Ｙ司法書士会（会員数800名）は地震のため建物が倒壊したＺ司法書士会を援助するため，会員から特別会費を３年にわたり徴収し，960万円をＺに寄付することを決議した（会員１人当たり１年4000円）。Ｘは，上記総会決議が違法・無効であるから支払義務がないとして，特別会費納入義務の不存在確認を求めて提訴した。

Ｘの主張は認められるか。

（注）　Ｙは公益法人であり，司法書士業務を行うためには司法書士会に加入することが義務づけられ，その会員には実質的には脱退の自由が保障されていない。また，司法書士会は，「会員［筆者注・司法書士］の品位を保持し，その業務の改善進歩を図るため，会員の指導及び連絡に関する事務を行うことを目的」（司法書士52条２項）とする。

●】参考判例【●

①　最判平成 8・3・19 民集 50 巻 3 号 615 頁（南九州税理士会事件）

②　最判平成 14・4・25 判時 1785 号 31 頁（群馬司法書士会事件）

③　最大判昭和 45・6・24 民集 24 巻 6 号 625 頁（八幡製鉄政治献金事件）

●】問題の所在【●

　法人の決定に対し構成員が有する協力義務の限界はどのように設定されるか。基本問題②の事例は株式会社と株主の関係であったのに対し，本問は構成員に脱退の自由の認められない強制加入団体を取り上げている。また，株式会社は営利法人であるが，司法書士会は公益法人である点も留意しなければならない。法人の決定に構成員は協力義務を負うとしても，その内容・範囲については十分な検討が必要である。

●】解説【●

1　株式会社と司法書士会

　基本問題②の事例と同じく，法人による政治資金の寄付がテーマになっているので，八幡製鉄政治献金事件（参考判例③）の手法で司法書士会の設立目的を緩やかに解し，Y 司法書士会総会決議を適法とする見解は妥当だろうか。しかし，法人といっても，株式会社のように営利を追求する営利法人と，司法書士会のように強制加入制を採る公益法人では，その違いは大きい。「法人の人権」とひとくくりにするのは問題の本質を曖昧なものにすることさえあるから，注意が必要である。そこで，どのような目的のために設立され，いかなる組織から成る法人なのか，法人と構成員の関係はどうなっているのかなどを重要なポイントとして押さえておきたい。

　八幡製鉄政治献金事件（参考判例③）で，最高裁は，「憲法第 3 章に定める国民の権利及び義務の各条項は，性質上可能なかぎり，内国の法人にも適用される」と判示するも，以上の点について検討を加えることはなかった。法人に人権の享有主体性を認めたうえで，法人の内部関係について「私人における法律関係」に関する議論を持ち出し，憲法の適用可能性を否定するな

ら，「法人は，その存在において憲法上の保障が認められ，その機能において憲法上の制約を受けないという，きわめて有利な地位」をもつことになろう（奥平112頁）。このような「法人の人権論」はやはり問題がある。そこで，最近では，法人および団体の活動がその構成員の人権と衝突することを前提にして，両者の権利の調整が探られている。

以上のことを踏まえて本問(1)をみてみよう。司法書士会は，「会員の品位を保持し，その業務の改善進歩を図るため，会員の指導及び連絡に関する事務を行うことを目的」（司法書士52条2項）とする公益法人である。さらに，本問(2)の（注）にも挙げている通り，強制加入団体であって会員には実質的には脱退の自由はない。この点，八幡製鉄政治献金事件において最高裁は，株式会社の構成員として株主をもっぱら念頭に置いている。株主は会社との関係では流動性が高く「脱退」も容易である。これに対し，司法書士会は，「会社とはその法的性格を異にする法人」であり，「その目的の範囲についても，これを会社のように広範なものと解するならば，法の要請する公的な目的の達成を阻害して法の趣旨を没却する結果となることが明らか」であろう（参考判例①）。

この最高裁判決（参考判例①）は税理士会について述べているが，司法書士会にも妥当する。司法書士法は1条で同法の目的について，「司法書士の制度を定め，その業務の適正を図ることにより，登記，供託及び訴訟等に関する手続の適正かつ円滑な実施に資し，もつて国民の権利の保護に寄与すること」と規定する。このような司法書士法の要請する「公的な目的」を実現するために，会の目的を広範に解することはできないのである。

2　司法書士会と会員の協力義務

本問(1)が問うのは，一般的にいえば，ある会に所属しているその構成員は会の決定にどこまで協力する義務を負うかということである。この場合，ある会に属することが自由意思であったかどうか，また，会の決定の内容・性質，これに対応して会員に求められる協力の内容・程度・態様が問題になろう。

ある会に自由意思で所属しているのなら，その会の決定が自分の考え方や利益と衝突する場合，脱退することで衝突を回避することができる。しかし，司法書士会のように，司法書士業務を行うためには司法書士会に加入す

ることを法律が義務づけるとなると，脱退は司法書士という職を辞めることを意味する。一方，強制加入団体であれば，会の構成員には，さまざまな思想・信条，および主義・主張をもった人が存在しよう。また，司法書士会が公益法人であり，既述のように，会の目的も法律で定められている。したがって，司法書士会が多数決により決定した会の活動にも，そのために会員に要請される協力義務にも，限界が当然に存在すると解するべきである。

そこで，具体的に本問(1)をみてみよう。司法書士会は，「会員の品位を保持し，その業務の改善進歩を図るため，会員の指導及び連絡に関する事務を行うことを目的とする」（司法書士52条2項）から，「業務の改善進歩を図る」うえで直接または間接に必要な範囲で関係する団体などに働きかけることも，司法書士会の目的の範囲内である。また，司法書士会は一定の社会的役割を果たすことも期待されているから，たとえば災害救援金の寄付，地域社会への財産上の奉仕などの面で応分の負担をすることも，社会的に相当と認められる限り，権利能力の範囲内にある。

それでは，本問(1)のように，政治団体であるA司法書士政治連盟にY司法書士会が寄付することはどうだろう。個人が政党や政治団体に寄付を行う場合，当該政党や政治団体を支持しているか，あるいはその政策や運動方針に強い共感をもっているためであろう。政治資金の寄付は，寄付者の政治についての考え方や判断に裏打ちされたものである。そうだとすれば，Y司法書士会総会でのA司法書士政治連盟への寄付決議は，それに反対する考えをもつXにとっては，Xの思想や良心の自由を侵害するものと解されよう。司法書士会は強制加入団体であるから，政党や政治団体への寄付は，「会員各人が市民としての個人的な政治的思想，見解，判断等に基づいて自主的に決定すべき事柄」（参考判例①）なのである。

3 司法書士会が他地域の司法書士会に援助を行うことは可能か

2で述べたように，司法書士会は一定の社会的役割を果たすことも期待されているから，災害救援金の寄付は司法書士会の目的の範囲内に一応入る。もちろんこの場合でも，災害救援金の使途が，宗教施設や政治団体施設の再建といった宗教的および政治的な意味あいをもつものではないという条件は必要である。本問(1)は司法書士会の目的を厳格に解してA司法書士政

治連盟への寄付は目的から逸脱すると考えたが，本問(2)は他の司法書士会を援助するのであるから，司法書士会の目的の範囲内と解されよう。司法書士会は，司法書士の「指導及び連絡に関する事務を行うことを目的」（司法書士52条2項）とし，「その目的を遂行する上で直接又は間接に必要な範囲で，他の司法書士会との間で業務その他について提携，協力，援助等をすることもその活動範囲に含まれる」（参考判例②）。

　Z司法書士会への援助が司法書士会の目的の範囲内の活動であるとすると，次にYの会員に求められる協力の内容・程度が検討されねばならない。つまり，会員の協力義務の限界である。最高裁判例をみると，寄付金の調達方法が，「公序良俗に反するなど会員の協力義務を否定すべき特段の事情がある場合を除き，多数決原理に基づき自ら決定することができる」とするものがある（参考判例②）。本問(2)では，Yは会として960万円（会員として1年4000円）を負担するとしている。これについては特段の事情は存せず，会員として社会に相当と認められる応分の負担と，参考判例②からは評されよう。もっとも，寄付金額を9000万円と設定すれば，社会に相当と認められる応分の負担とはいえ，Y司法書士会の存立基盤を危うくするもので許容できないという見方も出てこよう。

●】参照文献【●

西原博史「公益法人による政治献金と思想の自由」ジュリ1099号（1996）99頁，齋藤正彰「法人および団体の人権」小山＝駒村68頁，市川正人・平成11年度重判10頁，岡田信弘「司法書士会（公益法人）による災害復興支援拠出金支出の可否と会員の協力義務の範囲」法教269号（2003）48頁，橋本基弘・法学新報110巻5=6号（2003）215頁，二本柳高信・百選I 80頁

（笹田栄司）

公務員の人権

　厚生労働省の一般職公務員であるXは，20XX年11月上旬に衆議院議院選挙が行われる予定であったため，同年10月の勤務のない毎週日曜日に，私服で勤務地である霞ヶ関から離れた東京都内の住宅街にある自宅付近の店舗や集合住宅等の郵便受け計130か所に，K党の政党機関誌の最新号を投函した（以下，「本件配布行為」という）。この最新号の特集記事が，Xが個人として関心をもっている生活保護行政について，X個人の意見を正確に表現してくれていると感じたからである。Xは，配布のためにこの最新号を200部まとめて自己負担で購入していた。なお，本件配布行為に際して，Xは，店舗や住宅の関係者と面会したり，会話することもなく，無言のまま文書を郵便受けに投函した。

　Xは，同年12月中旬，人事院規則14-7が指定する政治的行為である「特定の政党その他の政治的団体を支持」するという「政治的目的を有する署名又は無署名の文書……を……配布……すること」（5項3号・6項13号）および「政党その他の政治的団体の機関紙たる新聞その他の刊行物を……配布……すること」（同項7号）を行ったとして逮捕された。Xはそれから2日後に釈放されたが，国家公務員の「政治的行為」を処罰する国家公務員法110条1項19号に基づき在宅起訴された。

　Xは，国家公務員Ⅱ種試験に合格し，本件で起訴された時には，厚生労働省に勤務していたが，管理職的地位にはなかった。また，Xの業務は法令により詳細に定められており，裁量の余地のないもので，人事や監督に関する権限を与えられていなかった。Xは，職場において，K党機関誌を読んだり，同僚に配布したりすることもなかった。

　Xは，1審・2審で執行猶予付きとはいえ有罪（罰金10万円）と

されたため，国家公務員法と人事院規則による規制が憲法 21 条に違反するとの主張，また，少なくとも X の本件配布行為について本件罰則規定を適用し，有罪とすることは憲法 21 条に違反すると主張して上告した。

Ｘの主張は認められるか。

●】参考判例【●

① 最大判昭和 49・11・6 刑集 28 巻 9 号 393 頁（猿払事件）
② 最判平成 24・12・7 刑集 66 巻 12 号 1337 頁（堀越事件）
③ 最判平成 24・12・7 刑集 66 巻 12 号 1722 頁（世田谷事件）

●】問題の所在【●

基本問題③でも述べた通り，国家公務員は，国家公務員法とその委任を受けて制定された人事院規則 14 - 7 によって「政治的行為」を禁止されている（以下，「本件規制」という）。学説からは，現行法上の制限について，すべての一般職に属する職員に対して一律に，全面的に政治活動を禁止し，しかも刑事罰を科している点で，違憲の疑いがあると指摘されている。ところが，最高裁は，猿払事件判決（参考判例①）に続いて，いわゆる国家公務員法二事件（堀越事件と世田谷事件）においても本件規制を合憲とする判決を下した（参考判例②・③）。本問は，国家公務員が，「自分の意見を正確に表現してくれている」と感じた政党機関誌を配布したという事例を手がかりに，本件規制の合憲性と，本問の事例において被告人に刑事罰を科すことの合憲性について検討を求めるものである。

●】解説【●

1 公務員の政治活動の自由

公務員の人権については，基本問題③で取り上げた公務員等の労働基本権の制限と並んで，国家公務員の政治活動の自由の制限（国公 102 条，人事院規則 14 - 7）がとくに問題となる。国家公務員は，国家公務員法 102 条で選

挙権の行使を除いて，同条に列挙された行為と，「人事院規則で定める政治的行為」をしてはならないとされている。本件規制は，すべての一般職に属する職員に対して一律に，しかも全面的に禁止している点で，諸外国の規制と比べてもまれにみる厳しいものである。地方公務員に対する制限もほぼ同じであるが，禁止される行為の範囲がやや狭く，その程度も国家公務員ほど強くはない。また，国家公務員の場合，国家公務員法が人事院規則に「政治的行為」について委任しているのに対し，地方公務員法は，法律自体に「政治的目的」および「政治的行為」が定められている（36条）という相違もある（本件規制における「立法の委任」の問題については，基本問題22を参照）。地方公務員法による政治活動の自由に対する制限には違反に対する刑事罰の規定がなく，懲戒処分のみとされているのも国家公務員に対する制限との大きな相違である。なお，裁判官についても，裁判所法52条1号により「積極的に政治活動をすること」が禁止されている。

公務員の人権について，伝統的な公法学では，一般国民と異なり，公権力と特殊な関係にある者として，特別な人権制限が許されるとされてきた。それを正当化するために用いられてきた考え方が特別権力関係論であった。しかし，基本問題③でも述べたように，法の支配の原理を採用し，基本的人権の尊重を基本原理としている日本国憲法の下では，特別権力関係論を採用することはできない。

そこで，公務員の人権制限の根拠について学説（芦部107頁以下・269頁）は，憲法が公務員関係という特別の法律関係の存在とその自律性を憲法的秩序の構成要素として認めていることに求めている（憲法秩序構成説）。「政党政治の下では，行政の中立性が保たれてはじめて公務員関係の自律性が確保され，行政の継続性・安定性が維持されるので，そのために一定の政治活動を制限することも許される」ことになる（芦部272頁）。ただし，公務員といっても，一般の勤労者であり市民であるのだから，政治活動の自由に対する制限は，その目的を達成するために必要最小限度にとどまらなければならない。したがって，本件規制の合憲性を審査する際には，公務員の地位，職務の内容・性質等の相違その他諸般の事情（勤務時間の内外，国の施設の利用の有無，政治活動の種類・性質・態様など）を考慮したうえで，具体的・個別

的に審査する必要がある。違憲審査の基準としては，原則として厳格な合理性の審査（渋谷151頁）か，それに相当する厳格さの「より制限的でない他の選びうる手段」（LRA）の基準（芦部272頁）を用いることになる（なお，内心の自由である思想・良心の自由の制約が問題となる場合は，厳格な審査を用いるべきという考え方もある）。そして，この基準によれば，前述のとおり，本件規制は，すべての公務員の政治活動を一律全面に禁止し，しかも刑事罰を科している点で違憲の疑いがある（芦部272頁）。

2　最高裁判例の展開

学説とは異なり，判例は，本件規制を合憲とし，裁判官の政治活動の自由に対する制限も合憲としている（最大決平成10・12・1民集52巻9号1761頁）。

このうち，本件規制については，猿払事件判決（参考判例①）が，1審・2審の無罪判決を覆し，全面的な合憲判断を下したが，その際，「猿払基準」と呼ばれる判断基準を示したことから，戦後の憲法判例における画期的な判決として注目を集め，同時に，これが違憲審査基準として著しく緩やかだとして学説から厳しい批判を受けてきた。

そして猿払事件から約30年ぶりに，国家公務員が本件規制に違反したとして起訴されるという事件が2つ続けて発生した。これが，いわゆる国公法二事件（堀越事件〔参考判例②〕と世田谷事件〔参考判例③〕）である。2つの事件のうち世田谷事件の被告人は1審・2審で有罪とされ，最高裁も上告を棄却して有罪が確定した。これに対し，堀越事件の被告人は，1審で有罪とされたが，2審では適用違憲を理由に被告人は無罪とされた。そして，最高裁は，猿払基準を用いることなく，「政治的行為」を「公務員の職務の遂行の政治的中立性を損なうおそれが……実質的に認められるもの」と限定解釈し，被告人の行為が「政治的行為」の構成要件に該当しないという理由で検察官の上告を棄却し，無罪が確定した。堀越事件と世田谷事件の最高裁判決は同日に下され，判決の内容も事例についての個別判断を除けば同じである。

国公法二事件については，2012年11月9日，最高裁第2小法廷が事件を大法廷には回付せず，同年12月7日に判決を言い渡すことを予告しており，2審の結論を変更するために必要な弁論が開かれなかったため，2つの事件の2審の判断が維持される見通しがついていた。そこで，注目されたの

が，最高裁が，猿払事件判決を判例変更することなく，堀越事件の被告人を
どのようにして無罪にするか，という点である。そして，この問題に対して
最高裁が出した答えが，前述したように，猿払基準を用いることなく，「政
治的行為」を限定解釈することであった。国公法二事件判決によって，「戦
後の憲法判例における画期的な判決」とみられてきた猿払判決についての
「これまでの理解や判例史における位置づけに『激震』が走った」（青井・後
掲31頁）。学説では，猿払事件判決と国公法二事件判決の関係をどのように
位置付けたらよいかをめぐって激しい議論が展開されている。

3　猿払基準と比較衡量

　猿払事件判決は，公務員の政治的中立性確保のために「合理的で必要やむ
をえない限度にとどまるものである限り」，憲法は政治活動の禁止を許容す
るとし，その判断にあたって，①禁止の目的は正当か，②この目的と禁止さ
れる政治活動には合理的関連性があるか，③禁止によって得られる利益と失
われる利益は均衡しているか，という3点から検討することが必要であると
した（猿払基準）。そして，①行政の中立的運営とこれに対する国民の信頼
確保という規制目的は正当であり，②その目的のために政治的行為を禁止す
ることは目的との間に合理的関連性があり，③禁止によって得られる利益と
失われる利益との均衡がとれているとして合憲判決を下し，被告人を有罪と
した。その際，失われる利益は，公務員の政治活動という行動を伴う表現の
中の「意見表明そのもの」の制約ではなく，行動のもたらす弊害の防止に伴
う限度での表現活動に対する「間接的，付随的制約に過ぎない」とされた。
学説は，これでは得られる利益が常に優先し，利益衡量も形式的・名目的な
ものになるし，このような抽象的・観念的な「合理的関連性」で足りるとす
る基準は，経済的自由の規制立法に用いられる「明白の原則」と実質的に異
ならず，表現の自由を軽視するものだと批判してきた（芦部273頁）。

　これに対し国公法二事件判決は，政治的行為禁止の目的を，「公務員の職
務の遂行の政治的中立性を保持することによって行政の中立的運営を確保
し，これに対する国民の信頼を維持すること」と捉え保護法益をより限定的
に捉え，国民の政治活動の自由は，「立憲民主政の政治過程にとって不可欠
の基本的人権であ」るから，「公務員に対する政治的行為の禁止は，国民と

しての政治活動の自由に対する必要やむを得ない限度にその範囲が画されるべき」だと強調した。そのうえで，刑罰法規の構成要件でもある「政治的行為」を，「公務員の職務の遂行の政治的中立性を損なうおそれが，観念的なものにとどまらず，現実的に起こり得るものとして実質的に認められるもの」を指すと限定解釈した。被告人の行為がこれに該当するか否かは，「当該公務員の地位，その職務内容や権限等，当該公務員がした行為の性質，態様，目的，内容等の諸般の事情を総合して判断」される。また，違反行為に刑事罰を科すことの合憲性は，「政治的行為に対する規制が必要かつ合理的なものとして是認されるかどうかによる」が，それについては，その「目的のために規制が必要とされる程度と，規制される自由の内容及び性質，具体的な規制の態様及び程度等を較量して決せられる」とした。公務員の政治的行為禁止については，禁止の対象を上記のように限定したため，「その制限は必要やむを得ない限度にとどまり，前記の目的を達成するために必要かつ合理的な範囲のもの」だと判断された。国公法二事件判決は，よど号ハイジャック記事抹消事件判決（最大判昭和58・6・22民集37巻5号793頁）で示された利益衡量論を人権制約の合憲性の判定に一般的に用いることを明らかにしたが，政治的行為の禁止が表現の自由の直接的制約に当たることを暗黙裡に認めた点，手段の必要性を検討した点は，「猿払判決に対する学説の批判に応えたもの」と評価されている（宍戸・後掲25頁）。

　ところで，猿払事件の被告人は，郵政事務官であり，地区の労働組合協議会事務局長を務めていた。1967年の衆議院議員選挙に際し，同協議会の決定に従い，日本共産党を支持する目的で，同党公認候補者の選挙用ポスター6枚を公営掲示板に自分で掲示したほか，同ポスター184枚の掲示を依頼して配布した。被告人は，非管理職の現業公務員で，職務内容は機械的労務の提供にすぎず，また，上記の行為は勤務時間外になされ，職務を利用したり，職務の公正を害する意図もなく，組合活動の一環として行われたものだった。

　これに対し，堀越事件の被告人は，社会保険事務所の国民年金業務課で相談業務を担当しており，担当業務は全く裁量の余地のないもので，専門職として相談業務を担当していただけで，人事や監督に関する権限も与えられて

いなかった。2013年の衆議院議員選挙に際し，日本共産党を支持する目的で，同党の機関誌の号外等を休日に私服で何回かにわたって店舗や住宅に配布した。また，世田谷事件では，2015年，厚生労働事務官である被告人が，休日に警察官舎の集合郵便受けに日本共産党の機関誌の号外を投函していたところを住人に見とがめられ，警察官が呼ばれて住居侵入罪で身柄を拘束された後，身分証明書などから国家公務員であることが判明し，逮捕容疑が国家公務員法違反に切り替えられた。国公法二事件の被告人による配布行為はいずれも個人的に行われたものだった。堀越事件と世田谷事件の被告人の行為はほぼ同一であるが，最高裁は，世田谷事件の被告人が管理職的地位にあることを理由に有罪とした（須藤裁判官の反対意見がある）。

　国公法二事件判決に付された千葉裁判官補足意見（内容はほぼ同一。ただし，堀越事件判決では，適用違憲の手法が採用されなかった理由にも言及している）は，猿払事件の被告人の行為は，組合活動の一環として行われた特定の政党の候補者を当選させるための積極的支援行為であることが「外形上一般人にも容易に認識されるもの」であり，当該公務員の地位・権限や職務内容，勤務時間の内外を問うまでもなく，実質的にみて「公務員の職務の遂行の中立性を損なうおそれがある行為」であり，国家公務員法と人事院規則14－7が禁止する政治的行為に該当することが明らかだとしている。したがって，猿払事件判決は，堀越事件とは「事案が異なる事件についてのもの」であり，堀越事件判決と猿払事件判決は矛盾・抵触するようなものではないと説明している。しかし，学説からは，「これは猿払判決の妥当範囲を限定するための苦心の説明であって，額面通りに受け取ることはできないだろう」と指摘されている（工藤・後掲5頁。この他，市川・後掲71頁以下は，千葉補足意見の判例理解につても，「批判的な検討」の必要性を指摘している）。

　国公法二事件判決によって，猿払事件判決は「1つの事例判断として位置づけ直されることになった」（宍戸・後掲25頁）。国公法二事件判決が猿払事件判決に対する実質的判例変更なのかについては，学説でも意見が分かれている。小法廷で判断せず，大法廷に回付すべきだったという批判もある。

4　本問の考え方

　国家公務員法と人事院規則による規制の合憲性を検討するにあたっては，政治活動の自由が憲法21条によって保障されており，本件規制がその自由を制約していること，その制約を正当化することができるか否かを検討する必要がある。

　答案作成にあたっては，まず，表現の自由の保障に政治活動の自由も含まれることを説明し，誰でも簡単にできるビラ配布の自由は，強く保障する必要があることを述べておくとよい。最高裁も，前述の通り，国公法二事件判決で国民の政治活動の自由は，「立憲民主政の政治過程にとって不可欠の基本的人権である」と強調している。

　次に，表現の自由といえども公共の福祉の制約を受けること，また，本問では国家公務員であるから一般国民とは異なる特別な制約を受けているので，その根拠についても説明が必要となる。特別権力関係論を日本国憲法の下では採用することができないこと，学説では憲法秩序構成説が支持されていることを説明する。そして，二重の基準論によれば，政治的表現に対する内容規制の違憲審査基準は「厳格な審査」によるべきであるが，公務員であることを理由とする制約であるから，学説に従い，違憲審査基準としては「厳格な合理性の審査」を用いて，制約の目的は重要か，目的と手段の間に実質的関連性があるか（手段としてより制限的でない代替手段がないこと）を具体的・実質的に吟味しなければならない。たとえ，公務員の職務遂行の政治的中立性を保持することによって行政の中立的運営を確保し，これに対する国民の信頼を維持することが重要でも，すべての一般職に属する職員に対して一律に，全面的に政治活動を禁止し，しかも違反に対して刑事罰を科している点で，目的と手段の間の実質的関連性を認めることはできないだろう。

　なお，検察官から判例により本件規制が合憲とされているとの反論がなされると想定されるので，それに対する私見も述べておくべきである。猿払事件判決が採用した猿払基準が表現の自由を軽視するとして批判され，その批判に一定の配慮を示した国公法二事件判決では政治的行為の限定解釈を前提として，比較衡量論が採用されたことを説明したうえで，比較衡量論ではなく，厳格な合理性の審査を採用する理由を述べる。それについては，「表現

の自由の価値，意義は目に見えない抽象的なものであるだけに，利益衡量にあたり裁判官が目に見え実感できる規制利益を過大視してしまう危険性が高い」ことや，「裁判官が規制利益が大きいと考える場合には，表現の自由に対する，どうしても必要な範囲に限定されていない広い規制が過小評価され許容されることにつながりやすい」ことを述べ，だからこそ表現の自由の制限の合憲性を比較衡量論で判断すべきではなく，学説の説く違憲審査の枠組みによるべきだと主張することが考えられる（市川・後掲70頁）。判例が採用している比較衡量論でも，考慮すべき要素を丁寧に拾い上げることができれば妥当な判断に導くことは可能である。しかし，学説は，表現規制の合憲性判定が裁判官の腕次第になることは避けなければならないと考えている。

　仮に国家公務員法と人事院規則による規制が合憲であったとしても，本問の事例においてXを有罪とすることは合憲か。法令そのものに違憲の疑いがまったくなく，合憲とみられる場合でも，人権を侵害するような形で解釈適用した場合はその解釈適用行為が違憲となる（処分違憲）。また，言葉の意味の通りに解釈すれば違憲になるかもしれない広汎な法文の意味を限定し，違憲となる可能性を排除することによって法令の効力を救済する解釈（合憲限定解釈）が可能であるのに，検察官が合憲的適用の場合に限定する解釈を行わず，違憲的に適用したとき，その適用行為が違憲となる。なお，堀越事件の2審は，被告人を適用違憲の手法により無罪とした（東京高判平成22・3・29判タ1340号105頁）。

　本問では，国公法二事件判決を参考に，「政治的行為」を合憲限定解釈して法令は合憲としたうえで，検察官がそのような合憲限定解釈を行わず，管理職的地位にはない被告人が，休日に私服で無言のまま配布したので，外見上は公務員であることはわからず，自分の意見を正確に表現してくれていると感じたから，自己負担で購入した政党機関誌を配布した行為を起訴した場合は，Xへの適用が違憲となると考えることができる。

　なお，国公法二事件判決の千葉裁判官補足意見は，政治的行為の禁止対象を限定したことについて，合憲限定解釈ではないと説明していることに注意する必要がある。合憲限定解釈ではないと説明されている理由は，「合憲限定解釈であるとすると，裁判所が立法の一部を違憲と判示したことが含意さ

れるから」, そう捉えられることを恐れたからではないかとみられている（木下・後掲 16 頁）。参考判例②のように考えるとすれば, 本問の X は, 適用違憲ではなく, 本件配布行為が本件における罰則規定の解釈上その構成要件に該当しないためその適用がなく無罪になる。

●】参考文献【●

青井美帆・百選Ⅰ〔第 6 版〕（2013）30 頁, 長谷部恭男・百選Ⅰ 30 頁, 宍戸常寿・平成 25 年度重判 23 頁, 工藤達朗・判例セレクト 2013 年 5 頁, 市川正人「国公法二事件上告審判決と合憲性判断の手法」法時 85 巻 5 号 67 頁, 木下智史・新・判例解説 Watch13 号 13 頁, 蟻川恒正「国公法二事件最高裁判決を読む」法学セミナー 697 号 26 頁。

（鈴木秀美）

　Yは，実験用動物の飼育および医薬・農薬・食品・化粧品等の開発研究のための薬理試験等の実施等を業とする株式会社であり，製薬会社等から医薬品等の開発業務を受託する開発業務受託機関として，医薬品等の治験を行っている。薬学部を卒業し薬剤師の資格を有していたX₁およびX₂は，Yの臨床開発事業本部で勤務している。X₁はYに長年在籍していたが，X₂はYに4年しか在籍しておらず，治験薬ないし治験手続についての詳細な知識やノウハウを得る地位にはなかった。

　⑴　Yの就業規則は定年年齢を男子60歳，女子55歳と定めていたため，2013年5月8日に55歳に達したX₁は，同月末日をもって定年退職を命ぜられた。そこで，X₁は雇用関係の存続の確認を求めて出訴した。

　X₁の請求は認められるだろうか。

　⑵　X₂はYとの間で，2010年4月1日の就職に際し，競業避止義務契約書により，また，2014年3月31日の退職に際し，業務および競業避止義務に関する合意書により，Y退職後2年間以内にYと競業関係にある会社に就職せず，これに違反した場合には損害賠償義務を負う旨をそれぞれ合意した。X₂はYを退職した3日後にP社に就職し，新薬開発に関する治験の実施およびモニタリング業務に従事している（X₂はこの仕事を，P社に就職後，天職とまで考えるようになった）。YはX₂のP社における就労が競業避止義務違反に当たるとして，競業行為の中止を求める2014年4月15日付内容証明郵便をX₂およびP社に送付した。そこで，X₂は，採用および退職の際にYとの間でした競業避止に関する合意は公序良俗に反し無効であるから，損害賠償義務は存在しないことの確認を求める訴えを提起した。

　X₂の請求は認められるか。

●】参考判例【●

① 最判昭和 56・3・24 民集 35 巻 2 号 300 頁（日産自動車事件）
② 大阪地判平成 15・1・22 労判 846 号 39 頁（新日本科学事件）

●】問題の所在【●

　人権規定の間接適用にあっては，法律の解釈においてその趣旨を取り込むことが試みられる。基本問題④の素材となった三菱樹脂事件（最大判昭和 48・12・12 民集 27 巻 11 号 1536 頁）はこの点が明らかではなかった。本問は，その点がより明快になっている。とくに，本問(2)のような事件は最近目立って増加しており，実務上も重要な意味をもっている。

●】解説【●

1　憲法 14 条 1 項の「公序」への読み込み：本問(1)

　私人による人権侵害は，法律行為に基づく場合と事実行為による場合に区分される。法律行為であれば民法 90 条が適用され，同条の「公の秩序」の意味内容が問題になる。事実行為であれば不法行為にかかわり民法 709 条の問題である。本問(1)では，X₁ は雇用関係の存続の確認を求めているが，X₁ の定年退職をもたらしたものは Y の就業規則である。したがって，就業規則という法律行為が問題となるから民法 90 条の適用がポイントである。

　X₁ は，Y の就業規則が定める男女別定年制は性別に基づく不合理な差別と考えている。それでは，これはどのようにして民法 90 条の問題となるのか。同条によれば，「公の秩序又は善良の風俗に反する事項を目的とする法律行為は，無効」である。そこで，「公の秩序」という一般条項の解釈が重要である。「公の秩序」に反するものとしてよく挙げられるのは，犯罪にかかわる行為，取締規定に反する行為，人倫に反する行為，射倖行為，自由を極度に制限する行為，暴利行為または不公正な取引行為，個人の尊厳・男女平等などの基本権に反するものである（内田貴『民法Ⅰ〔第 4 版〕』〔東京大学出版会・2008〕281 頁以下）。本問には，最後の項目が関係する。

　本問(1)のモデルである日産自動車事件（参考判例①）で，最高裁は次のよ

うに判示している。「就業規則中女子の定年年齢を男子より低く定めた部分は，専ら女子であることのみを理由として差別したことに帰着するものであり，性別のみによる不合理な差別を定めたものとして民法90条の規定により無効であると解するのが相当である（憲法14条1項，民法1条ノ2参照）」。少し簡潔すぎる判決文だが，これは，次のように読み替えることができよう。まず，憲法14条1項に基づき男女平等が，「法秩序の基本として一般的に実現されることを基調とし」，男女が平等に取り扱われる「権利が不当に侵害されないこと」を公の秩序の内容とみることができる。したがって，「何らの合理的理由なしに不当に右権利を侵害することは，公序良俗違反の問題を生じうる」（時岡泰・ジュリ745号〔1981〕100頁）。本問に即していえば，男女別定年制を定めるYの就業規則に合理性があるかどうかも検討しなければならない。本問からは明らかではないが，女性の担当職種・生理的機能・企業への貢献度などが挙げられるかもしれない。しかし，こういった事項が男女別定年制を合理的なものとする根拠とは考えがたい。性別のみによる不合理な差別の禁止は「公序」の内容であり，したがって，男女別定年制を定めるYの就業規則は民法90条により無効と解される（法制上は，参考判例①等を承けて，「退職の勧奨，定年，及び解雇並びに労働契約の更新について」労働者の性別を理由とした差別的取扱いをしてはならない，とする男女雇用機会均等法6条4号が制定されている）。

2　競業避止義務と職業選択の自由：本問(2)

　労働者が労働契約が継続している間は，使用者の利益に著しく反する競業行為や秘密開示行為を差し控える義務をもつが，退職後，同業他社に就職する場合（あるいは自ら起業する場合）は事情が異なる（菅野和夫『新・雇用社会の法〔補訂版〕』〔有斐閣・2004〕111頁）。労働者には職業選択の自由が保障されているからである。そうすると，X_2がYとの間で取り交わした競業避止義務契約書および誓約書等（以下，「特約」という）は，退職後のX_2の職業活動自体を制約するから，X_2の職業選択の自由が侵害されるのではないかという問題が生じる。

　考え方は，本問(1)と同じである。退職後の競業避止義務を定める特約は法律行為であるから，それが民法90条の「公序良俗」に反するかどうかが検

討されねばならない。この場合，「公序」は，職業活動に対する必要かつ合理的な範囲を超える制限の禁止であり，この制限に X₂ と Y との間で結ばれた特約が該当するなら，公序に反し無効となろう。本問(2)のモデルとなった事件で，裁判所は次のように判示している。

「退職後の競業避止義務を定める特約は従業員の再就職を妨げその生計の手段を制限してその生活を困難にするおそれがあるとともに，職業選択の自由に制約を課すものであるところ，一般に労働者はその立場上使用者の要求を受け入れてこのような特約を締結せざるを得ない状況にあることにかんがみると，このような特約は，これによって守られるべき使用者の利益，これによって生じる従業員の不利益の内容及び程度並びに代償措置の有無及びその内容等を総合考慮し，その制限が必要かつ合理的な範囲を超える場合には，公序良俗に反し無効であると解するのが相当である」（参考判例②）。

本問(2)に即して検討するなら，X₂ は治験薬ないし治験手続についての詳細な知識やノウハウを得る地位にはなかったのであるから，特約により守られるべき Y の利益は大きくないであろう。一方，Y 退職後 2 年間は X₂ は Y と競業関係にある会社に就職できないとなると，X₂ の被る不利益は大きい。薬剤師の資格をもつとはいえ，X₂ は新薬開発の治験等に職業としての大きな意義を見出しているのである。さらに，Y は，就職活動に重大な制限を被る X₂ に対し何ら代償措置を用意していない。以上のことから，特約による制限は必要かつ合理的な範囲を超えるものであって，公序良俗に反し無効であると解される。

●】参考文献【●

春名麻季・百選Ⅰ 26 頁，高橋和之「人権の私人間効力論」高見勝利ほか編『日本国憲法解釈の再検討』（有斐閣・2004）1 頁，井上典之「自衛隊裁判と私法行為」笹田ほか 19 頁，齋藤大「労働者の退職後の競業避止義務」判タ 1014 号（2000）13 頁

（笹田栄司）

法の下の平等(1)

　Ｘは，婚姻によらずにＡを出産し，自分ひとりで監護していたので，児童扶養手当を受給していた。ところが，Ａの父ＢがＡを認知したため，Ｙ県知事は児童扶養手当法施行令１条の２第３号の「父から認知された児童を除く」という規定に基づいて，Ｘの児童扶養手当受給資格喪失処分を行った。これに対して，Ｘは，Ｙ県を相手どって，この処分の取消しを求める行政訴訟を提起した。

　Ｘの請求は認められるだろうか。

児童扶養手当法１条　この法律は，父と生計を同じくしていない児童が育成される家庭の生活の安定と自立の促進に寄与するため，当該児童について児童扶養手当を支給し，もつて児童の福祉の増進を図ることを目的とする。

４条１項　都道府県知事……は，次の各号のいずれかに該当する児童の母がその児童を監護するとき，……その母……に対し，児童扶養手当（以下「手当」という。）を支給する。

　一　父母が婚姻を解消した児童

　二　父が死亡した児童

　三　父が政令で定める程度の障害の状態にある児童

　四　父の生死が明らかでない児童

　五　その他前各号に準ずる状態にある児童で政令で定めるもの

児童扶養手当法施行令１条の２第３号　法第４条第１項第５号に規定する政令で定める児童は，次の各号のいずれかに該当する児童とする。

　一　父……が引き続き１年以上遺棄している児童

　二　父が法令により引き続き１年以上拘禁されている児童

　三　母が婚姻（婚姻の届出をしていないが事実上婚姻関係と同様の事情にある場合を含む。）によらないで懐胎した児童（父から認知された児童を除く。）

① 最判平成 14・1・31 民集 56 巻 1 号 246 頁（非嫡出子児童扶養手当事件）
② 最大判昭和 57・7・7 民集 36 巻 7 号 1235 頁（堀木訴訟）

●】問題の所在【●

　基本問題⑤でも述べたように，平等権侵害を主張できるケースでは，同時に他の人権の侵害も主張できる場合が多い。発展問題では，そのなかから，受給資格の不認定処分など，福祉受給権に関する行政処分の取消し等を行政訴訟で争う場面で，処分の違法性を根拠づけるために憲法 14 条 1 項違反が主張できる事例を取り上げる。

●】解説【●

1　本問に含まれる法的問題

　本問の児童扶養手当受給資格喪失処分を裁判所の手で取り消してもらうためには，処分が違法であることを主張しなければならない。ある行政処分の違法の主張にはいろいろな理由づけが考えられ，当然のことながら事案にも大きく左右される。しかし，憲法訴訟という観点からは，さまざまな違法事由のうち，違憲という意味での違法の論点が提出されなければならない。

　参考判例①で最高裁は，児童扶養手当法施行令 1 条の 2 第 3 号の「父から認知された児童を除く」という括弧書の規定（以下，「施行令括弧書」という）が，児童扶養手当法 4 条 1 項 5 号（政令への委任規定）に違反するという理由で，施行令括弧書に基づく処分の違法を認めた。つまり，上告人が提起した違憲の論点に一切触れることなく，政令は法律に違反するかどうかという論点だけで事案を処理したわけである。これは，もちろん実務法書としては採りうる法的構成だが，これでは憲法論にはならない。本問で問題となりうる憲法的な論点としてすぐに思い浮かぶのは，ⓐ処分の根拠となった政令の規定は憲法 25 条違反ではないか，ⓑ処分の根拠となった政令の規定は憲法 14 条違反ではないかという問題である。

2 生存権（福祉受給権）と平等

(1) 生存権プロパーの主張

他人が国家から受けている処遇と比較するまでもなく，自分が受けた取扱い（本問では受給資格喪失処分）が，「健康で文化的な最低限度の生活を営む権利」の侵害に当たることを説得的に主張できれば，憲法訴訟としてはそれで必要十分ともいえる。

このような，生存権プロパーの侵害の主張について問題となる点は2つある。1つは，児童扶養手当の給付が得られなくなることで，実際に「最低限度の生活」が営めなくなったかどうかという問題である。これはもっぱら事実の評価にかかわる。もう1つは，多数説である「抽象的権利説」を前提にして，法令の憲法25条違反をどのような構成で主張するかという問題である。

「抽象的権利説」は，具体的な法令の規定によってはじめて具体的な請求権（福祉受給権）が発生するという憲法25条解釈であるから，請求の当否は，憲法下位法令の条文の作りに大きく依存することになる。

国家の側の不給付処分が，給付規定の単純な不存在を根拠としている場合には，原告としてはせいぜい立法の不作為を理由とする国家賠償請求訴訟を提起するしかない。これは従来「具体的権利説」の主張と整理されてきたが，実は「抽象的権利説」と矛盾するものではない。自分は「抽象的権利説」を採った以上，条文の不存在を「立法の不作為」として攻撃することはできないと，教条的に禁欲的となる必要はないだろう。

これに対して，国家の側の不給付処分が，憲法下位法令の明文規定を根拠とする場合もある。本問の児童扶養手当法施行令の「父から認知された児童を除く」という規定はその一例である。有名なところでは，堀木訴訟（参考判例②）で問題となった児童扶養手当法4条3項3号のいわゆる併給禁止条項もそうである［→基本問題⑰］。このように，受給請求を根拠づけるのではなく，逆に妨げる明文規定が憲法下位法令に存在する場合でも，原告はこの明文規定が憲法25条に違反することを根拠として，当該規定が存在しなければ受けられるはずの給付を請求すればよいことになる。ただし，この主張の前には，最高裁の立法裁量論の高く分厚い壁が立ちふさがっている。

(2) 生存権領域に関する平等権の主張

　生存権プロパーの侵害を主張して争うことが難しい場合，たとえば，給付が受けられない現状を「最低限度の生活」が営めないとはいいにくいとか，給付を根拠づける法令が存在しないといった場合には，他者との比較の視点を導入して，平等違反を問題にする可能性を探ることも１つの選択肢である。

　事案の法令が市民相互を別扱いしている基準が憲法14条後段列挙事由のどれかであれば，基本問題⑤で紹介した多数説を前提として，より厳しい違憲審査が必要だと主張できるし，また芦部説に立てば，生存権に関する別扱いは精神的自由に関する別扱いと同様に，より厳しい違憲審査が必要だと主張することができる（芦部信喜『憲法判例を読む』〔岩波書店・1987〕157‐163頁，憲法学Ⅲ 29‐31頁）。

　現に下級審のレベルでは，憲法25条違反の主張を斥けながら，同法14条違反の主張は認めた判決もある（神戸地判昭和47・9・20判時678号19頁〔堀木訴訟１審判決〕，東京地判平成16・3・24判時1852号3頁〔学生無年金障害者訴訟東京地裁判決〕）。

3　本問の平等審査

(1) 審査のスタンス

　本問の施行令括弧書は，憲法14条１項に違反しないか。目的手段審査の枠組みに従ってこの問いに答える場合には，まず審査のグレードが問題となる。同項の「社会的身分」の理解について「中間説」〔→基本問題⑤参照〕をとるならば，「父から認知された児童」というカテゴリーは，「社会的身分」とまではいえないことになるだろう。そうすると，同項適合性審査では，目的に合理性はあるか，目的と手段の間に合理的関連性はあるかを判断することになる。

(2) 目的の合理性

　施行令括弧書の目的を問うためには，そもそも児童扶養手当制度の目的は何なのかという問いに答える必要が出てくる。児童扶養手当法１条によれば，児童扶養手当を支給する目的は，「父と生計を同じくしていない児童が育成される家庭の生活の安定と自立の促進に寄与」することである。現代の日本社会においても，一般に家庭の主たる生計維持者が父であるとすれば，

父と生計を同じくしていない児童を監護する家庭（多くはいわゆる母子家庭）が生活に困窮する可能性は高いといえるので，このような家庭の所得保障を目的とする児童扶養手当制度には合理性があると判断できるであろう。

(3) **手段の合理的関連性**

「父と生計を同じくしていない児童」として，児童扶養手当法および施行令はどのような類型の児童を掲げているだろうか。そして，それらの類型から施行令括弧書の児童を区別して，その監護者には児童扶養手当を支給しないという規定には，児童扶養手当制度の目的と間に合理的関連性があると評価できるだろうか。

父と生計を同じくしない児童のカテゴリーとして，児童扶養手当法および施行令には，ⓐ父が死亡した児童，ⓑ父の生死が不明の児童，ⓒ父が一定の障害者である児童，ⓓ父と母が離婚した児童，ⓔ父から引続き1年以上遺棄されている児童，ⓕ父が1年以上拘禁されている児童，ⓖ法律婚・事実婚のどちらでもない母から生まれ，父から認知されていない児童などが挙げられている。これらとⓗ施行令括弧書の児童（法律婚・事実婚のどちらでもない母から生まれたが，父から認知された児童）を区別することに，父と生計を同じくしない児童を育成する家庭の経済支援という目的との関係で合理性があるか。この評価が合憲・違憲の分岐点である。

たしかに，ⓗの児童については，認知したことによって父に扶養義務が発生するので，父と生計を同じくしていない児童を育成する家庭の支援という目的との関係で，他のカテゴリーと区別することに合理性があるようにみえるかもしれない。しかし，父に扶養義務が発生する点では，実は両親が離婚したⓓの児童も同様であるから，児童扶養手当制度の目的との関係では，ⓓに給付を認めながらⓗを排除することに合理性があるとはいえない。

こうした制度上の問題点に加えて，法律婚・事実婚の状態にない男性に法律上の扶養義務が発生したからといって，果たして当該児童に対して，世帯の生計維持者と同等の経済支援を期待できるのかという事実問題がある。すでに述べたように，参考判例①で最高裁は，施行令括弧書の憲法14条1項適合性は取り上げず，もっぱら施行令括弧書の児童扶養手当法適合性だけを問題にしたのだが，その文脈で次のように述べている。「……認知によって

当然に母との婚姻関係が形成されるなどして世帯の生計維持者としての父が存在する状態になるわけでもない。また，父から認知されれば通常父による現実の扶養を期待することができるともいえない。したがって，婚姻外懐胎児童が認知により法律上の父がいる状態になったとしても，依然として法4条1項1号ないし4号に準ずる状態が続いているものというべきである」。

　ⓗのカテゴリーの児童をⓐ～ⓖ，特にⓓⓖのカテゴリーの児童と別扱いすることは，「父と生計を同じくしていない児童を育成する家庭」の支援という児童扶養手当法の目的との関係で，合理性をもつ手段とはいえないようである。

●】参考文献【●

笹田栄司「憲法演習」法教 263 号（2002）207 頁，棟居快行『憲法フィールドノート〔第 3 版〕』（日本評論社・2006）77 頁，市川正人『ケースメソッド憲法〔第 2 版〕』（日本評論社・2009）208 頁，長尾英彦「非嫡出子差別の一側面」中京法学 30 巻 1 号（1995）1 頁

（赤坂正浩）

発展問題 6

法の下の平等⑵

　　Aには，法律婚に基づく妻Bとの間にY，そして長く不倫関係に
あったCとの間に生まれ認知したXという2人の子がいる。Aが遺
言を残さずに死亡したのち，Xは家庭裁判所の遺産分割審判でYと
の均分相続を請求したが，家庭裁判所は民法900条4号ただし書を
根拠としてXの請求を認めなかった。そこでXは，同号ただし書が
憲法14条1項違反であるという理由で抗告の手続をとった。
　　Xの主張が認められると，相続人のなかに嫡出子（婚内子）と非嫡
出子（婚外子）が含まれる別の相続案件にはどのような影響があるだ
ろうか。

●】参考判例【●

① 　最大決平成7・7・5民集49巻7号1789頁（非嫡出子相続分格差訴訟
旧決定）

② 　最大決平成25・9・4民集67巻6号1320頁（非嫡出子相続分格差訴訟
新決定）

●】問題の所在【●

　　事案は基本問題⑤「法の下の平等」と同じである。しかし，非嫡出子の相
続分を嫡出子の2分の1と定めた民法900条4号ただし書について，基本問
題⑤で取り上げた参考判例①が合憲判断を示したのに対して，参考判例②は
一転して違憲の判断を打ち出した。そのため，第1に，最高裁はこの変更を
どのように根拠付けたのか，第2に，同種の相続をどのように処理すること
にしたのか，この2点を確認する必要が出てきた。第2の点は，教科書では
「違憲判決の効力」とよばれる問題の実例である。

●】解説【●

1 　民法 900 条 4 号ただし書の憲法 14 条 1 項適合性

⑴ 　平成 7 年大法廷決定反対意見：「根本的違憲論」

　参考判例①でも，15 人の裁判官のうち 5 人が，民法 900 条 4 号ただし書は憲法 14 条 1 項に違反するという「反対意見」を表明していた。その概要は基本問題⑤で簡単に紹介しておいたが，もう一度おさらいしておこう。

　反対意見の基本的な理由は次の点である。非嫡出子は，非嫡出子として生まれたことに何の責任もなく，この立場を自分の意思や努力で変えることもできないのであるから，法律婚を尊重するという立法目的は合理的であっても，非嫡出子の相続分に格差を設けることは立法目的の枠を超え，手段としての実質的関連性をもつとはいえない。それどころか，格差規定は，社会における非嫡出子差別の風潮に法が追随する意味すらもつ。

　反対意見は，この「根本的違憲論」に加えて，今日では民法 900 条 4 号ただし書をめぐる社会状況が大きく変化したため，立法当初は合理的と評価されていたとしても，その合理性は失われたという判断も示した。

⑵ 　平成 25 年大法廷決定：「立法事実の変化論」

　参考判例②は，関与した 14 人の裁判官全員一致の違憲判断であった。今回の決定は，民法 900 条 4 号ただし書に関わる社会状況の変化を正面から認め，これを違憲判断の根拠としている。

　すなわち最高裁によれば，第 1 に，「晩婚化，非婚化，少子化」が進み，離婚・再婚件数も増加して，婚姻・家族の形態が多様化し，国民の意識も多様化した。第 2 に，1998 年のドイツ法改正，2001 年のフランス法改正など，近年では世界中で非嫡出子の相続分格差の撤廃が大勢となった。第 3 に，日本も加入している国際人権 B 規約や児童の権利条約が非嫡出子の差別を禁止し，日本は国連機関から是正勧告を受けている。第 4 に，国内でも，それまであった住民票の記載の区別が 1994 年以降，戸籍の記載の区別が 2004 年以降，それぞれ廃止された。また，国会提出には至らなかったが，1996 年と 2010 年に政府部内で民法 900 条 4 号ただし書廃止案が検討された。第 5 に，参考判例①以後，この問題を取り扱った 5 件の小法廷判決や

決定では，いずれもきわめて僅差でかろうじて合憲判断が維持されたにすぎない。

　これらの事情を「総合的に考察すれば，家族という共同体の中における個人の尊重がより明確に認識されてきたことは明らかである」。したがって，本件の「相続が開始した平成13年7月当時においては，立法府の裁量権を考慮しても，嫡出子と嫡出でない子の法定相続分を区別する合理的な根拠は失われていたというべきである」。

(3) 「立法事実の変化論」の帰結

　以上のように，参考判例②は，参考判例①の反対意見のような「根本的違憲論」をとったわけではなく，民法900条4号ただし書の合理性を支える社会的事実，つまり教科書にいう「立法事実」（芦部395頁）が失われたことを違憲判断の根拠としている。「立法事実の変化論」という構成をとると，民法900条4号ただし書は制定当初から違憲だったわけではないことになる。そうすると，違憲になったのはいつかが問題となるが，遅くとも当該相続の開始時には違憲だったと考えなければ，同号ただし書を適用した下級審の裁判を破棄する理由を説明できないことになるだろう。参考判例②が，「本件規定は，遅くとも平成13年7月当時において，憲法14条1項に違反していた」と判断した理由はここにあると考えられる。

　違憲となった時期に関するこの判断は，2つの実際的な帰結を伴っている。第1に，平成7（1995）年時点の合憲判断と，平成25（2013）年時点の違憲判断との間に矛盾はないことになるので，判例変更の必要がなくなる。第2に，別の相続案件への影響を考える必要があるのは，2001年7月以降の相続に限定されることになる。

2　違憲判断の効果

(1) 違憲確認判決と違憲警告判決

　上述のような最高裁の見解によれば，民法900条4号ただし書は，参考判例②の12年前から違憲だったわけだから，大法廷決定の対象となった相続のみならず，この12年間の非嫡出子を含む相続の法的効力はいったいどうなるのかという，深刻な問題が生ずる。違憲性を指摘したうえで，過去の法律関係を動揺させるこのような問題の発生を完全に回避しようとするなら

ば，おそらく2つの可能性が考えられるのではなかろうか（中村・後掲論文参照）。

　第1は，民法900条4号ただし書の違憲性を認めつつ，当該相続の効力は維持する「違憲確認判決」である。1976年の衆議院議員定数不均衡違憲判決（最大判昭和51・4・14民集30巻3号223頁）がとったいわゆる「事情判決」はこれに当たる。この判決は，公職選挙法の定数配分規定の違憲性を認めて，判決主文で当該選挙が違法なことを宣言したが，選挙を無効にはしなかった。昭和51年判決が「一般的な法の基本原則」の一種だとした事情判決は，もともとは行政事件訴訟法31条に定められている。同条は，違法な行政処分を「取り消すことにより公の利益に著しい障害を生ずる場合」，原告の損害の程度，損害賠償の程度・方法など「一切の事情を考慮したうえ」，違法処分の取消しが「公共の福祉に適合しないと認めるとき」には，違法の宣言にとどめることができるとしている。過去12年間の相続関係の動揺を，この要件に匹敵するような公益の著しい障害と評価することで，民法900条4号ただし書の違憲宣言にとどめる方法も不可能ではないだろう。ただし，Xの請求は棄却されるわけだから，訴えた本人は救済されない点には注意が必要である。

　第2の可能性は，「違憲警告判決」である。これは，判決理由中で法令に強い違憲の疑いがあることを表明し，将来のある時点で当該規定が無効となることを警告するが，原告の請求自体は棄却するという手法である。とりあえず現状を追認しながら，立法者に速やかな法改正を促す意味をもつ。衆議院定数訴訟の最高裁判決のなかには，議員1人当たり人口の選挙区間較差は違憲状態にあるとしながら，法改正のための合理的期間はまだ徒過していないとして請求を棄却したものがある（最大判昭和58・11・7民集37巻9号1243頁，最大判平成25・11・20民集67巻8号1503頁など）。これは，今後合理的期間を徒過すれば，違憲無効判決もありうる含みだとすれば，違憲警告判決の一種といってよいだろう（実際，最大判昭和60・7・17民集39巻5号1100頁は，上述昭和58年判決の後，同一の公職選挙法に基づいて実施された衆議院議員選挙を，無効とまではしなかったが違憲と宣言する2回目の事情判決を出した）。違憲警告判決としては，判決言渡し時からたとえば2年後に民法

900 条 4 号ただし書きが改正されていなければ，それ以降当該規定に基づく相続はすべて無効とするといった，もっと明確な判決も考えられる。ただし，これも，Xが救済されない点では違憲確認判決と同じである。

(2) 個別的効力説を前提とした処理

それでは，最高裁がこのような判決手法をとらず，本決定のように民法900 条 4 号ただし書を違憲と判断して，下級審の決定や判決を破棄した場合はどうなるのか。いわゆる「違憲判決の効力」に関する多数説は「個別的効力説」であるから，違憲判断は直接には当該事件について拘束力をもつにすぎず，民法 900 条 4 号ただし書自体の改廃には国会の立法を待たなければならないことになる。

しかし，この場合でも，2001 年 7 月から 2013 年 9 月までの間に非嫡出子の相続分を嫡出子の 2 分の 1 とすることで確定した相続案件について，非嫡出子側が民事訴訟法 338 条の民事再審を請求することは考えられる。この点については，郵便法違憲判決（最大判平成 14・9・11 民集 56 巻 7 号 1439 頁）のあと，同種の事案について民事再審の開始を認めた下級審決定（大阪高決平成 16・5・10 判例集未登載）があるが，この決定は抗告期限が過ぎていたという民事再審の可否とは別の理由で最高裁によってくつがえされた。最高裁の違憲判断が，民事再審事由を列挙する民事訴訟法 338 条 1 項のうち，8 号「判決の基礎となった民事若しくは刑事の判決その他の裁判又は行政処分が後の裁判又は行政処分により変更されたこと」に該当するかが解釈の分かれ目だが，最高裁自身の一般的な見解は明らかではない。しかし，参考判例②は，12 年の間に民法 900 条 4 号ただし書の合憲性を前提として多くの遺産分割が行われ，新たな権利関係が形成されたと推察されるとして，法的安定性の見地から，「既に関係者間において裁判，合意等により確定的なものとなったといえる法律関係までをも現時点で覆すことは相当ではない……」という考え方を示した。これは，この問題については民事再審も否定する趣旨と理解される。

ただし，個別的効力説も，最高裁の違憲判決ののち，国会による法改正が行われるまでの間，内閣をはじめとする行政機関による当該法令の誠実遵守義務は解除されるとするなど，違憲判決の事実上の拘束性を認めてきた。参

考判例②も，上の引用にすぐ続けて，「関係者間の法律関係がそのような段階に至っていない事案であれば，本決定により違憲無効とされた本件規定の適用を排除した上で法律関係を確定的なものとするのが相当」だとしている。12 年間の処理については，確定した相続案件と，まだ係争中の相続案件で，嫡出子・非嫡出子それぞれの明暗が分かれる結果となったわけである。

　最高裁の違憲判断は同種の紛争の裁判に対していかなる与える影響を及ぼすべきか。この問題を考える場合には，ⓐ当該違憲判断以前に訴訟が提起され，判決が確定しているケース，ⓑ当該違憲判断以前に訴訟が提起されたが，まだ係争中のケース，ⓒ当該違憲判断以後に訴訟が提起され，したがって当然判決確定前のケースの 3 つを区別することが可能である。ⓐとⓑのケースにも違憲判断が事実上の拘束性をもつことを認めれば，違憲判断の遡及効を承認することになるが，ⓒのケースについてのみ拘束性を認めるならば，将来効の承認ということになる。参考判例②は，ⓑとⓒに対して事実上の拘束性が働くことを認めたもので，一部遡及効を承認したことになる。常識にもかなう合理的な判断だといえるだろう。

　被相続人・配偶者相続人・嫡出子相続人・非嫡出子相続人の具体的な人間関係は，事案ごとにさまざまである。しかし，人は生まれを自分の意思で選択できない以上，個人としての尊重と平等を非嫡出子の法的処遇の基盤に据えることは，正当な憲法解釈だといえよう。なお，本件大法廷決定を受けて，国会は 2013 年 12 月 5 日に本件規定を削除する民法改正法を制定し，同法は同月 11 日に施行された。

●】参考文献【●

髙井裕之・百選Ⅰ（2013）62～63 頁，井上典之・論究ジュリスト 8 号（2013）98 頁以下，山崎友也・金沢法学 56 巻 2 号（2014）165 頁以下，中村心「もしも最高裁が民法 900 条 4 号ただし書の違憲判決を出したら」東京大学法科大学院ローレビュー 7 号（2012）191 頁以下，笹田栄司「違憲判決の効力」笹田ほか317 頁以下

（赤坂正浩）

投票価値の平等

　現行公職選挙法（以下，「公選法」という）によれば，参議院の総定
数242名のうち96名は比例代表選出，146名は選挙区選出による
ものとされる（4条2項）。前者については，全国を1選挙区として
行われるので（12条2項），投票価値の選挙区間較差の問題は生じ得
ない。後者の選挙区割および各選挙区への定数配分は同法巻末の「別
表第3」に定められている（14条1項）。別表第3は，各都道府県の
区域をそのままそれぞれ1つの選挙区としている。

(1)　仮に選挙区選出枠を94名（＝都道府県の数47×2名）へと減
　　員し，各都道府県に一律2名を配することとし，代わりに比例
　　代表選出議員を148名へと増員した場合（参議院全体の総定数は
　　242名で現行と変わらず）の合憲性につき論ぜよ。

(2)　比例代表選出枠を全廃し，各都道府県より2名ずつ選出され
　　る議員94名のみをもって参議院の総定員とした場合の合憲性に
　　つき論ぜよ。

●】参考判例【●

①　最大判昭和58・4・27民集37巻3号345頁（参議院「地方選出議員」
　　定数不均衡訴訟）

②　最大判平成16・1・14民集58巻1号56頁（参議院「選挙区選出議員」
　　定数不均衡訴訟）

③　最大判平成24・10・17民集66巻10号3357頁（同上）

　基本問題⑦と同じく投票価値の選挙区間較差が問題となるが，ここではさ
らに第二院（民意の反映という点において一院に劣位する院。日本国憲法下では，
各議席につき民意反映の機会である選挙の間の任期が衆議院の場合より長い〔選
挙回数が衆議院の場合より少ない〕参議院が二院）の存在意義についても考慮
に入れなくてはならない。「選挙された議員」（43 条 1 項）によって構成され
るという点で，衆・参各院の構成原理の間に顕著な差異は（少なくとも憲法
レベルでは）ない。この種の二院制の下では，両院につき同じような選挙方
法を採用したのでは参議院が衆議院の「カーボン・コピー」となって，税金
と時間とエネルギーのムダとなる。では，衆議院にない「独特の要素」をも
たせるため，参議院議員選挙につき本問のような方式を導入することは可能
か。

●】解説【●

1　従来の最高裁判例の概観

　投票価値の選挙区間較差の問題は，参議院「選挙区選出議員」（1982 年ま
では「地方選出議員」といった）の選挙区割および定数配分を規定する公選法
巻末「別表第 3」（1994 年衆議院選挙制度改革〔→基本問題⑦〕以前は「別表第
2」）をめぐっても争われてきた。この問題についても最高裁は立法裁量論
〔→基本問題⑦〕を適用して，最大較差 5.26 でも違憲状態には至っていない
とした（参考判例①）。だが，衆議院選挙においては較差 3 倍を超えると違憲
状態だというのに，なぜ参議院選挙区については較差 5 倍以上でも違憲状態
でないのか。憲法が二院制をとる以上，衆議院にはない「独特の要素」をも
たせるため，参議院選挙区に「都道府県代表的な意義ないし機能」という人
口比例主義以外の要素を加味した選出方式を法律レベルで採用した結果，衆
議院以上に投票価値の平等が犠牲にされても仕方がない（衆議院の場合より
も大きな較差が許容される）というのがその理由のようである。もっともさす
がに最大判平成 8・9・11（民集 50 巻 8 号 2283 頁）では，6.59 倍の較差は違
憲状態とされたが，参議院選挙における投票価値の較差につき違憲状態の宣

告を下した最高裁判例は，参考判例③とその１件にとどまり，また両判決とも参議院選挙区定数配分規定そのものを違憲としたわけではない。

　こうした経緯から，参議院選挙区については，最高裁は較差６倍（＝３倍×２）を分水嶺と見ているものと推測されてきた。なぜ衆議院選挙における較差限界値の２倍まで許されるのかについても，判例自体が語るところでないが，以下の事情に対する配慮が働いているとの推測が不可能ではない。すなわち別表第３は，各都道府県に２から10までそれぞれ偶数の定数を配している。これは，日本国憲法46条が採用する半数改選制との関係で，３年サイクルで交互にやってくる参議院議員選挙における選挙区ごとの改選議員数が毎回同じになるようにとの配慮による。各都道府県の区域をそのまま１選挙区とし，しかも偶数配分という現行の方式を維持すると，人口の多い都道府県を分区したり，あるいは少ない県どうしを合区するといった選択肢はとれず，また各選挙区の定員の１増１減といった微修正も不可能なのである。

2　「アメリカ方式だってかまわない」？

　参議院選挙区において人口比例主義に譲歩を強いてもよいとされる「都道府県代表的要素」とは，具体的にどういうものなのか。それをわかってもらうため，合憲かどうかはさしあたり無視して，参議院選挙区選出枠に「都道府県代表的意義ないし機能」をもたせ，または一部加味した制度の，立法政策論上の選択肢を以下に列挙してみよう（いずれも都道府県をそのまま１選挙区とする。上にいくほど都道府県代表の要素は濃厚であり，逆に下ほど人口比例主義に忠実である）。

　ⓐ　各都道府県に一律同数配分

　ⓑ　各都道府県に一律一定人数配分し，残余の定数は各都道府県の人口に
　　　比例し追加配分

　ⓒ　選挙区選出枠すべての定数を各都道府県に人口比例配分

　ⓐ（「アメリカ（上院）方式」）を違憲でないとする見解がある（佐藤功「参議院地方区の議員定数不均衡」法セミ293号〔1979〕14頁。なお伊藤正己ほか「座談会・議員定数違憲判決をめぐって」ジュリ617号〔1976〕14頁以下における，「アメリカ方式だってかまわないのではないか」との久保田きぬ子発言〔同28

頁〕は,「衆議院の方を頭数でやっていく」こととの「バランス」で述べられたものであり,また「極端な不平等な場合はいけない」との条件付き)。「アメリカ(上院)方式」というのは,合衆国議会上院議員が各州からその人口にかかわらず一律2名選出されることによる。本場の「最大較差」は,カリフォルニア州(人口3387万2000人)とワイオミング州(49万4000人)の間で68.57倍,日本では東京都(1258万)と鳥取県(61万)の間で約20倍である。参議院旧「地方選出議員」=現「選挙区選出議員」選挙においてこの方式が採用されたことはない。

@方式の合憲性につき検討するには,「20倍」という数字に着目するだけでは不十分である。アメリカでは,各州への上院議員の定数配分規定が憲法典自体に置かれている以上,較差何倍だろうと違憲問題が生じるはずがない。ほかにもスイス,カナダ,スペインなど上院議員の各自治体への定数配分規定を憲法典の中に置く例は少なくない。さらに各自治体への定数配分方法,特に人口比例原則の修正としての最小定数を定める例としてはドイツ,オーストリア,イタリア,オーストラリアなどがある。フランスでも上院議員は地方公共団体の代表とされることが憲法典中に明定されている。翻って日本国憲法をみると,参議院選挙区の定数配分規定も,選挙区選出議員を都道府県代表として性格づける規定もなく,むしろ選挙における平等が両院に対する共通の要請という形で規定されている(44条ただし書)。これは,二院制を採用する憲法典の中ではきわめて異例である。

3 那須裁判官の公式

@方式を違憲でないをとする説の中には,旧「全国選出議員」・現比例代表選出枠において投票価値が「完全に平等」であることにより,旧「地方選出議員」=現「選挙区選出議員」選挙における較差問題の悪性を中和できることに着目する議論が以前からあった(久保田きぬ子「参議院地方選出議員定数訴訟に対する第2の最高裁大法廷判決について」判時1077号〔1983〕3頁は,(当時の「中選挙区制」による)衆議院議員選挙が人口比例主義を基本原則としていることも中和剤として勘案する。尾吹善人『解説憲法基本判例』〔有斐閣・1986〕122頁も同旨。ただし尾吹は本問(2)の方式も憲法上可能とする)。この比例代表選出枠による中和という発想の延長線上にあるのが,最大判平成18・

10・4（民集 60 巻 8 号 2696 頁）における那須裁判官補足意見の提示する公式（各選挙人が各回の参議院通常選挙において行使する影響力〔投票価値〕＝その人が在住する都道府県の選挙区選出議員の定数÷その人が在住する都道府県の選挙人数＋ 96〔比例代表選出議員定数〕÷全国の選挙人数）である。これに鳥取県と東京都の選挙人数を代入すると，選挙区選出枠のみを念頭に置き両者を比較した場合の較差 5.13 倍に対し，2.89 倍に縮小するという（そして 2.89 という数字ではいまだ違憲状態とはいい切れないと結論）。選挙人数を全国 1 億，鳥取県 50 万，東京都 1000 万として本問(1)のケースにつき同公式で計算してみると，最大較差約 3.26 倍と出た。本問(1)のケースで比例代表選出枠を現行の 96 名に据え置いた場合，中和剤の量はより少なくなるので，較差はさらに開くことになる。

4 国会は本当に参議院地方選出議員選挙に対し都道府県代表的要素を加味したか

参考判例①によれば，1947 年の参議院議員選挙法制定の際採用された方式は，上記 3 つのうち⑥方式だったという。各都道府県に一律（人口にかかわらず）まず 2 名配分したとされるので「2 人別枠方式」などとも呼ばれる。その後最高裁は参考判例②において，当時採用されたのはⓒ方式であったと見解を変更して現在に至っている。ⓒ方式の場合，人口比例主義を譲歩させる要因としては，都道府県をそのまま 1 選挙区とするという現行の枠組みに従う限り分区・合区ができない点，さらに人口比例計算を単純適用すると 0 人区となる県に最低 2 名を配分する点などが挙げられるにすぎない。1947 年当時の計算の基礎とされた都道府県別人口データは残されているので，それらを用いてⓒ方式で配分すると，当初の地方選出議員定数配分規定とピタリと一致し，逆に⑥方式で計算すると当初の規定とズレてしまうことはすでに実証済みである（市村充章「参議院議員選挙地方区／選挙区の定数配分はどのように計算されたか」議会政策研究会年報 4 号〔1999〕65 頁）。

⑥方式かⓒ方式かという問題とは別に，人口比例計算の際に生ずる小数部分の処理方式としてどれを採用するかという問題がある。当時の資料等（特に「甲案第 1 案」に付記された「説明」）によると，当初参議院地方選出議員の定数配分に用いられたのは，「偶数切り捨て・奇数切り上げ方式」（全国人

口を地方区の当時総定数 150 で割った数〔「議員 1 人当人口」〕で各選挙区の人口を割った数すなわち「割合」が 2n − 1 以上 2n + 1 未満の選挙区には 2n 人の定数を配する方式〔n は任意の自然数〕）であることがわかるが，これはそれまでの衆議院選挙区定数配分方式である「四捨五入式」（全国人口を総定数で割った数〔「議員 1 人当人口」〕で各選挙区の人口を割った数すなわち「割合」が n − 0.5 以上 n + 0.5 未満の選挙区には n 人の定数を配する方式）との比較で，偶数配分という参議院地方選出議員選挙独特の変則のため各項を 2 倍している以外は基本的に同じやり方（端数処理方式の中でも最も人口比例主義に忠実なもの）である（市村・前掲 87 - 89 頁）。これに当時の人口データをインプットして計算してみると，0 人区は 1 つも生じないし，また最大定数 8 （当時）の東京都は単純計算で 8 となったことがわかる。つまり当初の地方選出議員選挙の定数配分は，150 （当時）議席全部につき，それまで衆議院選挙に用いられてきたのと同じきわめて人口比例的な計算方式を「最も機械的に」適用した結果であって（甲案第 1 案説明），単純計算上配当数が多くなりすぎる選挙区の定数の頭を削って 0 人区に回すといった人口比例主義を譲歩させるような操作はそもそも必要なかった。つまり，偶数配分以外，人口比例主義を譲歩させるような決定など実際の立法者は行ってはいなかったことになる。

実は参議院議員選挙法制定当時の衆議院選挙制度は，1925 年の導入以後 70 年の長きにわたる衆議院中選挙区制の歴史の中でわずかの中断期間の中，基本的に県をそのまま 1 選挙区とする制度（ただし 1 都 1 道 2 府 4 県は 2 選挙区）を採用していた。このことは，都道府県をそのまま 1 選挙区とすること自体は，参議院議員選挙法制定関係者にとっては，衆議院にない「独自の要素」などにはなり得なかったことを意味する。また当時の人々にとっては，参議院「独自の要素」を規定する目玉は全国選出議員選挙で，地方選出議員選挙には，地方代表という衆議院と同じ要素を参議院にも加味することで，全国選出議員選挙の導入という「冒険」のリスクを緩和するという，むしろ消極的役割が期待されていた（佐藤達夫「参議院全国区制の成立過程」レファレンス 83 巻〔1958〕6 頁）。

民主性および政策的専門技術的知見の調達可能性において立法府が裁判所に優位するという理由から，違憲審査を行う裁判所は，かつて立法府が実際

に行った判断結果を尊重すべきだという議論（立法裁量論）は，それなりに説得的かもしれない。だが，立法府がこれまで実際には行ってもいない判断まで，同じ理屈で果たして擁護可能であろうか。

5　近時における判例の変化

　旧来の判例は，1で説明した議論により，5倍以上という大きな（衆議院選挙であれば確実に違憲状態といわれる）較差でも，参議院選挙区の場合は違憲状態とはいえないという結論を正当化してきた。すなわち，参考判例①から引用すれば，「右のような選挙制度の仕組みの下では，投票価値の平等の要求は，人口比例主義を基本とする選挙制度の場合と比較して一定の譲歩，後退を免れないと解せざるをえない」という部分がそれである。そこにいう「右のような」とは，「事実上都道府県代表的な意義ないし機能を有する要素を加味した」を指す。また「人口比例主義を基本とする選挙制度」とはおそらく，衆議院議員選挙を想定しているであろう。参考判例①以来この部分は，多少の字句修正はあったにせよ，参議院選挙区選出議員選挙における投票価値の較差の問題に関するその後の最高裁判例でも，繰り返し述べられたが，参考判例②では「補足意見1」の中に見られた後は，法廷意見からは姿を消している。

　参考判例②において上掲部分が法廷意見としての地位を失ったのは，複数の裁判官が「補足意見2」を支持したからである。「補足意見2」が，選挙に関する具体的制度選択をめぐる立法裁量論［→基本問題7］を共有する点は，旧来の判例と同様であるが，国会がどれだけ投票価値の較差の縮小に向けた努力（検討の場を設けたり，最終的には法改正を行うこと）をしたかをチェックすることにより，立法裁量を統制しようとする（努力不足の場合には違憲判断する可能性を残す）点で，旧来の判例には見られない面をもっている。そして最近の最高裁判例では，「補足意見2」のこうした判断手法が法廷意見においても用いられるようになっている。こうした変化は，衆議院選挙関係の判例にも影響を与えている。すなわち基本問題7の参考判例③は，すでに国会が1人別枠方式を廃止し，較差を辛うじて2倍以内に収める法改正が完了していたことに注目して合理的期間は徒過していないとしたが，この判決も，較差解消に向けた国会の努力に注目する「補足意見2」の延長上

に位置づけることができる側面をもっている。

　こうした変化の後もしばらくは，参院選挙区選挙において5倍前後のまま大きく改善する見込みのない較差が違憲状態と宣告されることはなかったが，ついに参考判例③は，較差5.00倍を違憲状態とした。同判決は，参考判例①の判断枠組み自体は維持するという建前を表面的にはとってはいるものの，「都道府県を単位として各選挙区の定数を設定する現行の方式をしかるべき形で改めるなど，現行の選挙制度の仕組み自体の見直しを内容とする立法的措置を講じ」ることを国会に要求するなどしている点などから，実質的には判例変更と見るべき部分があろう。

　参考判例③による上記のような説示を受け，2015年の公選法改正により，国会はついに，鳥取＋島根および高知＋愛媛の4県を2選挙区（各定数2）へと「合区」することに踏み切り，都道府県をそのまま1選挙区とする従前の基本ポリシーに大きな修正を加えた。これにより当時直近の2010年国勢調査による最大較差は2.97倍となったが，翌2016年の参議院議員通常選挙当時の較差は3.08倍となった。2016年選挙当時の選挙区割・定数配分規定につき最大判平成29・9・27（民集71巻7号1139頁）は，違憲状態が生じていたとはいえないとした。その後も較差はおおむね3倍前後で推移しているが，今のところ最高裁がこれを違憲状態だと判断したことはない（現段階での直近判例は最大判令和2・11・18民集74巻8号2111頁）。もっとも，「具体的な選挙制度の仕組みを決定するに当たり，一定の地域の住民の意思を集約的に反映させるという意義ないし機能を加味する観点から，政治的に1つのまとまりを有する単位である都道府県の意義や実体等を1つの要素として考慮すること自体が否定されるべきものであるとはいえ」ないとする平成29年判決の説示部分，さらには令和2年判決が合区の副作用，すなわち「本件選挙において，合区の対象となった徳島県での投票率は全国最低となり，鳥取県及び島根県でもそれぞれ過去最低の投票率となった。また，合区の対象となった4県での無効投票率はいずれも全国平均を上回り，徳島県では全国最高となった」ことに言及しているあたりに，「ある種の揺り戻しを感じとる向き」（安念潤司・論究ジュリ36号〔2021〕216頁）もありうるところだろう。

●】参考文献【●

徳永貴志・百選 II 326 頁

（大石和彦）

新しい人権

　殺人罪等で起訴されたＸは，出版社Ｙの発行する週刊誌Ｓに少年時に犯した犯罪について報道されたことにより，プライバシーを侵害され，少年法61条で保護されている実名報道をされない権利または法的利益を侵害されたとしてＹに対し損害賠償を求めて提訴した。

　Ｘは，Ｆ市内で7人兄弟の第5子として生まれ，極貧の家庭で育ち，幼いころから万引き等を繰り返していたが，中学1年の夏休みに母親が蒸発，中学2年のとき窃盗で補導され少年院に入ったが，その直後に父親と死別した。少年院を仮退院して就職したがすぐに退職し，非行を繰り返していたＸ（当時17歳）は，Ｆ市内の路上を深夜に歩いていたＡにいいがかりをつけて，ＡをＸらの溜まり場であるＦ市内マンションに連れ込んだうえ，当時17歳の少年3名と共謀のうえ，暴行を加えたうえ殺害し，死体を山中に運んで遺棄した。

　Ｆ市での犯行後，Ｆ市を離れたＸは，18歳になる10日前，当時19歳の少年2名と共謀のうえ，Ｎ市内の繁華街で目を付けたＢとＣを自動車に監禁し，「財布を出せ」などと強迫し，Ｂから現金約8000円を強取したうえ，Ｋ川堤防河川敷にて金属パイプで頭部等を多数回殴打するなどしてＢとＣを殺害した。Ｘは，Ｆ市内のＡの殺人事件の被疑者として逮捕され，Ｋ川のＢとＣの監禁，強盗殺人事件で起訴された後，Ｆ市内のＡの殺人事件でも起訴された。

　Ｘが問題にしている記事（以下，「本事例の記事」という）が報道された当時，Ｘは地方裁判所の公判廷において上記2つの殺人事件の審理を受けていた。

　本事例の記事は，Ｘについて仮名を使っているが，その仮名は，実名と音が類似しており，仮名も実名と同じ読み方ができる。Ｘの実名は「河野太郎」，記事で用いられた仮名は「甲埜他朗」である。Ｘは，

「甲埜他朗」という仮名がXを指すことを，Xの周りの人や事件を知る人は容易に推測することができると主張した。本事例の記事は，「『少年』にわが子を殺されたこの親たちの悲鳴を聞け──K川リンチ殺人」という表題のもと，被害者BとCの親たちの無念の思いを中心に書かれたものであったが，主犯格の少年について「甲埜他朗」の仮名を使い，その生い立ち，家族関係，交友関係，犯行の態様のほか，「犯人少年には全く反省がない」，「被害者Bの父親は，少年らが反省していない証拠の一例に甲埜他朗から届いた手紙を紹介した」などと記載していた。

Xの損害賠償請求について，1審・2審はこれを認めてYに30万円の支払を命じた。Yは，本事例の記事は，少年による悪質重大な事件を仮名で報道したものであり，不法行為は成立しないと主張して上告した。

この事例に含まれる憲法上の問題点について論じなさい。

●】参考判例【●

① 最判平成15・3・14民集57巻3号229頁（長良川リンチ殺人仮名報道事件）

② 大阪高判平成12・2・29判時1710号12頁（少年通り魔実名報道事件）

③ 名古屋高判平成12・6・29判時1736号35頁（長良川リンチ殺人仮名報道事件〔参考判例①控訴審〕）

●】問題の所在【●

少年法61条は，少年事件について氏名・年齢等によりその者が当該事件の本人であると推知できるような報道を禁止している。ところが，少年法には61条違反に対する処罰が定められていないため，この禁止が守られるか否かは，報道機関の自主的判断に委ねられている。少年事件の実名報道だけでなく，仮名・匿名による報道でも，記事の内容によっては一部読者が記事から容疑者の少年を特定できる場合がある。仮名・匿名報道について，容疑

者本人であるとの特定可能性を理由に少年が報道機関に損害賠償を求めたとき，少年の権利・利益と報道機関の表現の自由の対立はどのように調整されるべきか。事案の解決のためには，ⓐ少年法61条が禁止する推知報道とはどのようなものか，ⓑ本問の記事が推知報道に当たる場合，少年の権利・利益と報道機関の表現の自由の対立をどのように調整すべきか，ⓒ推知報道に当たらない場合でも，少年の権利・利益が報道機関の表現の自由に優越する可能性があるかという3つの論点を検討しなければならない。

●】解説【●

1　少年法61条の推知報道禁止

少年法は，少年審判を非公開とする（22条）とともに，「家庭裁判所の審判に付された少年又は少年のとき犯した罪により公訴を提起された者については，氏名，年齢，職業，住居，容ぼう等によりその者が当該事件の本人であることを推知することができるような記事又は写真を新聞紙その他の出版物に掲載してはならない」と規定して，少年の身元の推知を可能にする報道を禁止している（61条）。

なお，2022年4月から民法上の成人年齢が18歳に引き下げられたことに伴い，少年法も改正された。改正法が施行された2022年4月以降も，少年法では20歳未満を「少年」としているが，18歳と19歳は「特定少年」とされ，少年法の推知報道禁止規定（61条）は，特定少年のとき犯した罪により公訴を提起された場合は適用されないことになった（68条）。ただし，旧少年法における推知報道禁止をめぐる憲法上の議論は，現行法においても18歳未満の少年犯罪にはそのまま妥当する。

本問のモデルである長良川リンチ殺人仮名報道事件（参考判例①）では，仮名報道による身元推知可能性が争われ，1審・2審はそれが推知報道に当たるとしたうえで，出版社の不法行為責任を認めたが，最高裁は推知報道該当性を否定して事件を高裁に差し戻した。最高裁によれば，問題とされた報道が「少年法61条に違反する推知報道かどうかは，その記事等により，不特定多数の一般人がその者を当該事件の本人であると推知することができるかどうかを基準にして判断すべき」である。これは最高裁が初めて示した，

少年法 61 条の推知報道該当性についての判断基準である。この判決については，少年の成長発達や更生を阻害しないことを目的とするはずの同条を機能不全に陥らせるという批判も出ている。しかし，少年本人と面識のある読者を判断基準にすると，「A 少年」として少年事件を匿名で報道しても，それが推知報道とされて，少年事件の報道自体が困難になるということを考慮すれば，最高裁の判断基準はむしろ肯定的に評価されるべきである。

最高裁は，長良川リンチ殺人事件についての仮名報道は，被上告人の少年について，「当時の実名と類似する仮名が用いられ，その経歴等が記載されているものの，被上告人と特定するに足りる事項の記載はないから，被上告人と面識等のない不特定多数の一般人が，本件記事により，被上告人が当該事件の本人であることを推知することができるとはいえない」とした。本問の記事も同様に推知報道該当性は否定されると考えられる。

2　推知報道と不法行為の成否

長良川リンチ殺人の仮名報道は推知報道ではないとされたため，最高裁は，仮名報道が推知報道に当たる場合，少年の権利・利益と報道機関の表現の自由の対立をどのように調整すべきであるかという，研究者・実務家が最も注目していた問題には立ち入らなかった。

これについては，これまで，まったく異なる傾向の 2 つの高裁判決が下されている。長良川リンチ殺人仮名報道事件（参考判例③）と，堺通り魔殺人実名報道事件（参考判例②）である。

前者は，少年法 61 条を，「成長発達過程にあり，健全に成長するためにより配慮した取扱いを受けるという基本的人権を保護し，併せて，少年の名誉権，プライバシーの権利の保護を図っているもの」と解したうえで，推知報道は，「保護されるべき少年の権利ないし法的利益よりも，明らかに社会的利益を擁護する要請が強く優先されるべきであるなどの特段の事情が存する場合に限って違法性が阻却され，免責される」とした。

これに対し，後者は，少年法 61 条を，「少年の健全育成を図るという少年法の目的を達成するという公益目的と少年の社会復帰を容易にし，特別予防の実効性を確保するという刑事政策的配慮に根拠を置く規定である」と述べたうえで，「表現の自由とプライバシー権等の侵害との調整においては，少

年法61条の存在を尊重しつつも，なお，表現行為が社会の正当な関心事であり，かつその表現内容・方法が不当なものでない場合には，その表現行為は違法性を欠き，違法なプライバシー権等の侵害とはならない」とした。

前者は，少年法61条を少年の権利保護のための規定と解し，禁止の例外を極めて限定的にとらえているのに対し，後者は，同条を刑事政策的配慮に基づくものとみて，「社会の正当な関心事」について例外を認めている。後者によれば，凶悪犯罪で刑事裁判に付される少年事件の中には，実名報道が許される場合も出てくる。本問では，推知報道に該当したと仮定して，不法行為の成否についても検討しておく必要がある。

3 少年の成長発達権？

前述した参考判例③のように，少年法61条の背後に人権としての少年の成長発達権があるという見解が，刑事法学において唱えられており，憲法学にもこれを支持する積極説（戸波・後掲204頁）がある。その根拠とされているのは，憲法13条前段の個人の尊重と後段の幸福追求権，同法26条の教育を受ける権利，児童（子ども）の権利に関する条約6条の生命に対する権利である。

ただし，憲法学では，子どもの人権保障についての理念論や運動論において成長発達権を主張する意義を認めつつも，子どもの人権侵害の認定と救済という観点からは，子どもの人権を特別視するより，「子どもの扱い方が憲法上のどの個別人権といかに抵触するかを問題にすれば，とりあえず十分」であるとする消極説（赤坂・後掲20頁）が多数説である。子どもの成長発達権を新しい人権として認めることに消極的な立場は，その理由として成長発達権が新しい人権を憲法上の権利として認めるための要件（ⓐ質的限定の要件，ⓑ明確性・特定性・独自性の要件，ⓒ憲法上の根拠づけの要件，ⓓ憲法13条の補充的適用説に伴う要件）を充足していないことを挙げている（竹中・後掲148頁）。

4 プライバシーの権利と表現の自由

最後に，本問の記事が推知報道に当たらない場合でも，少年の権利・利益が報道機関の表現の自由に優越し，不法行為が成立する可能性があるか否かを検討する必要がある。

最高裁は，参考判例①において，記事に含まれた犯人情報と履歴情報は，被上告人の名誉を毀損する情報またはプライバシーに属する情報であるとし，「被上告人と面識があり，又は犯人情報あるいは被上告人の履歴情報を知る者は，その知識を手がかりに本件記事が被上告人に関する記事であると推知することが可能であり，本件記事の読者の中にこれらの者が存在した可能性を否定することはできない。そして，これらの読者の中に，本件記事を読んで初めて，被上告人についてのそれまで知っていた以上の犯人情報や履歴情報を知った者がいた可能性も否定することはできない」から，このような読者との関係で，仮名報道は被上告人の名誉を毀損し，プライバシーを侵害するとした。

　ただし，記事が名誉を毀損し，プライバシーを侵害するとしても，それによって不法行為が成立するか否かは，被侵害利益ごとに違法性阻却事由の有無等を審理し，個別具体的に判断する必要がある。このうちプライバシー侵害について最高裁は，「その事実を公表されない法的利益とこれを公表する理由とを比較衡量し，前者が後者に優越する場合に不法行為が成立するので……本件記事が週刊誌に掲載された当時の被上告人の年齢や社会的地位，当該犯罪行為の内容，これらが公表されることによって被上告人のプライバシーに属する情報が伝達される範囲と被上告人が被る具体的被害の程度，本件記事の目的や意義，公表時の社会的状況，本件記事において当該情報を公表する必要性など，その事実を公表されない法的利益とこれを公表する理由に関する諸事情を個別具体的に審理し，これらを比較衡量して判断することが必要」になると考えている（参考判例①）。

　ところで，裁判所は，表現行為によるプライバシー侵害につき不法行為に基づく損害賠償による救済を認めるか否かを判断するにあたって，表現の自由とプライバシー権の対立の調整を求められる。このような事案も，理論的には，人権の私人間効力の問題であり，裁判所は，民法709条の解釈・適用に際して，表現の自由およびプライバシー権の保障の趣旨を考慮しなければならない。ただし，表現行為によるプライバシー侵害について不法行為の成否が争われる場合，裁判で人権の私人間効力が問題にされることはない。この分野では私人間で表現の自由とプライバシー権を主張し合うことができる

という判例の蓄積があり，この点について異論を唱える者もいないため，裁判では，それを前提として，対立する諸利益の具体的調整について検討すればよい。

　両者の対立をどのように調整するかについては，最高裁と一部の下級審で，2つの異なる判断枠組みが採用されている。最高裁は，前述したように，対立する利益について個別的比較衡量を行っている。これに対し，下級審では，表現行為によるプライバシーが侵害されたかについて，宴のあと事件判決（東京地判昭和39・9・28下民集15巻9号2317頁）のように，まずプライバシーが侵害されたか否かを判定し，次に当該侵害について表現の自由による違法性阻却の可能性を検討するという2段階の判断枠組みが用いられることもある。その場合，表現行為によって公表された内容が，ⓐ私生活上の事実または私生活上の事実らしく受け取られるおそれのあることがらであり，ⓑ一般人の感受性を基準にして当該私人の立場に立った場合，公開を欲しないであろうと認められ，ⓒ一般の人々にいまだ知られていないことがらであるときにはプライバシー侵害が認められる。ただし，その場合にも，当該表現行為がⓓ社会の正当な関心事を表現するもので，ⓔ表現内容・表現方法が不当でない場合は違法性が阻却される。たとえば，前述した参考判例②は，基本的にはこの判断枠組みを採用していた。

　本問のモデルとなった参考判例①の差戻審（名古屋高判平成16・5・12判時1870号29頁）では，以下のように個別的比較衡量によって不法行為の成立が否定された。「本件記事が被控訴人に関するものと推知されるプライバシー情報として伝達される範囲が限られるとともに，その伝達により被る被控訴人の具体的被害は比較的小さいものと推認されること，本件犯罪行為の内容が極めて凶悪かつ残虐で重大であること，本件記事は主に少年犯罪に対する被害者の両親の心情を記載したものであるところ，本件記事公表時の社会的状況も少年犯罪に対する国民の関心が高まっていたこと，本件記事が国民の正当な関心事であってその目的，意義に合理性があり，公表の必要性を是認し得ることなど，本件記事を公表する理由を考慮すると，被控訴人について本件記事を公表されない法的利益は認められるものの，前者が後者に優越する」。

このように，個別的比較衡量によっても，考慮されるべき要素が十分に取り上げられてさえいれば妥当な結論を導くことは可能である。しかし，一般的に比較の準則が不明確なため，個別的比較衡量には，表現する側に結果についての予見可能性を付与することができず，萎縮効果を及ぼすという問題がある。表現の自由の保障のためには，前述した下級審の判断枠組みにより，表現の自由による違法性阻却のための定義づけ衡量の手法が採用されるべきである。

●】参考文献【●

〈少年法 61 条と表現の自由について〉
松井茂記『少年事件の実名報道は許されないのか』（日本評論社・2000）120 頁，上村都・百選 I 146 頁，實原隆志・メディア百選 96 頁，坂田仰・メディア百選 98 頁，鈴木秀美「表現の自由と青少年保護」棟居快行ほか編『プロセス演習憲法〔第 4 版〕』（信山社・2011）148 頁
〈少年の成長発達権について〉
戸波江二「人権論としての子どもの『成長発達権』」子どもの人権と少年法に関する特別委員会等編『少年事件報道と子どもの成長発達権』（現代人文社・2002）204 頁，竹中勲「演習憲法 1」法教 274 号（2003）148 頁，赤坂正浩「子どもの人権」赤坂正浩ほか『ファーストステップ憲法』（有斐閣・2005）15 頁

（鈴木秀美）

　S町は，観光客の誘致と町の活性化を図る目的で「文化いこいの里
＆高原の里整備事業」を構想し，2006年4月に観音像を中心とした
次のような施設を整備した。観音像は高さ約6メートル，幅約1.7
メートル，基壇埋込部0.7メートルの石像で，印相（手の位置，組合
せ方など），持物，台座（仏像が乗る蓮華，蓮座），着衣（天衣，腕釧な
ど），頭髪，白毫（額にある左に巻いている白い毛）といった点で，伝
統的な仏像（特に観音菩薩像）に共通してみられる特徴をもっている。
さらにこの観音像は，「観音橋」を渡った「いまはむかしミュージア
ム」の中庭に設置され，その前面の池には，観音菩薩の六道抜苦（地
獄，餓鬼，畜生，阿修羅，人間，天上）を意識した石柱が取り囲み，観
音像に隣接する「ものがたり館」には，観音の利益に関する説話等を
題材にした和紙人形が展示されている。また，S町は，観音信仰につ
いて記載した「日本人の心のふるさと　S町観音郷」と題する冊子(注)
を作成・配布している。本件観音像の設置および上記関係施設の改修
等のために，S町は1600万円の公金を支出している。
　S町の町民であるXは，S町監査委員に対し，本件観音像の発注価
格の正確な内訳とその妥当性の確認，そして，本件観音像が憲法20
条3項および89条に違反していないかについて，監査請求を行っ
た。これに対しS町は，本件観音像はあくまでも観光観音であり，
行政団体が宗教を伴わない観光施設として設置したモニュメントであ
るから，憲法20条3項および89条には違反しないと回答してい
る。そこでXは，上記の公金支出が憲法20条3項・89条前段に違
反し無効であるとして，S町町長Y（被告）が公金支出当時町長の職
にあったAに対し1600万円をS町に対して支払うことを求める住
民訴訟を提起した。

この訴えは認められるか。

（注）　この冊子は，観音信仰について次のように述べている。「観音さま
は，日本人にたいへん好かれてきました。といいますのも，観音さ
まは，人々のあらゆる苦しみを取り除き，願いをかなえてくれる強
大パワーをもっているからです。日本に現存する信仰対象としての
仏・菩薩像は，無数といっても過言ではないほど数多くありますが，
その中でも古くから日本人の間で，もっとも広く普及していたもの
は，地蔵菩薩と観音菩薩であります。この両菩薩は，日本全国のど
んな辺鄙な田舎に行っても，必ずといってもよいほど，何体もまつ
られ，一般大衆の間に根強い人気を持っているし，現在でも数多く
の新しい像が造られて，幅広い層の信仰対象となっています。特に，
観音信仰は，仏教伝来とともに，長い歴史をもっており，33ケ所観
音霊場めぐりを通じて民衆化されてからでも，500年以上にもなっ
ています」。

●】参考判例【●

①　最大判平成9・4・2民集51巻4号1673頁（愛媛玉串料訴訟）

②　松山地判平成13・4・27判タ1058号290頁（観音像訴訟）

●】問題の所在【●

　最高裁は，目的効果基準に照らし愛媛玉串料訴訟において愛媛県の公金支
出を違憲と判断した（参考判例①）。政教分離原則は国家と宗教のかかわり合
いをすべて禁止するのではなく，「相当とされる限度を超えるもの」を許さ
ないが，具体的にどのような場合にその限度を超えるのかを，最高裁が初め
て明らかにした。本問は，この最高裁判決を踏まえたうえで，目的効果基準
の具体的な用い方を問うものである。

●】解説【●

1　目的効果基準の使い方：愛媛玉串料訴訟最高裁大法廷判決

　愛媛玉串料訴訟は住民訴訟で争われたが，事実関係は次の通りである。愛
媛県は1981年から1986年にかけて，靖国神社が行う例大祭に際し玉串料と

して，みたま祭に際し献灯料として，県の公金から7万6000円（計13回）を支出したほか，供物料として県護国神社の慰霊大祭に9回にわたり9万円を支出した。

目的効果基準の適用に際しての4つの要素，つまり，ⓐ当該行為の主宰者，ⓑ当該行為の性質，ⓒ当該行為の行われる場所，そしてⓓ当該行為に対する一般人の宗教的評価について，津地鎮祭事件最高裁大法廷判決（昭和52・7・13民集31巻4号533頁）と比較しながら愛媛玉串料訴訟（参考判例①）を検討してみよう。ⓐについて，最高裁は，津地鎮祭事件においては「神職」と，そして，愛媛玉串料訴訟では，例大祭・みたま祭は靖国神社，慰霊大祭は護国神社と判断する。ⓑについて，津地鎮祭事件では，起工式における地鎮祭は「社会の一般的慣習に従つた儀礼を行うという専ら世俗的なもの」とするのに対し，愛媛玉串料訴訟では，例大祭および慰霊大祭は「神道の祭式にのっとって行われる儀式を中心とする祭祀であり，各神社の挙行する恒例の祭祀中でも重要な意義を有」し，みたま祭は「靖国神社の祭祀中最も盛大な規模で行われるもの」と評価している。また，ⓒについて，最高裁は，津地鎮祭事件では「市体育館予定地」，愛媛玉串料訴訟では「神社境内」と見ている。最後に，ⓓについて，最高裁は，津地鎮祭事件では，「一般人の意識においては，起工式にさしたる宗教的意義を認めず，建築着工に際しての慣習化した社会的儀礼として，世俗的な行事と評価しているものと考えられる」とするのに対し，愛媛玉串料訴訟では，「一般人が本件の玉串料等の奉納を社会的儀礼の1つにすぎないと評価しているとは考え難い」と見ている。

以上のことから，最高裁は，憲法20条3項の禁止する宗教的活動に該当するかどうかの判断について，市の体育館起工式における地鎮祭への公金支出と，県による玉串料等の靖国神社または護国神社への奉納では異なると考えたのである。そして，愛媛県が本件玉串料等を奉納したことは，「その目的が宗教的意義を持つことを免れず，その効果が特定の宗教に対する援助，助長，促進になる」との判断を最高裁は下した。ここでは，目的と効果の両方の要件とも満たされているが，目的と効果のいずれかの要件のみでも十分かは明らかでない（目的効果基準そのものの有用性について疑問も出されている

が，ここでは触れない。この点については，大沢秀介「靖国神社公式参拝と政教分離」笹田ほか167頁以下）。

最高裁は，県が靖国神社や護国神社以外の宗教団体の挙行する同種の儀式に対して同様の支出をしたという事実がないことを重視する。そして，「地方公共団体が特定の宗教団体に対してのみ本件のような形で特別のかかわり合いを持つことは，一般人に対して，県が当該特定の宗教団体を特別に支援しており，それらの宗教団体が他の宗教団体とは異なる特別のものであるとの印象を与え，特定の宗教への関心を呼び起こすものといわざるを得ない」と判示する。これは，目的と効果の部分をより詳細に判断するものということができよう（大沢・前掲172頁参照）。上記の判旨と「エンドースメント・テスト」との類似性にも注目したい。エンドースメント・テストの特徴は，「政府（公権力）の行為が特定宗教を優遇しているような外観を示すことによって，該宗教の信者でない者にアウトサイダーだと感じさせるようなメッセージを送ることは禁止される」（憲法学Ⅲ 174頁）点にあるとすれば，最高裁はエンドースメント・テストを採用しているとの見方は説得的であろう。

2 本問の考え方

本問における目的効果基準の適用について，ⓐ当該行為の主宰者，ⓑ当該行為の性質，ⓒ当該行為の行われる場所，ⓓ当該行為に対する一般人の宗教的評価といったファクターを考慮に入れながら，検討してみよう。

本問では，観音像の設置や観音像周辺施設の整備が争点となっているので，津地鎮祭訴訟や愛媛玉串料訴訟と異なり，当該行為の主宰者（ⓐ）という観点は問題にならない（S町が公金を支出し，随意契約の方法で請負契約をA社と結んでいる）。ⓑについては，観音像の設置行為等が宗教的意味をもつか否かは重要な争点であろう。S町は，宗教を伴わない観光施設であるから宗教的意味をもたないと主張しているのである。

本問の観音像は，「伝統的な仏教の観音菩薩像の様式」に従い作られたものである。また，観音信仰が民間信仰的な側面をもつとしても，それが現世的利益等をもたらす観音菩薩という特定の信仰内容を有することから「特定の宗教」とみるべきである。このことはS町制作の冊子からも推測できよう。モデルとなった事件において，参考判例②は，S町が本件観音像を設置

することは、「宗教とかかわり合う行為であり、観音信仰を掲げる特定の宗派と直接連携した上での行為ではないとしても、観音信仰と関連性を有する諸宗派一般を基準として宗教的意義を有する行為というべき」と判示している。観音像等の設置は世俗目的とは解されないのである。

　観音像の設置場所も重要なポイントである。本問にもあるとおり、S町は観音信仰の世界を体験させるべく周辺施設を整備している。S町の担当者の主観的意図として観光客の誘致があったとしても、「行為態様等を客観的にみれば、本件観音像を見る者に対し、観音信仰の世界を実感させて宗教的影響を与えることを目的とし、かつ、宗教的効果もあげている」とみるべきであろう。本件観音像の宗教的働きは、周辺施設が設置されることによって一層機能するものと考えられるのである（ここでは©が関係しよう）。

　最後に、ⓓについて検討してみよう。津地鎮祭訴訟や愛媛玉串料訴訟ではⓓは重要な意味をもったが、本問では、観音像等の設置が宗教目的であり、それが宗教的効果をもつことは明らかであるから、一般人の宗教的評価自体が決め手とはならないだろう。それでは、エンドースメント・テストはどうかというと、それを用いることで（「違憲」の）ダメ押しとなろう。S町が「多額の公金を支出し、恒久的に存在することになる巨大な本件観音像を自ら積極的に設置して観音信仰と直接かかわり合いを持つことは、一般人に対して」、S町が「特別に観音信仰を支持・承認しているとの印象を与え、特定の宗教への関心を呼び起こすものといわざるを得ない」のである。

　ところで、住民訴訟は、2002年の地方自治法改正で一部変更があった。これまで、住民訴訟は原告住民が違法な財務会計行為を行った首長や職員を直接訴えるというものであったが、地方自治法242条の2第1項4号が改正され、原告住民は、地方公共団体の執行機関（被告）が違法な財務会計行為を行った首長や職員を相手どって訴訟を提起することを求めるという形態となった。

　改正された「住民訴訟」に従い、本問に対する考え方をまとめてみよう。本件観音像等の設置は憲法20条3項の禁ずる「宗教的活動」に当たり、S町の公金支出は違法であるから、S町町長Y（被告）は公金支出当時町長の職にあったAに対し、1600万円をS町に対して支払うよう請求しなければ

ならない。このように，Ｘの提起した住民訴訟は認容されるが，仮にＡが
1600万円の支払請求に応じないなら，Ｓ町はＡに対して損害賠償等請求訴
訟を提起しなければならない（自治242条の3第2項）。この点が首長や職員
を直接訴えていた従来の住民訴訟と異なる。改正地方自治法は，住民訴訟に
ついて2段階構造をとるのである（住民訴訟を提起する側からすると，首長等
の責任追及が遠くなったと感じられるであろう）。

●】参考文献【●

齋藤小百合「新宮村観音像違憲訴訟第一審判決」ジュリ1205号（2001）62頁
以下，木内英仁・法教258号別冊判例セレクト2001（2002）9頁，野坂泰司
「愛媛玉串料訴訟大法廷判決の意義と問題点」ジュリ1114号（1997）29頁，大
石眞「政教分離原則の再検討」ジュリ1192号（2001）93頁

（笹田栄司）

政教分離(2)

A市の中でも古い農村地帯であるS地区の集会場のS会館には入口が2つある。左手の入口から入ると集会室があるが，右手の入口には「神社」との表示があり，その入口の手前には鳥居がある。また，その入口から入ると，部屋の奥にS神社の祠が設置されており，この鳥居，入口，祠は一直線上に配置されている。S会館は市有地にあるが，建物および祠の所有者はS町内会であり，市は，同土地を町内会に無償で利用させている。神社は，付近の住民で構成される氏子集団によって管理運営され，初詣，春祭り，秋祭りといった祭事が行われている。この土地はもともと地元の住民Bの所有地であったが，約50年前にA市に寄付されたものである。

A市の市民Xは，市有地を神社の施設の敷地として無償で使用させていることは，政教分離原則に違反する行為であって，敷地の使用貸借契約を解除し同施設の撤去および土地の明渡しを請求しないことが違法に財産の管理を怠るものであると考え，市長Yに対し，地方自治法242条の2第1項3号に基づき当該怠る事実の違法確認を求めた。

Xの請求は認められるだろうか。

●】参考判例【●

① 最大判平成22・1・20民集64巻1号1頁（空知太神社事件）

② 最大判平成22・1・20民集64巻1号128頁（富平神社事件）

③ 最判平成22・7・22判時2087号26頁（白山比咩神社事件）

④ 最大判昭和52・7・13民集31巻4号533頁（地鎮祭事件）

⑤ 最大判平成9・4・2民集51巻4号1673頁（愛媛玉串料事件）

●】問題の所在【●

　国および地方自治体と宗教との関わりが憲法20条および89条に適合するか否かを判定するにあたって、問題の行為の目的と効果に着目する判断手法（いわゆる目的効果基準）が判例によって用いられてきたことについては、基本問題⑨および発展問題⑨で詳細に検討した。しかし、そこでも触れられているように、目的効果基準には従来から少なからぬ疑問ないし批判があったところ、上記の参考判例①で最高裁は、従来の判例のように「目的及び効果にかんがみ」と述べることなく、神社に対する市有地の無償提供行為を憲法89条違反とした。これにより、最高裁は目的効果基準を廃棄したのか、そもそもそれは政教分離原則に係る違憲審査基準であったのか、再検討が求められているのである。

●】解説【●

1　目的効果基準に対する疑問

　これまでの目的効果基準に対する批判には大きく分けて2つのタイプがあった。1つは、その全面的放棄を主張するものであり（代表的なものとして、参考判例⑤の高橋久子裁判官意見）、もう1つは、より厳格な運用を可能にするための再構成を主張するものである（代表的なものとして、憲法学Ⅲ177-180頁）。

⑴　全面的放棄説

　前者は、まず目的効果基準の前提となっている政教分離原則の理解そのものを批判することから始める。すなわち、憲法が定める政教分離原則は国家と宗教の完全な分離を原則としており、やむを得ない例外としてどのようなかかわり合いが許されるかを判断すべきところ、目的効果基準は、国家と宗教のかかわり合いは避けられないと認めたうえで、その限界を判断しようとする点で前提を逆転させているというのである。また、目的効果基準は、わが国の「社会的・文化的諸条件」とは何か、「相当とされる限度」とはどの程度か、など極めてあいまいで明確性に欠けており、さまざまに挙げる「諸般の事情」について何をどのように評価するかも明らかでなく、いわば「目

234

盛りのない物差し」だという。

　最高裁は，地鎮祭合憲判決（参考判例④）において，宗教系の私立学校への助成や寺社が有する文化財に対する補助および刑務所における教誨を例に挙げて，現代の福祉国家における国と宗教の完全分離が困難であることを指摘している。これに対し，完全分離を主張する論者は，これらは信教の自由や平等原則などの憲法規範によって正当化される完全分離の例外であるとする。また，憲法によって正当化されるもののほかは，「クリスマスツリーや門松のように習俗的行事化していることがだれの目にも明らかなもの」のみが例外として許されるという。

　思うに，平等原則などを根拠に完全分離の例外とするという論法は，例えば宗教系学校に対する公費助成をカテゴリカルに合憲としてしまいかねないが，実際には，学校で行われている授業や活動の内容が特定の宗教宗派の布教等にわたっていないかどうかなどの判断も必要なのではないだろうか。また，疑問の余地なく習俗的行事であることを理由に例外にするという論法については，それは宗教的行為ではないことになるのだから，そもそも分離の対象とはならないのではないかとの疑問があるし，より根本的には，完全に分離されるべき対象としての宗教を明確に示しうるのかという問題がある。こうしてみると，完全分離を原則とすることは，理念的にはともかく実際には無理があるのではないかとも思われる。また，目的効果基準が「目盛りのない物差し」だという批判については，論者がそれに代わる「目盛りのある物差し」を説得的に提示し得ているかどうかが問われるであろう。

(2) **再構成説**

　後者の批判は，学説において比較的広く支持されているものといえる。目的効果基準は，アメリカ合衆国最高裁が1971年のレモン対カーツマン事件判決（Lemon v. Kurtzman, 403 U.S. 602）で提示したレモン・テストになぞらえられることが多い。同テストは，①目的が世俗的であるか，②主要な，または直接的な効果が宗教を促進または抑制しないか，③政府と宗教の過度のかかわり合いを促進しないか，の3点をチェックし，そのどれか1つにでも当たれば当該行為を違憲とする「三つ叉鉾」のようなものだといわれる。論者は，目的効果基準が，行為の目的，効果，そしてかかわり合いについて

論ずるものであることに着目し，これをレモン・テストに極力引きつけて再構成しようとするのである。

　確かに，こうすることによって審査の厳格度が上がることは期待されるであろうが，もともと目的効果基準とレモン・テストは似て非なるものだという見方もある。わが国の最高裁は，地鎮祭合憲判決（参考判例④）において，国と宗教が一定の範囲でかかわり合いをもたざるを得ないことを前提として，相当とされる限度を超えたかどうかの判断のために問題の行為の目的と効果に着目するとしたのであり，目的および効果とかかわり合いを同一次元の3つの「叉」あるいはチェックポイントからなるテストとすることには無理があるというのである。その見方からすれば，レモン・テストの3番目の叉である excessive entanglement を「過度のかかわり合い」というように，目的効果基準と同じ言葉を使って訳したところに誤解の発端があるということにもなろう。例えば，「過度の結びつき」などのほうが良かったのかもしれない。

　もちろん，両者が異なるものであることを承知のうえで，あえてレモン・テストと同じものに「作り替える」という考え方もあり得よう。しかし，その場合は，少なくともレモン・テストがアメリカにおいて優れた基準として通用しているといえることが必要であろう。ところが，目的および効果のテストを「宗教の後押しや否認のメッセージを伝えるものであるかどうか」という観点から再構成し，レモン・テストの改訂版としてオコナー裁判官がエンドースメント・テスト［→発展問題⑨］を提示したのは，ほかならぬ「かかわり合い（entanglement）」が独自のチェックポイントとして活用するに適さないとの判断に基づいてのことであった。確かに，レモン判決は「かかわり合い」が「過度」であることを理由に違憲判決を行ったのであるが，それは，宗教系学校に対する公費助成が，宗教教育に充当されないように監視するため州政府職員を学校に配置したことが「過度のかかわり合い」とされたためであった。しかし，「かかわり合い」が過度か否かを，目的・効果とかかわりなく判断する基準が明らかに示されているとは言いがたいようである。

　それでは，目的効果基準をエンドースメント・テストに即して改修すれば

よいのだろうか。参考判例⑤はその方向性を示していると見る余地もあるが，かりにそうであったとしても，そもそもエンドースメント・テストにも，メッセージの有無を誰が判断すべきなのか（宗教的多数者か，少数者か，あるいはオコナー裁判官の言う「客観的判断者」か）など，なお検討すべき問題が残されているのである。

2　目的効果基準は放棄されたのか

(1)　目的効果基準と「総合的判断」

こうしてみると，現実の国家制度として国と宗教のかかわり合いの完全な否定を原則とすることは困難であり，そのかかわり合いの限度を，カテゴリカルにではなく各別に判断するための基準として目的効果基準が用いられてきたことには一定の意義があるといえるかもしれない。

判文の比較のために重複をいとわずに確認しておくと，目的効果基準とは，津地鎮祭判決（参考判例④）によれば，国と宗教とのかかわり合いが，わが国の社会的・文化的諸条件に照らし相当とされる限度を超えた場合に違憲とされ，その限度を超えたかどうかの判定にあたって，問題の行為の目的が宗教的意義をもつか，その効果が宗教に対する援助，助長，促進または圧迫，干渉等になるかに着目するというものである。そして，その判定に際しては，「当該行為の外形的側面のみにとらわれることなく，当該行為の行われる場所，当該行為に対する一般人の宗教的評価，当該行為者が当該行為を行うについての意図，目的及び宗教的意識の有無，程度，当該行為の一般人に与える効果，影響等，諸般の事情を考慮し，社会通念に従つて，客観的に判断しなければならない」とされる。

さて，今回の問題のモデルとなっている空知太神社事件判決（参考判例①）では，政教分離原則に係る判断を以下のように行っている。

「1　憲法判断の枠組み

……国公有地が無償で宗教的施設の敷地としての用に供されている状態が……憲法89条に違反するか否かを判断するに当たっては，当該宗教的施設の性格，当該土地が無償で当該施設の敷地としての用に供されるに至った経緯，当該無償提供の態様，これらに対する一般人の評価等，諸般の事情を考慮し，社会通念に照らして総合的に判断すべきものと解するのが相当である。

以上のように解すべきことは，当裁判所の判例（最大判昭和 52・7・13 民集 31 巻 4 号 533 頁，最大判平成 9・4・2 民集 51 巻 4 号 1673 頁等）の趣旨とするところからも明らかである。
　2　本件利用提供行為の憲法適合性
　(1)……本件神社物件は，神社神道のための施設であり，その行事も……宗教的行事として行われているものということができる。
　(2)本件神社物件を管理し……祭事を行っているのは……氏子集団である。本件氏子集団は……町内会に包摂される団体ではあるものの，町内会とは別に社会的に実在しているものと認められ……宗教的行事等を行うことを主たる目的としている宗教団体であって……憲法 89 条にいう『宗教上の組織若しくは団体』に当たる……
　(3)……本件利用提供行為は，市が，何らの対価を得ることなく本件各土地上に宗教的施設を設置させ，本件氏子集団においてこれを利用して宗教的活動を行うことを容易にさせているもの……である。
　(4)……本件利用提供行為は，市と本件神社ないし神道とのかかわり合いが，我が国の社会的，文化的諸条件に照らし，信教の自由の保障の確保という制度の根本目的との関係で相当とされる限度を超えるものとして，憲法 89 条の禁止する公の財産の利用提供に当たり，ひいては憲法 20 条 1 項後段の禁止する宗教団体に対する特権の付与にも該当する……」

　空知太神社事件では，第 1 審（札幌地判平成 18・3・3 民集 64 巻 1 号 89 頁），控訴審（札幌高判平成 19・6・26 民集 64 巻 1 号 119 頁）とも目的効果基準によって市有地の無償提供を憲法 20 条 3 項違反としたのに対し，最高裁多数意見は，行為の目的・効果にも 20 条 3 項にも直截に触れることなく，「総合的判断」に基づいて 89 条の下で「相当とされる限度」を超えるとし，その先例として津地鎮祭訴訟判決と愛媛玉串料事件判決を引用したのである。

(2)　使い分けの可能性

　同事件で補足意見を書いている藤田裁判官は，先例で目的効果基準が機能してきたのは，問題の行為において「宗教性」と「世俗性」が同居しその優劣が微妙であるときにどちらを重視するかの決定に際してであって，明確に宗教性のみをもった行為につき，さらにそれがいかなる目的をもって行われたかが問われる場面ではなかったとして同事件を先例と区別している。同事件の場合は純粋に宗教的な施設および行事であって，目的効果基準の適用の可否が問われる以前の問題だというのである。しかし，同意見は，愛媛玉串料判決（参考判例⑤）を明確に宗教性のみをもった事例として挙げるが，同

判決は目的効果基準に依拠していること，宗教性が明らかなときは目的効果基準が機能しないというのは結論先取りともいえること，などの疑問もある。

　この点，空知太神社判決の調査官解説（清野・後掲）は，同事件で問題とされているのが，従来のような1回限りの作為的行為ではなく，極めて長期間にわたる不作為的側面も有する継続的行為であることに本件の特質を見出している。確かに，同判決がいうように，「我が国においては，明治初期以来，一定の社寺領を国等に上知（上地）させ，官有地に編入し，又は寄附により受け入れるなどの施策が広く採られたこともあって，国公有地が無償で社寺等の敷地として供される事例が多数生じた。このような事例については，戦後，……譲与，売払い，貸付け等の措置が講じられてきたが，それにもかかわらず，現在に至っても，なおそのような措置を講ずることができないまま社寺等の敷地となっている国公有地が相当数残存していることがうかがわれるところである」という事情が認められるのであり，同事件でも，問題とされた市有地の無償提供は，市が積極的に行ったというより，地域住民から寄付された土地をそのままの状態で放置した結果ということができるのであって，そこに市の「目的」を見出すことは容易ではない。加えて，判決は「例えば，一般的には宗教的施設としての性格を有する施設であっても，同時に歴史的，文化財的な建造物として保護の対象となるものであったり，観光資源，国際親善，地域の親睦の場などといった他の意義を有していたりすることも少なくなく，それらの文化的あるいは社会的な価値や意義に着目して当該施設が国公有地に設置されている場合もあり得よう」として，宗教的施設の多様性も強調している。

　こうしてみると，空知太神社判決は，国と「宗教とのかかわり合い」が，わが国の社会的・文化的諸条件に照らし「相当とされる限度」を超えた場合に違憲とされるという憲法判断の枠組みについては判例を踏襲しているが，その限度を超えたかどうかの判断については目的・効果への着目ではなく，「諸般の事情」の「総合的判断」によっているところ，それは，本件で問われた行為が，一回的作為的行為ではなく長期間にわたる継続的不作為的行為であること，現在でも社寺等の敷地となっている国公有地が相当数残存していることおよび公有地の無償提供という点で憲法上の問題は共通していても

宗教施設のあり方が多様であることに照らし，今回の事案のみに基づいて目的効果基準により当該行為の合憲性を一律に判断することが適当でも容易でもないと思われたためといえそうである。

こうしてみると，政教分離原則に係る判例の共通の判断枠組みは，憲法20条3項においても89条の下でも，わが国の諸条件の下で制度の根本目的との関係で「相当とされる限度」を超えたかどうかにより合憲性を判断するということであり，限度を超えたかどうかの具体的判定は各行為の性質・特徴に応じた要素に着目して行われる，ということで，目的効果基準が当然に放棄されたとみるのは早計というべきかもしれない。

実際のところ，小法廷判決ではあるが本件の半年後に下された白山比咩神社事件（参考判例③）において，市長が神社の奉賛会発会式に出席したことについて，「市長としての社会的儀礼を尽くす目的で行われたものであり，宗教的色彩を帯びない儀礼的行為の範囲にとどまる態様のものであって，特定の宗教に対する援助，助長，促進になるような効果を伴うものでもなかったというべきである」と述べ，市長の行為の「目的」と「効果」についての判断を行っており，これは目的効果基準に沿って合憲判決を下したと見ることができる。

3 その他の問題

⑴ なぜ89条か

空知太神社事件で従来のような憲法20条3項ではなく89条を適用した理由は何であろうか。例えば21条の1項と2項のように，一般的規定の他に特定的規定があるときは，後者には特別の意味があると読むのが憲法解釈の原則だとすると，本件のように89条の規定に適合する事案に同法20条3項のような一般的規定でなく89条を適用したのは，それ自体としては自然なことであったともいえよう。

同判決の憲法89条適用に係るもう1つの特徴は氏子集団の理解にある。控訴審は，20条1項および89条については「政教分離原則の精神」に反すると言う微妙な言い回しをしているが，これは判例に従って町内会が20条1項の「宗教団体」および89条の「宗教上の組織」に当たらないとしたことによると思われる。この点，本判決は，氏子集団を町内会から切り離して

独自の「宗教上の組織」とすることによって同条の適用を可能にした。

(2) 客観的判断の意義

　全体的に見て，同判決の反対意見（とりわけ甲斐中判事はじめ4裁判官の意見）は，①祠が納められている本件建物は，地域コミュニティーの融和を図るために町内会館として新築されたものであって，実際にも地域住民の親睦活動に用いられており，祠はそのごく一部に設置されているにすぎない，②氏子集団の実態やその構成員がどのような意識で先祖から引き継がれている行事に関与しているか，地元住民においては，本件神社は開拓者の思いを伝承するにとどまるものと受け止めているのではないか等の点についても審理が尽くされていないなどと指摘し，当該施設を取り巻く全体の状況やそれに対する一般人（特に地域社会の成員）の感覚に依拠して判断しているところ，多数意見は，「本件鳥居，地神宮，『神社』と表示された会館入口から祠に至る本件神社物件は，一体として神道の神社施設に当たるものと見るほかはない」とし，その諸行事についても，「本件神社において行われている諸行事は，地域の伝統的行事として親睦などの意義を有するとしても，神道の方式にのっとって行われているその態様にかんがみると，宗教的な意義の希薄な，単なる世俗的行事にすぎないということはできない」とするなど，外形的な判断に依拠したという特徴がある。これには憲法判断における客観性の担保を目指したはずの目的効果基準に代えて「総合的判断」に拠るときの客観性の確保という意義もあるのかもしれない。

　「目盛りが粗い」としても，物差しは使えるときには使ったほうがましというべきであろうか〔司法審査における客観性の意義については，→基本問題⑲参照〕。

4　本問の考え方

　本問と基本的事実関係を同じくする空知太神社事件最高裁判決に照らせば，上記の通り，Xの請求は認められることになろう。

●】参考文献【●

長谷部恭男・百選Ⅰ104頁，安西文雄「政教分離と最高裁判所判例の展開」ジュリ1399号（2010）56頁，清野正彦・法曹時報63巻8号（2011）131頁，野坂泰司「いわゆる目的効果基準について」長谷部恭男ほか編『高橋和之先生古稀記念・現代立憲主義の諸相（下）』（有斐閣・2013）281頁，林知更「政教分離原則の構造」高見勝利ほか編『日本国憲法解釈の再検討』（有斐閣・2004）114頁

（常本照樹）

　A市は，都市公園法2条1項1号が定める都市公園として，B公園を設置し管理している。このB公園の国公有地内には，儒教の祖である孔子等を祀る廟（孔子廟）が設置されている。本件施設の所有者Yは，孔子廟の公開や中国からの渡来人の歴史研究を目的とする一般社団法人である。孔子廟に入ると，その中央に，孔子の像・神位（神霊が据えられた場所）が置かれ，観光客のほか，家族繁栄，学業成就，試験合格等を祈願する人々が参拝に訪れる。その一方で，孔子廟では，毎年，孔子の生誕日に，供物を並べて孔子の霊を迎え，お香を焚き，祝文を奉読した後，孔子の霊を送り返す釋奠祭禮という儀式が行われている。

　孔子廟は17世紀以来，A市内に建立されてきたものであり，社寺と同列に扱われた時期もある。A市長は，そうした孔子廟の歴史的，文化的価値を重視し，孔子廟を観光資源あるいは親睦・学習の場として活用できると判断した。そこで，Yに対して，孔子廟のB公園内での設置を許可（以下，「本件設置許可」という）し，さらに，公益目的の使用に当たるとして，A市公園条例・同条例施行規則に基づき，公園使用料の全額を免除した（以下，「本件免除」という）。A市民であるXは，本件免除は，憲法20条・89条が保障する政教分離原則に違反するとして，A市長がYに対して，使用料を請求しないのは違法であることの確認を求める訴え（地方自治法242条の2第1項3号）を裁判所に提起した。

　Xの主張は認められるか。

●】参考判例【●

① 最大判昭和 33・12・24 民集 12 巻 16 号 3352 頁（第 2 次国有境内地処分法事件）

② 最大判昭和 52・7・13 民集 31 巻 4 号 533 頁（津地鎮祭事件）

③ 最大判平成 9・4・2 民集 51 巻 4 号 1673 頁（愛媛玉串料事件）

④ 最大判平成 22・1・20 民集 64 巻 1 号 1 頁（空知太神社事件）

⑤ 最判平成 22・7・22 判時 2087 号 26 頁（白山比咩神社事件）

⑥ 最大判令和 3・2・24 民集 75 巻 2 号 29 頁（孔子廟公有地無償使用事件）

●】問題の所在【●

　最高裁判所は，参考判例②以降，いわゆる目的効果基準を用いて政教分離原則適合性を判断してきた［→基本問題⑨，発展問題⑨参照］。ところが，参考判例④は，目的・効果という要素にのみ着目するのではなく，当該事案に即した多様な着眼点を抽出し，これを総合的に考慮すべきとする判断枠組みを打ち出した（清野・後掲 38 頁以下参照）。しかし，参考判例⑤は，再び目的・効果に着目した判断を示す一方，参考判例⑥では参考判例④と同種の総合考慮型審査を行っている。参考判例④以降の判例理論をどう読み解くか問題になりうる。

　また，参考判例①〜⑤に共通しているように，政教分離原則違反が争われた事件の多くは，神道と公権力との関わり合いを問題にしてきた（ただし，参考判例①では仏教との関わり合いも問われた）。では，儒教または孔子に対する信仰に政教分離原則は及ぶのであろうか。孔子を祀る孔子廟は，古くから日本全国に存在し，観光地化している場合もある。このような孔子廟を純然たる宗教施設と解しうるのか。公権力が関わり合いをもつことはどこまで許されるのか。本問事例と同種の事案について判断を示した参考判例⑥を軸に，本件免除について以下検討してみよう。なお，本件設置許可についても併せて検討する。

●】解説【●

1 判例理論の読み解き

(1) 総合考慮型審査

　政教分離違反が問題となる公権力の行為は，それが一回的か継続的か，あるいは作為的か不作為的かで分類可能である。参考判例②は，市有地における神道形式による地鎮祭向けの公費支出，参考判例③は靖国神社等による儀式に対する公費支出，参考判例⑤は神社大祭奉賛会発会式における市長挨拶の憲法適合性がそれぞれ問われた。いずれも一回的かつ作為的行為といえる。これに対して，参考判例④で問題になった，半世紀以上にわたって市有地を神社敷地として無償貸与するという行為は，一回的ではなく継続的だといえる。ただし，賃貸借契約の履行という点では作為的ともいえるが，現状を放置しているという点では不作為的側面も有している。参考判例④によれば，政教分離違反が問われる公権力の行為の性質が多面的な場合には，当該行為の目的・効果だけではなく，その経緯・態様をも考慮しないと，公権力と宗教との関わり合いが「相当とされる限度」（参考判例②）を超えているか判断できない。逆にいえば，一回的・作為的行為が問題となった参考判例⑤では，参考判例②③と同じように，目的・効果に着目しつつ他の要素も合わせて総合的に考慮したうえで，市長挨拶が「相当とされる限度」を超えているか判断すればよい，ということになる。このように，参考判例②以降の判例理論は，事案に応じて目的・効果に特に注目して判断を下したことはあるものの，総合考慮型審査を行ってきた点では一貫している，と説明可能である（高瀬・後掲 1702 頁）［→発展問題⑩参照］。

(2) 公有地の無償譲与・貸与

　他方で，参考判例②に先立つ参考判例①の存在も無視できない。参考判例①によれば，国有地にある寺社の境内地等を寺社に譲与または時価の半額で売却することを認める第 2 次国有境内地処分法は，旧憲法下，寺社から無償で取り上げ国有地とされた土地を寺社に返還するという「沿革上の理由に基く」措置を定めたものにすぎず，「憲法 89 条の趣旨」に反するものではない。参考判例①は，目的・効果にまったく言及することなく，政教分離原則

違反を否定している。そして，「沿革上の理由に基く」限りで，公有地の寺社への無償譲与を肯定している。その一方で参考判例④では，公有地の無償貸与が違憲とされている。このように判例理論は，「沿革」次第で，公有地の無償譲与を緩やかに審査する（参考判例①）一方，公有地の無償貸与は厳格に審査する（参考判例④）という点で一貫した理論を採用していると解しうる。そうすると，公有地の無償貸与（使用料の全額免除）の憲法適合性が争われた参考判例⑥もまた，同様の法理を継受している可能性が高いことになる（赤坂・後掲133頁以下）。

2 儒教は「宗教」か？

⑴ 「宗教」の定義

　従来，最高裁判例は，憲法上の「宗教」を定義したことはない（渡辺ほか・後掲188頁〔渡辺〕）。参考判例⑥もまた，「宗教」を定義してはいない。公権力と宗教との「相当とされる限度を超える関わり合い」か否かを総合判断する際の考慮要素の1つとして，「一定の宗教的外形」が認められればそれで十分だ，と最高裁判所は解しているようである（高瀬・後掲1704頁参照）。参考判例⑥によれば，問題になった孔子廟の外形的側面として，具体的に，ⓐ孔子廟の外観等が「神体又は本尊」への参拝を受け入れる「社寺」と類似している点，ⓑ孔子廟における釋奠祭禮は，孔子等の「霊の存在」を「崇め奉る」内容になっている点，ⓒ孔子廟の建物等が「釋奠祭禮を実施するという目的に従って配置」されている点，が指摘されている。孔子廟が「霊の存在」を奉じる既存の神社仏閣にどれくらい類似しているかを測ることにより，孔子廟の「宗教的意義」を認定している。決して「宗教」の内容を積極的に判示したものとはいえないが，「霊の存在」を考慮要素に挙げた点は，津地鎮祭事件控訴審判決（名古屋高判昭和46・5・14行集22巻5号680頁）による「宗教」の定義［→基本問題⑨参照］と重なる。

　しかし，「一定の宗教的外形」をどのように認定すべきか，異論はありうる。参考判例⑥・林景一裁判官反対意見は，宗教指導者と信者集団をつなぐ組織性やその普及活動という「宗教の本質的要素」を，孔子廟を管理し釋奠祭禮等の儀式を行っている一般社団法人（本問Y）について認定できていない，と指摘する。「一定の宗教的外形」を構成する要素をどう取捨選択すべ

きか，今後の検討課題であるのは間違いない（木村・後掲19頁は，「宗教」の定義は不可欠だと説く）。

(2) 「宗教団体」該当性

仮に，孔子廟に「宗教的意義」が認められるとして，本問Yは憲法上の「宗教団体」（20条1項後段）ないしは「宗教上の組織若しくは団体」（89条前段）に該当するか問題になる。本問Yは，「宗教的性格を色濃く有する施設」において「宗教的行事を行うことを主たる目的とする」団体であり，憲法上の「宗教団体」と認定しうる（参考判例⑥の下級審判決：那覇地判平成30・4・13判自454号40頁，福岡高那覇支判平成31・4・18判自454号26頁）。この立場によれば，本件免除は，「宗教団体」への特権付与を禁止した憲法20条1項後段，ないしは「宗教上の組織若しくは団体」への公金支出を禁じた憲法89条前段違反になりうる。

これに対して，本問Yが主として歴史研究や孔子廟の管理を行う一般社団法人だという点に着目すれば，本問Yは，「宗教団体」「宗教上の組織若しくは団体」には該当しないということになる（参考判例⑥は，前掲・下級審判決とは異なり，「宗教団体」「宗教上の組織若しくは団体」該当性判断を回避している）。この立場によれば，本件免除は，もっぱら公権力による「宗教的活動」を禁じた憲法20条3項違反の問題となる。もっとも，最高裁判所自身は，上記のどの条項に違反するかは些細な問題であって，重要なのは，上記諸条項の「背後にある政教分離原則に違反するか否か」（高瀬・後掲1700頁）だと解している可能性が高い。

3 本件設置許可・免除の憲法適合性

(1) 本件設置許可・免除の相互関係

本問自体は，本件免除の憲法適合性を争うものであるが，本件免除に先行する本件設置許可の憲法適合性も問題としうる。本問A市長からすれば，本件設置許可の「目的」は，「歴史的，文化的価値」を有した孔子廟を，観光資源や地域の親睦・学習の場として確保することにあり，その「効果」は，孔子廟が「都市公園法上の教養施設」として「一般人の目」に映ることだ，となろう（参考判例⑥の下級審判決［→前掲2(2)］）。本件設置許可の「目的」「効果」が世俗的であれば，後行する本件免除の世俗性もまた肯定する

余地が生じる（江藤・後掲①21頁）。しかし，前述した，公有地の無償貸与に厳格な判例理論によれば，本件設置許可自体については本問A市長の主張を採用して合憲としつつも，公有地の適正な使用料を完全に放棄した本件免除は，「相当とされる限度を超える」として違憲と解することも可能であろう（江藤・後掲②4頁参照）。

(2) 考慮要素の検討

　本件設置許可・免除の憲法適合性を判断するに当たっては，孔子廟の「宗教的意義」ゆえ，ⓐ孔子廟が設置される都市公園内の公有地と孔子廟がもともとあった私有地との換地により政教分離原則違反の疑いを払拭する余地があったのではないか，ⓑ設置後の孔子廟は，歴史的建造物の復元といえるか，ⓒ設置後の孔子廟は法令上の文化財に指定されているのか，といった諸点の検討が欠かせない。「宗教的意義」を有する孔子廟との「関わり合い」を「相当とされる限度」に希釈化できる対抗利益を抽出できないか，ということである。実際，参考判例⑥は，上記ⓐについては積極的な評価，ⓑⓒについてはいずれも消極的な評価をそれぞれ下したうえで，孔子廟の「観光資源等としての意義や歴史的価値をもって」，本件免除の「必要性及び合理性を裏付ける」ことはできない，と判示した。「観光振興的な意義を相応に有する」神社大祭奉賛会発会式における市長挨拶を「社会的儀礼」として合憲とした参考判例⑤と異なり，本件免除については，公有地の無償貸与を正当化するに足りる「観光資源」としての「歴史的価値」を孔子廟に発見できるかが問われるということである。もっとも，上記ⓐ〜ⓒは，確かに，本件免除の「必要性及び合理性」を否定する諸事情たりうるが，むしろ，本件免除に先行する本件設置許可の「必要性及び合理性」を否定する諸事情になりうる（山崎・後掲5頁）。濃厚な宗教色を帯びる一方，歴史的・文化的価値が高いとはいえない建造物は，そもそも公有地に設置されるべきではないといえるからである。しかし，参考判例⑥は，本件設置許可に関して直接の判断は示さなかった。

4　本問の考え方

　判例理論によれば，孔子廟が神社仏閣と同様の配置となっており，そこで行われる釋奠祭禮等の儀式が「霊の存在」を「崇め奉る」ものとなっている

場合，そのような孔子廟のために公園使用料を全額免除するには，「観光資源」として相応の「歴史的価値」が要求される。参考判例⑥が提示するこのようなハードルを本問Ａ市がクリアーできなければ，本件免除は違憲となり，本問Ａ市長は，本問Ｙに対してその免除分全額を請求しなければならない。ただし，本件免除が「相当とされる限度を超える関わり合い」に当たり違憲だとしても，上述したように，本件設置許可もまた直ちに違憲と解すべきかは議論の余地がある。

　参考判例⑥の後，那覇地方裁判所は，「本件設置許可は，那覇市公園条例所定の相当な対価を得た上で」，「歴史・文化の保存や観光振興等の性格をも併有する」孔子廟の設置を認めたものだとして，本件設置許可を合憲と判示している（那覇地判令和4・3・23LEX/DB25592148）。孔子廟の「観光資源」としての「歴史的価値」がある程度低いものに止まっていたとしても，「相当な対価」を支払えば，本件設置許可は政教分離原則違反とはならない，つまり，参考判例⑥が問題視したかに見える本件設置許可の「必要性及び合理性」は補完される，ということであろう。しかし，なぜ「相当な対価」は，設置許可の対象となる建造物の歴史的価値を補完したり，「宗教的意義」を有する当該建造物との「相当とされる限度を超える関わり合い」を希釈化したりできるのか，より精密に解明する必要がある。

●】参考文献【●

赤坂正浩・憲法研究10号（2022）129頁，江藤祥平・平成30年度重判解（2019）20頁〔江藤①〕，江藤祥平・判時2485号（2021）3頁〔江藤②〕，木村草太・令和3年度重判解（2022）18頁，清野正彦・最判解民平成22年度（上）1頁（2014），高瀬保守・曹時74巻7号（2022）1680頁，渡辺康行ほか『憲法Ⅰ』（日本評論社・2016）第8章〔渡辺康行〕，山崎友也・法時93巻7号（2021）4頁

（山崎友也）

信教の自由

X は，絶対的平和主義の立場からいかなる場合にも武器を手にとることを禁止するキリスト教の宗派を真摯に信仰していた。そのため，在学中の工業高等専門学校の体育の必修種目である剣道を受講することは，宗教上の理由でできないことを学校側に説明し，レポート等の代替措置を求めたが，学校側はこれを認めなかった。学校側は X の剣道実技不受講を欠席として処理し，体育全体の単位も不認定とした。その結果，X は，2 回続けて 1 年生に原級留置する処分を受け，さらに 2 回の原級留置を理由に，学則の「学力劣等で成業の見込みがない者」に当たるとして，退学処分となった。これに対して X は，退学処分・原級留置処分の取消しを求め，処分権者である校長 Y を被告とする行政訴訟を提起した。

X の請求は認められるだろうか。

●】参考判例【●

① 最判平成 8・3・8 民集 50 巻 3 号 469 頁（剣道受講拒否事件）
② 東京地判昭和 61・3・20 判時 1185 号 67 頁（日曜日授業参観事件）

●】問題の所在【●

　基本問題⑨では，宗教に対する違憲の規制となるかどうかが問題となる事例を取り上げた。しかし，国家が特定宗教を狙い撃ちにするわけではなくても，一般的な法的義務の履行を信仰理由に拒む者に対して不利益を課すとすれば，その人の信教の自由の侵害となるのではないかという，より複雑な問題もある。この事例に即していえば，公立学校が学生に対して剣道の受講を義務づけ，信仰を理由に拒否する学生を最終的に退学処分とすることは，

当該学生の信教の自由を侵害するかという問題である。

●】解説【●

1 一般的な法的義務と特定宗教の信仰との衝突

(1) 「平等取扱説」と「義務免除説」

「信教の自由」（20条1項前段・2項）に対する国家の規制には，国家がまさに（特定）宗教をターゲットとした規制を行う場合と，国家が一般市民に課した法的義務が，特定の信仰者にとっては結果的に「信教の自由」の規制となる場合がある［→基本問題⑩参照］。本問は後者の一例である。

この問題については，信教の自由は合憲的な法的義務の免除を一切含んでいないという考え方も成り立つ（安念潤司「信教の自由」樋口陽一編『講座憲法学(3)』〔日本評論社・1994〕195頁の言葉使いに従えば「平等取扱説」）。思想・良心の自由に関する次のような説明は，この説の例として信仰にもそのまま当てはまる。憲法19条が思想・良心に反する行為の強制を禁じているという「見解を一般的に容認することはできない。というのは，これを一般的に容認すれば，納税・債務履行など社会的共同生活における義務の履行を，私人の内心的決定によって拒否することができ，社会生活は不可能となるからである。これを部分的に容認するとしても，社会的義務不履行の濫用を抑止するために有効な制約原理の発見は難しく，また，何故に特定の思想・良心をもつもののみに特定の義務不履行が容認されるのか，平等原則との関連で問題がおこる」（小嶋和司『憲法概説』〔信山社・2004〕188-189頁）。この立場を貫けば，本問のような事案では，剣道受講の義務づけが一般論としては合憲適法と解される場合，信仰や思想・良心に基づく受講拒否者に対する学校側の処分は，「信教の自由」「思想・良心の自由」の侵害とはいえないことになるだろう。

しかし一般に学説は，信仰や思想・良心と抵触する法的義務が，例外的には免除される場合があることを認めている（やはり安念に従えば「義務免除説」）。義務免除説に立つとすると，どのような場合に例外を認めるのかがさらに問題となる。

(2) 「義務免除」ないし「配慮」の基準

「義務免除説」は，国家が信仰者に特別の配慮ないし便宜を供与しなければならない（あるいは，してもよい）場合があることを認めるいわゆる「配慮理論」（阪本昌成『憲法(2)〔全訂第3版〕』〔有信堂高文社・2008〕132-133頁）と共通性をもつ。しかし，「義務免除説」ないし「配慮理論」に言及する解説も，どのような場合に免除または配慮が求められ，あるいは許されるのかについては必ずしも明確ではなく，また一致もしていない（免除の要請と許容の違いについては，高橋197-198頁）。

「要請」のレベル，すなわち，「義務の免除」ないし「特別の配慮」を認めないと「信教の自由」の侵害として違憲になるというレベルについては，一般論としては，アメリカの判例理論を援用した次の定式が参考になる。「当該信仰が真摯なものであり，かつ当該妨げの程度が重大である場合には，規制によって得られる利益が，特に重大な公共の利益である場合を除き，間接的，偶然的な制約でも，当該信仰者に対する関係で違憲となる，と解されることになろう」（安念・前掲196頁）。

2　参考判例①の考え方

(1)　判断枠組みとしての行政裁量論

要請説としての義務免除説あるいは配慮理論の発想に立って，本問のような事案に取り組むとすれば，退学処分（とその前提である原級留置処分および剣道必修制）を直接に違憲審査の対象として，これらが原告の信教の自由の侵害とならないかについて，慎重な利益衡量を行うという手順を踏むことになるだろう。

しかし参考判例①は，退学処分の違憲審査という法的構成をとらず，行政裁量論の枠組みで事案を解決した。憲法が立脚する法治主義の下でも，現場の行政機関が複雑な具体的事象に柔軟に対処できるように，法令は行政に対して一定の自由な判断余地を認めることが多い。これが行政の裁量権である。法令上，行政に裁量権が与えられていると解される場合でも，裁量には当然限界がある。行政法学説には，裁判所は裁量権行使の中身が憲法上の人権や，平等原則・比例原則・信義則などの「法の一般原則」に反していないかどうかを厳格にチェックすべきだという見解もある。しかし，最高裁の通

常の行政裁量審査はそれとは異なり，著しい不合理がある場合に限って裁量権行使の違法性を認める，いわゆる「社会観念審査」である（村上裕章『スタンダード行政法』〔有斐閣・2021〕39頁）。

参考判例①もそうである。少し長いが判決文から引用しておこう。

「高等専門学校の校長が学生に対し原級留置処分又は退学処分を行うかどうかの判断は，校長の合理的な教育的裁量にゆだねられるべきものであり，裁判所がその処分の適否の審査をするに当たっては，校長と同一の立場に立って当該処分をすべきであったかどうか等について判断し，その結果と当該処分とを比較してその適否，軽重等を論ずべきものではなく，校長の裁量権の行使としての処分が，全く事実の基礎を欠くか又は社会観念上著しく妥当を欠き，裁量権の範囲を超え又は裁量権を濫用してされたと認められる場合に限り，違法であると判断すべきものである」。

この判決文中の「校長と同一の立場に立って……」の箇所は，裁判所が自分ならどのように法令を解釈し処分を行うかを，この事案の校長になったつもりで判断することによって，裁量処分の適法性を審査する手法を指す。行政法学者はこれを「判断代置型審査」と呼んでいる（村上・前掲書39頁）。これに対して，やはり上の判決文中の「全く事実の基礎を欠くか又は社会観念上著しく妥当を欠」く場合にだけ違法と判断されると述べる箇所が，「社会観念審査」の説示である。つまり最高裁は，「判断代置型審査」ではなく「社会観念審査」を行うことを明示したわけである。

(2) **参考判例①の事実確認**

この方針に基づいて，最高裁は具体的にはどのような審査を行ったのか。

まず，校長・教員に学生・生徒・児童の懲戒権を与えた学校教育法11条，これを具体化して退学処分とその要件を定めた学校教育法施行規則（文部科学省令）13条，これらに基づいて市教育委員会が規則として制定した市立工業高等専門学校学則31条（「校長は，次の各号のいずれかに該当する学生には，退学を命ずることができる。……第2号　学力劣等で成業の見込みがないと認められる者。」）の各条文は，校長に退学処分の裁量権を与えた規定である。これらはいずれも合憲であることが，裁判所の暗黙の前提である。

そこで最高裁の構成からは，校長Yが学則31条に基づいて行ったXの

退学処分が，本件学則等で校長に与えられた裁量権の踰越・濫用に当たり，違法となるかが問題となる。最高裁は，この審査にあたって，成績認定の仕組み，Ｘの信仰・学業成績・本件での要求，学校側の措置について，原審認定の事実関係をかなり詳しく検討している。

第１に，成績認定の仕組みである。この事案の高専では，科目成績が100点満点で55点未満の場合には単位不認定となり，修得すべき科目の１つでも単位不認定の場合には原級留置となる。そして，本件学則と「退学に関する内規」によれば，校長は，２回連続原級留置となった学生に退学を命ずることができるとされた。剣道は，必修科目である保健体育の授業種目の１つとされ，第１学年の体育科目の配点100点中35点が剣道に配点されていた。したがって，剣道の種目成績０点（この事案では，Ｘは準備体操までは参加したため，2.5点与えられているが）の場合には，当該学生が体育で55点以上をとることは「著しく困難であった」。

第２に，参考判例①の上告人の信仰・学業成績等である。上告人は，絶対的平和主義の信仰から武器を手に取ることを一切禁止したキリスト教の宗派の真摯な信者であった。また，剣道以外の他の科目の受講態度には特に問題はなく，成績も優秀であった。上告人は，宗教上の理由から剣道実技に参加できないことを体育担当教員に説明し，レポート提出等の代替措置を認めるように繰返し申し入れた。また，実際にレポートを提出しようとした。

第３に，学校側の措置である。学校側は，上告人とその保護者による剣道実技の見学およびレポート提出の申出をただちに拒絶し，準備体操を除く不参加部分については欠席扱いとした。その結果上告人は，体育全体の成績は42点と評価され，学校側から剣道実技の補講への参加を勧められたが応じなかったため体育不認定とされ，原級留置処分を受けた。翌年度も同様の経緯で，体育担当教員は上告人の体育科目全体の成績を48点と評価し，学校は２回目の原級留置処分に付した。これを受けて校長は，本件学則31条２号に該当するとして，上告人を退学処分とした。

(3) このケースの「踰越濫用型審査」

おおむね以上の事情を総合的に考慮して，最高裁は，校長による裁量権の踰越を認めた。その際，裁量権踰越の判断の考慮要素として，上告人の信教

の自由はどう評価されたのだろうか。

最高裁によれば，校長の本件処分は，信仰に反する行動を命じたものではないので，上告人の「信教の自由を直接的に制約するものとはいえない」。しかし，校長の措置が「信仰の自由や宗教的行為に対する制約を特に目的とするものではなく，教育内容の設定及びその履修に関する評価方法についての一般的な定めに従ったものであるとしても，……〔校長〕は，前記裁量権の行使に当たり，当然そのことに相応の考慮を払う必要があった」。したがって自由意思による入学者だからといって，本件のような「著しい不利益を」上告人に与えることが「当然に許容されることになるものではない」。

つまり，この判決で最高裁は，一般的な法的義務が信仰を理由に免除される場合があることを認め，行政裁量権の行使にあたって，このような例外的な場合に当たらないかどうかを考慮する義務が行政にあることも認めたことになる。そして事案については，あくまで上述のような，剣道受講拒否が制度上もたらす帰結，上告人の信仰の真摯さと優秀な学業成績，繰返しなされた代替措置の申出という事実関係を前提として，「何らかの代替措置を採ることの是非，その方法，態様等について十分に考慮するべきであった」のに考慮しなかったことが「社会観念上著しく妥当を欠き」，裁量権の踰越に当たると認定された。この判決は，一般的説示部分では上述のように「踰越濫用型審査」を行う一般方針を示しているが，本件退学処分の評価にあたっては，校長が上告人の信教の自由に対する配慮を欠いていたことの違法を認めた。したがって，実際の審査は，「踰越濫用型」と「判断代置型」の中間である「判断過程統制型審査」だとみることも可能である。

なお学校側は，上告人に特別の配慮をすることは政教分離原則に反するとも主張したが，この点について，最高裁は，目的効果基準〔→基本問題⑧〕に基づいて，代替措置はその目的において宗教的意義をもつものではなく，特定宗教を援助・助長する効果も，他の宗教を圧迫・干渉する効果も認められず，政教分離原則違反ではないと判断した。

3 本問の考え方

憲法の立場からは，参考判例のような行政裁量論の枠組みではなく，義務免除説を前提として端的に退学処分等が憲法 20 条 1 項違反であるか否かを

審査する法的構成をとってもよい。

　参考判例①も義務免除説をとったことになるが，裁量権の踰越濫用の有無を判断するうえで，信教の自由を1つの考慮要素として位置づけているにすぎない。しかし，行政裁量論の枠組みに乗るとしても，憲法上の人権を基本的な要考慮要素として扱い，真摯な信仰に基づく行為に重大な不利益を課す国家行為は，きわめて重要な対抗利益の存在を主張・立証できなければ，裁量権の踰越となるという基準で裁量統制を行うことも考えられる。

　最後に，最高裁は一切触れていないが，参考判例①の事実関係は，従来「エホバの証人」を信仰する者の入学例が目立った本件工業高専が，ある時期から剣道を必修種目化し，しかも体育全体の3分の1を占める大きな比重を与えることで，ことさらに「エホバの証人」の信者を排除しようとした事案とも解釈できる。事実関係をそう評価すれば，これはむしろ国家機関による特定宗教狙い打ちの意図的規制の事例ということになろう。

●】参考文献【●

文中引用のもの。

（赤坂正浩）

表現の自由：
事前規制

県知事選に立候補する準備を進めていた P 市長 Y は，雑誌社 A 社が次号に掲載を予定していた Y の政治家としての資質を全面否定する誹謗中傷記事を，内部通報者から事前に入手した。そこで Y は，裁判所に対してこの記事の掲載差止めの仮処分を申請した。裁判所がこれを認めたため，A 社は記事を掲載できなかった。その後，A 社の代表取締役 X は，裁判所の仮処分決定によって損害を被ったとして，国と Y を被告とする損害賠償請求訴訟を起こした。

A 社が掲載しようとした記事は，Y を「言葉の魔術師，インチキ製品をたたき売る大道ヤシ，天性の嘘つき，おのれの利益や出世のためには手段を選ばないオポチュニスト，メス犬の尻のような市長，利権漁りが巧みで特定の業者と癒着して私腹を肥やし，汚職を蔓延させた市長」などといった誹謗中傷のフレーズを連ねたうえで，「県にとっては有害無益な人物で，知事不適格者である」と結論するものだった。

X の請求は認められるだろうか。

●】 参考判例 【●

① 最大判昭和 61・6・11 民集 40 巻 4 号 872 頁（北方ジャーナル事件）
② 東京高決平成 16・3・31 判時 1865 号 12 頁（週間文春記事差止事件）

●】 問題の所在 【●

基本問題⑫では，行政機関による事前規制の問題を取り扱った。本問は，同じく表現の自由の事前規制問題であるが，規制主体が裁判所である点と，規制の背後に名誉権という表現の自由と対立する権利が存在する点が，基本問題⑫とは異なる。本問の主題は，裁判所が Y の申立てを受けて，雑誌記

事等の事実報道を名誉権の侵害を理由として事前に差し止めることは，憲法21条2項前段，あるいは同条1項に違反しないかである。

●】解説【●

1 紛争の構図

憲法学の観点からは，本問のような紛争については，2通りの捉え方ないし法的構成が可能であろう。

A社のような「表現の自由」（21条）の主体の側に立って事案をみると，民間の雑誌社が，裁判所の決定という国家権力の行使によって，予定した記事の出版を阻止されたのであるから，本問は，国家による私人の人権制限という，本来的な憲法問題とみなされうる（阪本昌成『憲法理論Ⅲ』〔成文堂・1995〕49頁参照）。そこでは，記事の差止めを認めた裁判所の決定が合憲性審査の対象となり，審査にあたっては，まず，裁判所の事前差止めは憲法21条2項前段が禁止する「検閲」ではないのかが問題となる。仮に「検閲」ではないとされた場合には，「検閲」には至らない事前抑制として同条1項違反とならないかがさらに審査される。その場合，学説の枠組みからすると，法令自体の合憲性審査と同様，目的手段審査の手法が適用されることになるだろう（法的構成ⓐ。これは基本問題⑫と同様の構成である）。

他方，本問を，雑誌社の「表現の自由」と政治家個人の「名誉権」という2つの法的利益の対立と調整の問題ととらえることもできる。表現の自由はいうまでもなく憲法21条で保障され，名誉権も一般には憲法13条で保障された人権と理解されているが，直接衝突しているのは雑誌社と政治家個人という私人同士の利益であるから，これは私人間の人権問題ということになる。私人間の人権的利益の調整は，調整方法を決定した法令等が存在するなら，当事者や裁判所はそれに従うのが自然である。この種の法令が存在しない場合には，憲法上の人権価値を民事法の一般条項の解釈に生かすべきだという，いわゆる「間接適用説」が，今日でも通説的発想であろう［法的構成ⓑ→基本問題④］。

参考判例①では，上告人が下級審判決は違憲だという主張に力点を置いたこともあって，もっぱら差止仮処分の合憲性審査に焦点があてられている

（法的構成ⓐ）。しかし，具体的な審査に際しては，「表現」と「名誉」という憲法に端を発する私人相互の法益を，名誉毀損罪の特則である刑法230条の2の転用によって調整するという手法がとられた（法的構成ⓑ）。これは，「表現」と「名誉」の場当たり的な利益衡量（アドホック・バランシング）を避け，透明性の高い定型的な衡量（デフィニショナル・バランシング）を意図したとも評することができるだろう。このような，いわばⓐの器にⓑの料理を盛る法的構成は，学説上も当然視されてきた。そこで，ここでもこうした伝統に従って，裁判所の事前差止めは憲法21条2項前段が禁止する「検閲」に当たらないのか（後述2），「検閲」ではないと解される場合でも，許されない「事前抑制」として同条1項違反ではないのか，その場合，実際には「表現」と「名誉」のバランスをどうとるべきか（後述3）という順番で問題を検討してみよう。

2　事前差止めの「検閲」該当性

憲法が禁止する「検閲」の意味については，基本問題⓬で整理した検閲概念①（狭義説），検閲概念②（広義説），検閲概念③（最高裁の定義＝最狭義説）をもう一度確認しておく必要がある。「検閲」の主体として，行政機関ないし行政権を想定する検閲概念①あるいは検閲概念③を採用するなら，裁判所による事前差止めは，定義上，憲法が禁止する「検閲」ではないことになる。

もっとも，参考判例①の考え方はもっと複雑で，裁判所は行政権ではないという理由で，簡単に「検閲」性を否定したわけではない。最高裁によれば，裁判所は常に司法権だけを行使しているわけではなく，ときには行政的な仕事もする。その場合の裁判所は，最高裁自身の「検閲」の定義にいう「行政権」に含まれないとは言いきれない。民事仮処分は，最高裁の感覚では純然たる司法権の行使ではないので，仮処分の決定を行う裁判所は，当然に「行政権」でないとはいえないことになる。しかし最高裁は，事前差止めが「非訟的な要素を有すること［筆者注・すなわち，純然たる司法ではないこと］を否定することはできないが，……表現物の内容の網羅的一般的な審査に基づく事前規制が行政機関によりそれ自体を目的として行われる場合とは異な」るとして，「検閲」性を否定した。「検閲」該当性の判断にあたって，

「網羅的一般的」という要素がここでも重要な役割を果たしていることには興味をひかれるが，事前差止めの性格に関する最高裁のこうした複雑な解釈を記憶にとどめる必要は薄いかもしれない。

3　事前差止めの憲法21条1項違反性

(1)　調整準則としての刑法230条の2

　裁判所の事前差止めが，憲法の禁止する「検閲」ではないとすると，次に問題となるのは，憲法21条1項の「表現の自由」の侵害とはならないかである。参考判例①では，「事実表現」（より端的にいえば報道）と「名誉」との衝突の解決が求められているので，事前差止めの合憲性審査も，両者の（定型的な）利益衡量という発想で行われた。

　ところで，憲法に由来する「事実表現の自由」という私人の法益と，同じく憲法に由来する「名誉権」という私人の法益とが互いに衝突する場合，刑事法の領域では刑法230条の2という国会制定法がすでに調整方法を規定している。

　それによると，他人の社会的評価を低下させるという意味で名誉を毀損する表現であっても，当該表現物の内容が，ⓐ「公共の利害に関する事実に係り」（公共利害事実），ⓑ「その目的が専ら公益を図ることにあったと認める場合には」（公益目的），ⓒ「事実の真否を判断し，真実であることの証明があったときは」（真実証明），名誉毀損罪は成立しない。

　つまり，被害者の告訴に基づいて名誉毀損罪で起訴された被告人が，自分が伝達した情報には他人の社会的評価を低下させる内容が含まれているかもしれないが，テーマは「公共利害事実」であり，目的はもっぱら「公益目的」であり，内容は「真実」であると主張して，この3要件のすべてが満たされることを立証すれば，名誉毀損罪は成立しないということである。

(2)　刑法230条の2の3要件の理解

　この3要件の内容を，もう少し詳しくみておこう。

　(A)　公共利害事実　　「公共利害事実」とは，多くの人が関心をもつ事実（のすべて）ではなく，刑法230条の2第2項および3項に別枠で列挙されている「起訴前の犯罪行為に関する事実」「公務員または公職の候補者に関する事実」と同程度の，社会が関心をもつべき事実を意味する。ワイド

ショーが取り上げるタレントの不倫のような事実は，一般に公共利害事実ではない。ただし最高裁は，「月刊ペン事件」判決（最判昭和56・4・16刑集35巻3号84頁）において，「私人の私生活上の行状であつても，そのたずさわる社会的活動の性質及びこれを通じて社会に及ぼす影響力の程度などのいかんによつては，その社会的活動に対する批判ないし評価の一資料として」公共利害事実とみなされることがあるという拡張解釈を示した。

(B) 公益目的　「公益目的」という要件は，ある表現の内容が「公共利害事実」をテーマとしたものだと評価されれば，普通は同時に満たされると考えられており，独自の要件としての意味は薄い。しかし，ことさらな誹謗中傷に終始しているような言動は，「公益目的」の要件を満たさないと評価される場合がある。本問はまさにそのケースである。

(C) 真実証明　「真実証明」の要件を文字どおりにとらえると，表現側には荷が重い。たとえば，マス・メディアの職業倫理とされる取材源秘匿の義務は，「真実証明」にとっては大きな足かせとなる。しかし最高裁は，真実証明は表現内容の主要な部分について行われれば足りるとし，さらに「夕刊和歌山時事事件」判決（最大判昭和44・6・25刑集23巻7号975頁）において，真実証明には失敗しても，表現者側が「事実を真実であると誤信し，その誤信したことについて，確実な資料，根拠に照らし相当の理由があるときは，犯罪の故意がなく」名誉毀損は成立しないとして，故意の阻却を認めた。いわゆる「相当性の証明」で足りるとする拡張解釈である。

(3) 民事事前差止めへの転用

このように名誉毀損罪の成立要件という形でなされた「事実表現」と「名誉」との利益衡量を，本問に転用する発想に立った場合，事案が二重に異なることに留意する必要がある。すなわち第1に，本件は刑事訴訟ではなく名誉毀損に関する民事不法行為訴訟であるという点と，第2に，事後的な刑事制裁ではなく事前差止めの合憲性が問題となる事案であるという点である。

第1の点については，刑法230条の2と同一の3要件を充足すれば，名誉毀損の民事責任も免責されることを認める最高裁判決（最判昭和41・6・23民集20巻5号1118頁）がすでに存在するので，実務的には問題は決着ずみである。

問題は，第2の事前差止めという点である。そもそも，裁判所が名誉権侵害を理由として，事前差止めの仮処分を行うことを認める明文規定は，現行法には存在しない。しかし，参考判例①は，名誉を毀損されたものは民法710条・723条により事後的な損害賠償・謝罪広告を求めることができるのみならず，（民法上の）人格権としての名誉権を根拠とする差止請求権も有するとした。

　そうすると肝心の論点は，その許容要件である。対抗価値が憲法に由来する表現の自由であるから，「検閲」には当たらないとしても，その表現抑止効果を考えると事前差止めは本来許されないはずである。最高裁もこの点は認めるが，そのうえで，参考判例①の事実関係を念頭において，次のように例外的に事前差止めが許される要件を定式化した。このテーマの学習にあたっては，これをぜひ記憶にとどめる必要がある。

　「ただ，右のような場合〔筆者注・公務員または公職の候補者に対する評価・批判という公共利害事実にあたる表現の場合〕においても，その表現内容が真実でなく，又はそれが専ら公益を図る目的のものでないことが明白であつて，かつ，被害者が重大にして著しく回復困難な損害を被る虞があるときは，当該表現行為はその価値が被害者の名誉に劣後することが明らかであるうえ，有効適切な救済方法としての差止めの必要性も肯定されるから，……例外的に事前差止めが許される」。

(4)　事前差止めの許容要件

　最高裁のこの定式には，いくつか不明確な点がある。第1に，参考判例①は，「公共利害事実」に関する表現行為の事案であったが，そうでない場合はどうなるか。「公共利害事実」は本来報道されるべき事実であるから，それについてさえ例外的に事前差止めが認められるなら，「公共利害事実」でなければ，差止要件はもっと軽減されるという解釈も成り立ちそうだが，表現の自由の重要性を考えるとそれは適切とはいえない。むしろ，裁判所に差止仮処分を求める原告（被害者）の側が，「公共利害事実」ではないことを疎明することが，本来は原則だと解すべきであろう。

　第2に，最高裁の定式は，内容が真実であっても公益目的でないことが明白な場合には，事前差止めが認められる場合があるように読める。しかし，

参考判例①の「あてはめ」部分では，事案は真実性もなく公益目的性も欠くことが明白なケースであると評価されている。原告は，実際上は2つとも充足されていることを主張するのが自然である。

　要するに仮処分において，名誉権侵害を理由として表現の事前差止めを裁判所に求める原告は，次の4点を疎明することが必要となると解すべきである（眞田範行「訴訟実務上の主張・立証のあり方に関する提案」田島ほか・後掲349頁）。

　　㋐　「公共利害事実」でないこと
　　㋑　「真実性」がないことが明白であること
　　㋒　「公益目的性」がないことが明白であること
　　㋓　原告に重大かつ著しく回復困難な損害が生ずるおそれがあること

　参考判例①は，㋐の要件を充足しない場合でも，表現物の内容次第ではごくごく例外的に事前差止めが認められることもあると認めた先例とみるべきであろう。ここからもわかるように，実際の訴訟では，これらの要件の充足の判断は，当該表現物の内容に対する裁判官の心証に依存する面が大きい。

(5)　手続問題

　最後に手続上の問題についてもひとこと触れておこう。参考判例①の時代の民事訴訟法では，仮処分手続の場合，当事者の口頭弁論や被告（本問ではA社の代表取締役X）に対する債務者審尋は義務づけられていなかった。つまり，裁判所は被害者Yの言い分だけを一方的に聞いて，A社による記事の掲載を差し止めることが法律上は可能であった。

　しかし，参考判例①で最高裁は，口頭弁論ないし債務者審尋を経ないで表現行為を差し止めることは，表現の自由の手続的保障として十分ではなく，原則として口頭弁論または債務者審尋の機会を与えることが必要であることを認めた。にもかかわらず，参考判例①の事案は，上述(3)で紹介した実体的要件を満たすので，口頭弁論ないし債務者審尋を経なかったことは違憲ではないとした。この処理については，学説には賛否両論がある。

　現在では，平成3年に制定された民事保全法23条4項が，この種の仮処分に際して，口頭弁論または債務者審尋の機会を設けることを裁判所に義務づけている。

本問のような事実関係を前提とした場合，差止めを認めた裁判所の結論自体は支持できるであろう。しかし，差止めの実体的・手続的要件に関する最高裁の説示には，公共利害事実でない場合や，プライバシー権侵害の場合にどう考えるべきかなど不明確な点が多く，安易な差止めにつながる傾向があるとの批判もある。

●】参考文献【●

松井茂記『マス・メディア法入門〔第5版〕』（日本評論社・2013）98-137頁，田島泰彦＝山野目章夫＝右崎正博編著『表現の自由とプライバシー』（日本評論社・2006）は，須加憲子「プライバシー侵害と名誉毀損」，町村泰貴「差止めの手続と損害賠償」，眞田範行「訴訟実務上の主張・立証のあり方に関する提案」など表現と名誉の問題についても示唆に富む論稿が多い，鈴木秀美「表現の自由と事前差止」小山＝駒村161-171頁

（赤坂正浩）

表現の自由：
事後制裁

　Ａ市屋外広告物条例（以下，「本条例」という）４条１項３号は，「街路樹及び路傍樹」のほか，「その支柱」に対する屋外広告物の表示または掲出物件の設置を禁止し，33条１号では違反者に対し30万円以下の罰金に処する旨を定めている。本条例は，屋外広告物法の規定に基づき，屋外広告物および屋外広告業について必要な規制を行うことによる良好な景観の形成もしくは風致の維持，または公衆に対する危害防止を目的として定められたものである。なお，本条例は，街路樹やその支柱の他にも，条例によって定められた地域・場所・物件への広告物の表示および広告物の掲出物件の設置を禁止または制限しているが，６条において，自己の氏名，名称，店名，事業・営業の内容を，自己の住所，事業所，営業所，作業所に表示するための広告物を規制の対象から除外している。また，本条例36条には「この条例の適用にあっては，国民の政治活動の自由その他国民の基本的人権を不当に侵害しないように留意しなければならない」と定められている。

　被告人Ｘは，Ａ市内のJR駅前商店街の中心にある街路樹２本の各支柱に，政党Ｍ党の演説会開催の告知宣伝を内容とするポスター（以下，「本件ポスター」という）各１枚を，針金でくくりつけていたところ，警察官により警告・制止されたが，周辺の街路樹には，他の政党の同様のポスターだけでなく，条例違反の一般の営利広告物も多数掲出されていたことから，警察官の警告を気にせず，ポスターをそのまま掲出して立ち去ろうとしたところ，本条例違反で現行犯逮捕され，起訴された。本件ポスターは，ポスターをベニヤ板に貼付して角材に釘付けしたいわゆるプラカード式ポスターであり，その大きさは縦約60センチメートル，横約42センチメートルであった。本件ポスターは，演説会終了後には，自主的に撤去される予定であった。被

告人が逮捕された当時，衆議院の解散が近いとみられており，次の総選挙では，当時の与党J党が多数の議席を失い，M党がそれに代わって政権を握る可能性が高いと盛んに報道されていた。

　第1審はXに対し罰金1万円の有罪判決を下し，第2審も控訴を棄却したため，Xは上告した。Xは，公共の掲示板が十分に設けられてはいないのに，本条例により地域・場所・物件を十分に限定せずビラ貼りが禁止されていること，とりわけ街路樹だけでなく，その支柱まで，地域や場所を指定せず，一律に広告物掲出禁止物件とされていることが憲法21条に違反すると主張している。また，たとえ本条例が合憲であったとしても，本件ポスターの掲出行為に本条例4条1項3号・33条1号を適用して処罰することは，本条令36条の解釈の誤りであり，憲法21条に違反すると主張している。Xの主張は認められるか。

●】参考判例【●

① 最大判昭和43・12・18刑集22巻13号1549頁（大阪市屋外広告物条例事件）

② 最判昭和62・3・3刑集41巻2号15頁（大分県屋外広告物条例事件）

●】問題の所在【●

　都道府県や指定都市は，屋外広告物法に基づき条例を定め，良好な景観の形成もしくは風致の維持，または公衆に対する危害防止のため（なお，2004年改正以前は，美観風致の維持と公衆に対する危害防止が目的とされていた），特定の場所や物件へのビラ貼りを禁止している。屋外広告物条例によるビラ貼り禁止は，表現の内容ではなく，その方法や場所に対する規制である。この規制の合憲性はどのような審査基準によって判断されるべきか。本問は，そのような問題を踏まえて，政治的言論である政党のポスターに屋外広告物条例が適用された事例を手がかりに，条例自体の合憲性と，その適用の合憲性について検討を求めるものである。

●】解説【●

1　表現内容規制・表現内容中立規制二分論に対する批判

　個人の人格形成にとってだけでなく，国民が自ら政治に参加するための重要な権利である表現の自由も，公共の福祉のための制約に服する。表現行為の事後規制の合憲性審査について，学説では，表現内容規制・表現内容中立規制二分論［→基本問題[13]参照］が多数を占めているものの，一元論も有力に唱えられている。一元論は，二分論が内容中立規制の危険性を軽視している点を次のように批判している（市川・後掲224頁以下）。ⓐ内容中立規制であっても，表現の全体量を縮減し，情報の自由な流通を阻害するため，表現の自由に期待されている役割を損なうおそれがある。公権力による情報内容の統制を抑止するだけでなく，多様・多量な情報の流れを維持することも必要である。ⓑ表現の時，場所，方法の意義を軽視すべきではない。ある時，場所，方法での表現活動が，それによって伝えようとする表現内容と不可分の場合もある。さらに，表現の時，場所，方法の意義は人によって異なる点にも注意が必要である。たとえば，ビラ貼りという表現手段は，マス・メディアを利用することのできない人々にとって，安価で効果的な表現手段である。ⓒ歴史的にはともかく，現代社会においては，明らさまな表現内容規制は減少し，より洗練された内容中立規制が多用されるようになっている。二分論によれば，多くの表現規制が厳格な審査を免れることになる。ⓓ自己統治だけでなく，自己実現が表現の自由の価値であることからすると，自己の伝えたいことを自己の望む時，場所，方法で伝えることに意義があるため，安易に内容中立規制を認めるべきではない。これに加えて，ⓔ日本の裁判所は，表現の自由の優越的地位を本当の意味で確立させているとはいえないため，裁判所が二元論を用いて，内容中立規制を過度に緩やかな審査の下に置いてしまうことが危惧されている。

2　パブリック・フォーラム論

　アメリカでは，フォーラムを，ⓐ道路，歩道，公園などの「伝統的パブリック・フォーラム」，ⓑ劇場や市民会館など一定目的のために創出された「限定的パブリック・フォーラム」，ⓒ「非パブリック・フォーラム」の3つ

の類型に分けて，各類型に応じて問題を考える判例が確立している（松井471頁以下）。ⓐにおいては，表現の自由が認められるため，表現規制の合憲性については，通常の判例法理がそのまま妥当するが，それに加えて，公権力にはフォーラムを表現活動に対して閉ざすことが憲法上禁止される。ⓑにおいても，表現規制についての判例法理が同様に妥当する。ただし，政府は，限定的パブリック・フォーラムを創設する義務までは負わないし，それを閉ざしてもそれだけでは憲法に反しない。しかし，いったんそれを創設したら，そこでは古典的なパブリック・フォーラムと同程度の表現の自由が保障される。ⓒにおいては，政府にはもっと広い裁量が認められ，特定の見解のみを排除することは許されないが，そうでない限り合理的な規制は認められる。

　日本でも，伊藤正己裁判官が，私鉄の駅構内におけるビラ配布や演説が問題となった事件の補足意見においてパブリック・フォーラム論に言及し，一般公衆が自由に表現できる場所では，所有権や管理権の行使にあたって，表現の自由の保障を配慮しなければならないと述べたことがある（最判昭和59・12・18刑集38巻12号3026頁）。同裁判官は，参考判例②の補足意見においても，ビラやポスターを貼付するのに適当な場所や物件は，道路や公園等とは性格を異にするが，パブリック・フォーラムたる性質を帯びるという考え方を示している（ただし，この点については異論もありうる）。

　パブリック・フォーラム論には，実際に表現活動がなされた場所が上記ⓐⓑⓒのどれに該当するかが決定的な意味をもち，裁判所の判定次第で，表現活動の保障レベルが異なってくるという問題がある。このため日本では，表現規制の合憲性については一般の法理を適用しつつ，フォーラムに対する「憲法上のアクセスの権利の有無を考えるに際してのみフォーラムの性質を問題とするようにした方がよい」と指摘されている（松井472頁）。

3　ビラ貼り禁止の合憲性

　屋外広告物条例は，各地方公共団体による相違があるものの，条例が定める地域・場所・物件への広告物の表示および広告物の掲出物件の設置を禁止・制限し，違反行為に対する措置命令，代執行，罰金刑をおいている点で共通している。

屋外広告物条例によるビラ貼り禁止の合憲性を検討するにあたっては，まず，二分論を採るか，それとも，二分論を批判して，一元論の立場から，内容中立規制であっても表現内容規制と同じく厳格な審査を適用すべきと考えるのか，その理由とともに示しておく必要がある。また，かりに二分論を採る場合にも，ビラ貼り禁止を内容中立規制ととらえて厳格な合理性の審査によるか，それとも，たとえ表現内容中立的にみえる規制であっても，実際には表現内容に向けられた規制として扱うべきかについても検討しなければならない（松井449頁参照）。ただし，最高裁は，1968年の参考判例①においてのみならず，約20年を経た参考判例②においても，公共の福祉による制約として，条例による表現規制とその具体的事件への適用を，詳細な検討を加えることなく合憲としている。

　学説の多くは，二分論を前提に，屋外広告物条例によるビラ貼り禁止を内容中立規制であるととらえ，厳格な合理性の審査を適用すべきだと考えている（西土彰一郎・後掲129頁参照）。これに対し，屋外広告物条例によりビラ貼り禁止が，パブリック・フォーラムにおける表現規制であることに着目して，他に適切な意見表明の手段をもたない者との関係では表現内容規制ととらえる見解もある（棟居快行『憲法講義案Ⅱ』〔信山社・1993〕51頁）。

　本問のビラ貼り禁止を内容中立規制であるととらえて厳格な合理性の審査を適用する場合，当該禁止を合憲というためには，規制目的が重要な利益であり，その目的を達成するために，より制限的でない代替手段が存在せず，目的と手段は実質的に関連していることを説明しなければならない。良好な景観の形成・風致の維持という目的については，何が良好かは不明確で，主観によって違いがあるという問題がある。また，仮にそれが重要な利益であると認めることができるとしても，ビラ貼りを全面的に禁止するという手段については，それが必要最小限度といえるか，他に代替的な表現の場が残されているかという点については疑問が残ると指摘されている（松井470頁）。諸外国では街頭に誰でもビラを貼ることができる掲示板が設置されていることが多いが，日本ではそのような公共の掲示板が十分に用意されているわけではない。そのような掲示板を設けることなく，域内のほぼ全域にわたって公共の施設や構造物にビラを貼ることを禁止することは許されないと解する

こともできる。下級審には，公共の掲示板を設置するなど「代替措置を講じないまましかも合理的な理由もなく」「実質上殆ど絶対的且つ全面的に電柱等に対するビラ等の表示又は掲出を禁止したことは」，必要最小限度を超えており，憲法21条に違反するとした判決もある（枚方簡判昭和43・10・9下刑集10巻10号981頁）。

参考判例②では，街路樹の「支柱」が広告物掲出禁止物件とされていることも争われた。当時，屋外広告物法に街路樹の「支柱」は明記されておらず，これを明記する条例は全国でも3例しかなかったし，「電柱」もかなりの数の条例において掲出禁止物件から除外されていた。被告人側は，支柱には美的価値がなく，かえって美観風致を損うもので，保護の必要性は弱いと主張したが，伊藤正己裁判官補足意見は，街路樹に附随するものとして支柱も街路樹と同視してよいと述べ，当該街路樹は商店街の中心にあり，「街の景観の一部を構成していて，美観風致の維持の観点から要保護性の強い物件である」とした。

なお，仮にビラ貼り禁止を内容規制ととらえて厳格な審査を適用するなら，規制の対象とされている地域において，良好な景観の形成・風致の維持という目的が，真にやむを得ない利益（やむにやまれない政府利益）といえるか，また，手段についても，それが目的との関係で必要不可欠といえるかが問題となる。ここで手段が必要不可欠であるとは，過大包摂だけでなく，過小包摂も許さないことだと解するなら，本問のビラ貼り禁止には，地域・場所・物件を十分に限定せずビラ貼りを禁止している過大包摂の問題だけでなく，良好な景観の形成・風致の維持という目的のために屋外広告物だけを規制することが過小包摂ではないかという疑いもある。目的を達成するためには，商店や事業所が自己の建物に表示する広告も規制すべきであるのに，本条例はこれを規制の対象から除外しているからである。

なお，公衆への危害の防止という目的については，立て看板やプラカードなどが落下したり倒壊したりすることによって通行人に危害を及ぼすおそれがあるとき，人の生命や安全を保護することは重要な利益または真にやむを得ない利益といえよう。ところが，手段については，立て看板やプラカードは規制の必要性を認めることができるとしても，電柱に直接に貼られたビラ

やポスターの場合，立て看板等に比べて公衆に危害を及ぼすおそれは少ないと考えられる。

4　法令違憲と適用違憲

　ビラ貼り禁止は，良好な景観の形成もしくは風致の維持，または公衆に対する危害防止という規制目的のための，表現内容とは関わりのない規制であり，規制目的との関係では屋外広告物を表現内容により区別する意味がないうえ，そのような区別自体が困難であることも少なくないと考えられる。ただし，1960年〜1970年代には，ビラ貼りの取り締まりにおいて政治的な広告物が狙い撃ちされることがあったため，1973年の屋外広告物法改正により，法律・条例の適用にあたって「国民の政治活動の自由その他国民の基本的人権を不当に侵害しないように留意しなければならない」という規定（15条〔現29条〕）が盛り込まれた。本条例36条はこれと同じ規定である。

　本問のように，屋外広告物条例によるビラ貼り禁止を政党のポスターに適用することについて，学説の多くは，ビラ貼り禁止を内容中立規制とみて規制自体については合憲性を認めたうえで，参考判例②の伊藤正己裁判官補足意見の次のような考え方を支持し，事案の具体的な事情に照らし，適用違憲になる場合があると考えている。それは，広告物の貼付されている場所の性質，周囲の状況，貼付された広告物の数量・形状，掲出の仕方等を総合的に考慮し，「その地域の美観風致の侵害の程度と掲出された広告物にあらわれた表現のもつ価値とを比較衡量し」，後者の価値が前者の価値に優越する場合に，条例で定める刑罰を科すことは適用違憲となる，というものである。なお，1960年代後半には，表現の自由の意義を強調しつつ，当該事件の具体的状況を総合的に考慮して可罰的違法性を欠くとしたいくつかの下級審判例（高知簡判昭和42・9・29下刑集9巻9号1219頁，高松高判昭和43・4・30高刑集21巻2号207頁）もみられた。

　本問におけるポスター掲出行為については，ⓐその内容は政党の演説会開催の告知宣伝であり，ⓑ街路樹2本の各支柱に各1枚を掲出したにすぎないこと，ⓒその大きさも縦約60センチメートル，横約42センチメートルとポスターとしては一般的な大きさであること，ⓓプラカード式ポスターを支柱に針金でくくりつけたため落下のおそれは少なく，演説会後には自主的に撤

去される予定であったこと，ⓔ周辺の街路樹に，他の政党のポスターだけで
なく，条例違反の一般の営利広告物も多数掲出されていたこと，そして何よ
りも，ⓕ被告人が逮捕された当時，衆議院の解散が近いとされ，次の総選挙
では，当時の与党J党が多数の議席を失い，M党がそれに代わって政権を
握る可能性が高いとみられていた状況で，取締当局が与党J党の最大のライ
バルであるM党を狙い撃ちした可能性も否定できない。以上の事情を総合
的に考慮すれば，被告人に刑罰を科すことは適用違憲になると考えることが
できる（この他，公訴権濫用という問題もある）。

　ただし，このような適用違憲の手法は，ビラ貼りをしようとする者にとっ
ては結果についての予測可能性を欠くため，政治的活動の自由に萎縮的効果
を及ぼすおそれがある。このため，屋外広告物条例によるビラ貼り禁止につ
いては，前述の通り，むしろ実質的な表現内容規制ととらえて，法令違憲の
結論を導くべきだという指摘もある（西土・後掲123頁参照）。

●】 参考文献 【●

西土彰一郎・百選Ⅰ122頁，金井光生・百選Ⅰ124頁，佐々木弘通・争点118
頁，大久保史郎・争点〔第3版〕(1999) 112頁，市川正人『表現の自由の法理』
（日本評論社・2003）224頁

（鈴木秀美）

取材・報道の自由

　H新聞社は，20XX年6月24日付朝刊に，「保育園で園児虐待？」の見出しのもと，A保育園の保育士であるXが，あたかも園児に対して激しい暴行に及んだような印象を一般読者に与える記事（以下，「本件記事」という）を掲載した。Xは，H新聞社を相手どり，教育者としての信用および名誉を著しく毀損されたとして，謝罪広告の掲載および慰謝料の支払を求めて提訴した。これに対し，H新聞社は，本件記事掲載の事実は認めたが，本件記事は伝聞形式の表現方法を使用しているから，これによってXの信用・名誉が毀損される余地はなく，仮に本件記事中にXの名誉を毀損する部分があったとしても，本件記事は公共の利害に関連し，かつ，もっぱら公益を図る目的に出たものであって，その内容はすべて真実であり，また仮に真実に反する部分が存在したとしても，H新聞社は事前に十分な裏付け取材を行ったうえで本件記事を掲載しており，それが真実であると信ずるについて相当の理由があったから，不法行為は成立しないと主張した。

　H新聞社は，上記の主張事実を立証するため，本件記事の取材を担当した社会部記者Sを証人として申請し，裁判所において証拠調べが実施されたが，この証拠調べの期日において，Sは，H社側の主尋問に対し，A保育園に保育士以外の職員は5名いるが，そのうちの3名から取材したこと，地元警察署の刑事3名からも取材したことを証言したが，取材対象者の氏名・住所・担当職務を明らかにするよう求めたX側の反対尋問に対して，取材源を明らかにすることは職業の秘密に関する事項に該当するとの理由でその証言を拒絶した。

　そこで，XはSの証言拒絶の当否について裁判を求めた。Xは，次のように主張した。ⓐH新聞社の記事によるXの名誉・信用の毀損が争われている本件では，Sの取材活動が適正であったか否かが争

点となっており，その意味で，Sが取材の過程で情報を誰からどのように収集し，どう判断し処理したかが最重要な要証事実である。Sがそれについての証言を拒絶したことは，取材源の秘匿に名を借りて，自らの取材活動の不備を隠蔽する行為である。ⓑ取材源の秘匿を理由とする証言拒絶権の限界を定めるためには，一般論としては，「取材源の秘匿」による利益と「公正な裁判の実現」という利益を比較衡量すべきであるが，当該取材源，取材内容が重要な要証事実に該当するか否かの点を抜きにして考えることはできず，取材源を明らかにすることが，その要証事実の立証にとって必要不可欠である場合には，新聞記者の取材源が民事訴訟法 197 条 1 項 3 号の「職業の秘密」に該当するとしても，同条項に基づく証言拒絶は認められないと解するのが相当である。

本問において，S 記者の証言拒絶は認められるか。

●】参考判例【●

①　最大判昭和 27・8・6 刑集 6 巻 8 号 974 頁（朝日新聞記者証言拒否事件）
②　札幌高決昭和 54・8・31 下民集 30 巻 5＝8 号 403 頁（北海道新聞記者証言拒否事件）
③　最決平成 18・10・3 民集 60 巻 8 号 2647 頁（NHK 記者証言拒否事件）

●】問題の所在【●

　報道関係者は，職業倫理として，裁判所等への取材資料の提出［→基本問題⒂参照］だけでなく，法廷等における取材源についての証言も拒否する。取材源が明らかにされることにより，情報提供者との信頼関係が崩れると，取材源が報道関係者への情報提供を躊躇することになり，将来の取材活動への萎縮効果が生じると考えられているからである。ところが，刑事訴訟法・民事訴訟法は報道関係者の証言拒絶権を明文では認めていない。そこで，報道関係者の取材源秘匿が，取材の自由に含まれると主張され，現行法の憲法適合的解釈が求められることになる。最高裁は，参考判例③において民事事

件における報道関係者の証言拒絶権を認めた。本問はそれを踏まえて，民事名誉毀損に関連して新聞記者の証言拒絶の許否について問うものである。

●】解説【●

1　取材源秘匿と取材の自由

取材源秘匿も取材過程に不可欠なものとして取材の自由に含まれるとの主張について，ⓐ取材の自由は憲法21条の保障に含まれていない，あるいは，ⓑ取材の自由が憲法21条の保障に含まれているとしても，報道関係者に証言を強制することは取材活動に対する直接の侵害ではないため取材の自由に対する制約は生じないと考えるなら，取材源秘匿を理由とする証言拒絶権は簡単に否定されることになる。これに対し，ⓒ取材の自由が憲法21条の保障に含まれているうえ，証言強制が将来の取材活動に支障を来す場合にも，取材の自由に対する制約は生ずると考えるなら，当該制約が憲法上許容されるか否かを検討することが必要になる。

最高裁大法廷は，刑事事件における証言拒絶の許否が争われた参考判例①において，憲法21条は，「一般人に対し平等に表現の自由を保障したものであつて，新聞記者に特種の保障を与えたものではない」と判示した。同条の「保障は，公の福祉に反しない限り，いいたいことはいわせなければならないということである。未だいいたいことの内容も定まらず，これからその内容を作り出すための取材に関しその取材源について，公の福祉のため最も重大な司法権の公正な発動につき必要欠くべからざる証言の義務をも犠牲にして，証言拒絶の権利までも保障したものとは到底解することができない。……国民中の或種特定の人につき，その特種の使命，地位等を考慮して特別の保障権利を与うべきか否かは立法に任せられたところであつて，憲法21条の問題ではない」と述べて証言拒絶権を認めなかった。取材・報道の自由の意義についての認識が十分ではなかった当時の最高裁にとって，報道関係者に証言拒絶権を認めるか否かは立法政策上の問題にすぎなかった。

これに対し，最高裁第三小法廷は，参考判例③において，取材源の秘密が民事訴訟法197条1項3号の「職業の秘密」に当たるとして，民事事件における証言拒絶権を初めて認めた。この決定は，「報道関係者の取材源は，一

般に，それがみだりに開示されると，報道関係者と取材源となる者との間の信頼関係が損われ，将来にわたる自由で円滑な取材活動が妨げられることとなり，報道機関の業務に深刻な影響を与え以後その遂行が困難になると解される」ことから，「取材源の秘密は，取材の自由を確保するために必要なものとして，重要な社会的価値を有する」と述べている。

ただし，この決定は，「当該取材源の秘密が保護に値する秘密であるかどうかは，当該報道の内容，性質，その持つ社会的な意義・価値，当該取材の態様，将来における同種の取材活動が妨げられることによって生ずる不利益の内容，程度等と，当該民事事件の内容，性質，その持つ社会的な意義・価値，当該民事事件において当該証言を必要とする程度，代替証拠の有無等の諸事情を比較衡量して決すべき」であるとする。そして，ⓐ当該報道が公共の利益に関するものであって，ⓑその取材の手段，方法が一般の刑罰法令に触れるとか，取材源となった者が取材源の秘密の開示を承諾しているなどの事情がなく，しかも，ⓒ当該民事事件が社会的意義や影響のある重大な民事事件であるため，当該取材源の秘密の社会的価値を考慮してもなお公正な裁判を実現すべき必要性が高く，そのために当該証言を得ることが必要不可欠であるといった事情が認められない場合には，当該取材源の秘密は保護に値すると解すべきであり，証人は，原則として，当該取材源に係る証言を拒絶することができるという。

上記のように比較衡量を用いた判断枠組みは，本問のモデルとなった参考判例②においても示されており，最高裁も同様の考え方を採用したことになる。ここでは，原則として報道関係者の証言拒絶権は認められているが，上記ⓐⓑⓒの事情が原則と例外を区別する手がかりとなる（坂田宏「取材源秘匿と職業の秘密に基づく証言拒絶権について」ジュリ1329号〔2007〕16頁）。最高裁が指摘したこれら３つの事情のうち，上記ⓐとⓑについての判断は比較的容易に可能であるのに対して，ⓒについては，「各判断要素の方向や軽重の評価に応じて，裁判所によって結論が分かれ得る事態が予想され」ている（長谷部・後掲6頁）。学説では，上記ⓐとⓑの事情を比較衡量において考慮することについて問題点が指摘されている（松本博之・平成18年度重判131頁）。

なお，医師・弁護士等の証言拒絶権について定める刑事訴訟法149条には，民事訴訟法の「職業の秘密」に相当する規定はない。刑事訴訟法では，149条の証言拒絶権の主体はそこに列挙された者に限るとするのが通説である。とはいえ，学説には，この規定を手がかりに，憲法の趣旨を実現するための証言拒絶権を直接に認めるものや，取材・報道の自由が刑事訴訟法161条の「正当な理由」に含まれるとして，これを理由とする証言拒絶を認めるものがある（刑事訴訟法の学説の展開について，池田公博『報道の自由と刑事手続』〔有斐閣・2008〕70頁以下参照）。

刑事事件についての参考判例①と，民事事件についての参考判例③が，報道関係者の証言拒絶権について正反対の結論をとったのは，刑事と民事の相違というより，参考判例①と参考判例③では最高裁の取材・報道の自由についての理解が異なるからだと考えられる。ただし，参考判例③は，参考判例①にまったく言及しておらず，参考判例③によって参考判例①が明示的に変更されたわけではない。

2　証言拒絶と比較衡量論

民事訴訟法197条1項3号の「職業の秘密」該当性をどのように判断するかについて，同法では，比較衡量説が通説となっているが，客観説からの批判もある。証言拒絶権の本質は，民事訴訟における真実発見を犠牲にしても一定の社会的価値を守ろうとすることにあり，何が守られるべき社会的価値であるかは，同法の立法段階で政策的に判断されるべきであるから，証言拒絶を認める事由は客観的なものでなければならない。このため，最高裁がいうような事件の社会的意義や重大さによる比較衡量は排除されるべきだというのである（安達栄司「報道関係者の取材源に係る証言拒絶の可否」法律のひろば60巻7号〔2007〕60頁，川嶋四郎「報道関係者の取材源の秘密と証言拒絶権」法学セミナー624号〔2006〕106頁）。ただし，同法197条1項3号がどのような「職業の秘密」を保護すべきかについて何も手がかりを与えていない現行法の下では，「客観的性質」のみを根拠に保護に値する秘密か否かを判断することは困難であるため，比較衡量説が判例・通説となっている（門口正人ほか編『民事証拠法大系(3)』〔青林書院・2003〕79頁［早田尚貴］）。

憲法学説では，比較衡量の手法には結論が裁判官の裁量に委ねられ，恣意

に流れる危険性がぬぐいきれないという問題があるため，そのような危険性を緩和するためには，対立する利益の衡量に際してその原理的優先順位を示すこと，比較衡量の適用結果について予測可能性を高めること，最高裁が参考判例③で示した比較衡量基準とその射程が，どの範囲に及ぶものなのかを慎重に吟味しておくことが必要だと指摘されている（駒村・後掲 193 頁。曽我部・後掲 21 頁も同旨）。学説だけでなく，読売新聞記者証言拒否事件における第 1 審・2 審（東京地決平成 18・3・14 判時 1926 号 42 頁，東京高決平成 18・6・14 判時 1939 号 23 頁）のように，下級審判例にも比較衡量の手法に疑義を唱えるものがある。この事件の第 1 審は，一般論として，証言拒絶権を原則的には認めつつ，「特別の事情」があるときを例外とし，当該事件の読売新聞記者については，情報提供者の国家公務員法等違反の疑いという特別の事情があったとして証言拒絶を許さなかった。ただし，第 2 審・上告審（最決平成 18・10・17 公刊物未登載）では証言拒絶権が認められた。

　ところで，民事訴訟法 197 条 1 項 2 号に規定された医師や弁護士等の証言拒絶権が，「秘密」それ自体の価値だけでなく，主として，秘密が帰属する主体と専門的職業に従事する者との間の人的な信頼関係に着目したものであるのに対し，同項 3 号の「技術又は職業の秘密」を理由とする証言拒絶権は，秘密それ自体に独自の社会的価値を認めて，その保護を図っている。この点，報道関係者の場合，証言拒絶権が問題となるのは，秘密それ自体が報道されたことをきっかけとして，情報源を特定する必要が生じるからであり，法廷における証言によって脅かされるのは，提供された情報というより，むしろ当該情報の提供者と報道関係者の信頼関係である。そのうえ，取材源の秘密を保護することには自由な情報流通に対する公衆の利益（知る権利）に資するという特別な意義もある。

　このため，現行法により「職業の秘密」として取材源の秘密を保護することには無理があり，むしろ立法による問題の解決を図るべきだと指摘されている。実際，1996 年の民事訴訟法全面改正にあたって，197 条 1 項 2 号に「新聞，通信，放送その他報道の事業の取材又は編集に従事する者は，取材源に関する事項で黙秘すべきものについて，証言を拒絶することができる」という規定の導入が検討された。ところが，報道機関が，取材源の秘匿だけ

でなく，自己取材情報を目的外利用から保護するための包括的証言拒絶権に固執したため，改正は実現しなかった（飯室勝彦「改正民訴法から消えたメディアの証言拒絶権」法学セミナー501号〔1996〕18頁以下）。

　参考判例③によって取材源の秘密は民訴法の「職業の秘密」として保護されることが認められたが，その判断枠組みによれば比較衡量の結果，例外として証言拒絶が認められない余地もあり，問題の解決は個別の事件における裁判所の判断に委ねられている。だが，取材・報道の自由を保護するための証言拒絶権についての規範形成は，裁判所による判例の蓄積よりも，むしろ法律の制定に委ねられるべき問題であり，医師・弁護士等と同様に報道関係者にも絶対的な証言拒絶権を認めるか，それともそこに例外を設けるかについて，刑事訴訟法・民事訴訟法に定められるべきではないかと考えられる（池田・前掲278頁以下も同旨）。

3　本問の考え方

　本問のモデルとなった参考判例②は，次のような理由によってSに証言拒絶権を認めた。新聞記者であるSにとって，本件記事の取材源の氏名，住所，担当職務を明らかにすることは，Sと取材源との信頼関係を破壊するだけでなく，Sの将来の取材活動を制約することが一般的に推測される。このため，取材源に関する事項はSにとって，民事訴訟法197条1項3号の「職業の秘密」に当たる。Sは，Xの名誉毀損を理由とする民事事件において，Sの取材活動の存否，状況，内容を直接追及することによって，その証言の信用性を減殺するためになされたX側の反対尋問において証言を求められたため，Sの証言拒絶によってXの目的は阻害されることになる。しかし，取材源の秘密に重要な社会的価値が認められること，Sが概括的範囲においては取材源を明らかにする証言を行っていること等を考慮すると，Xとしては，限定された範囲の取材源につき調査を実施する等適切な証拠収集の措置をとることによって，反対尋問の目的を果たすことは不可能ではないと考えられるので，Sに対し取材源について証言させることが，公正な裁判を実現するためにほとんど必須のものであるとはいえない。Sが，取材源について概括的範囲において証言し，それ以上の証言を拒絶したのは，取材源を秘匿しつつも，記事が信用に足る取材に基づいて書かれていることを明ら

かにしようという趣旨に基づくものであり，取材活動の不備を隠蔽するための証言拒絶権の濫用ではない。

　なお，本問の名誉毀損事件ではH新聞社が被告であり，Sはその記者である。このような場合，記者が取材源についての証言を拒絶すると，報道機関にとっては，名誉毀損における真実性や真実であると誤信したことの相当性の主張・立証が困難になるという問題がある。これについては，報道関係者が取材源を秘匿するための証言拒絶は尊重されるべきであるが，証言拒絶が許されるからといって，報道関係者が主張・立証すべき事実について，相手方当事者の不利益において，主張・立証の程度を緩和し，取材内容等について何ら明らかにすることなく，名誉毀損における真実性や真実であると信じたことの相当性についての立証責任を免れることができるとすることは許されないとした下級審判例がいくつかある（たとえば，東京高判平成17・7・17公刊物未登載，東京地判平成8・7・30判時1599号106頁，後者について田頭章一・メディア百選50頁）。本問の事実として，Sは取材源について概括的には証言しながら，原告Xにとって重要な取材源の身元を明かしていなかったという点に注意する必要がある。

●】参考文献【●

笹田栄司・メディア百選〔初版〕（2005）6頁，小山剛・メディア百選4頁，長谷部恭男「取材源秘匿と公正な裁判」ジュリ1329号（2007）2頁，松井茂記「民事訴訟と取材源の秘匿」法教319号（2007）32頁，駒村圭吾・判評585号（判時1978号）（2007）25頁，曽我部真裕・平成18年度重判20頁，鈴木秀美・百選Ⅰ155頁

（鈴木秀美）

放送制度

放送法 64 条 1 項（以下，「法」ということがある）は，「協会の放送を受信することのできる受信設備を設置した者は，協会とその放送の受信についての契約をしなければならない」と定めている。Y がテレビを同人の住居に設置したことを受け，X（日本放送協会〔以下，「NHK」ということがある〕）は，Y に対し受信契約の申込みをしたが，Y はこれに承諾していない。そこで X は Y に対し，同人がテレビを設置した翌月以降の受信料の合計に相当する金額の支払を求めて訴えた。これに対し Y は，放送法 64 条 1 項は訓示規定であって，X との受信契約の締結を強制するものではなく，仮に同項が X との受信契約の締結を強制する規定であるとすれば，契約の自由，知る権利，財産権等を侵害し，憲法 13 条，21 条，29 条等に違反すると主張している。

Y の主張は認められるか。

●】参考判例【●

① 最大判平成 29・12・6 民集 71 巻 10 号 1817 頁（NHK 受信料訴訟）
② 最大判昭和 48・12・12 民集 27 巻 11 号 1536 頁（三菱樹脂事件）
③ 最大判平成 18・3・1 民集 60 巻 2 号 589 頁（旭川市国民健康保険条例事件）

●】問題の所在【●

以下では，上掲事例に含まれる下記の各論点につき順次検討する。

ⓐ NHK の放送を視聴しない者に対し NHK 受信料の支払を強制することは，財産権（29 条）を侵害するのみならず，受信料を支払わなければ

民放の視聴もできないこととなるため，知る権利（21条）をも侵害することになるか。

ⓑ　受信契約の締結強制は，契約の自由（13条・29条等）を侵害するか。

ⓒ　NHK放送受信契約を，その実態に即し，私法上の「契約」というより一種の「租税」類似の公課と見た場合，放送法64条1項の合憲性問題はどのように再構成されるか。

●】解説【●

1　知る権利との関係

参考判例①はまず，放送法64条1項は訓示規定であって，NHKとの受信契約の締結を強制するものではないとの被告側主張について，同項は，受信設備設置した者に対し受信契約の締結を強制する規定であり，NHKからの受信契約の申込みに対して受信設備設置者が承諾をしない場合には，NHKがその者に対して承諾の意思表示を命ずる判決を求め，同判決の確定によって受信契約が成立し，同契約に基づき，受信設備の設置の月以降の分の受信料債権が発生するとした。

そのうえで，参考判例①は上掲論点ⓐにつき以下のように判示した。

「公共放送事業者と民間放送事業者との二本立て体制の下において，前者を担うものとして」NHKを存立させ，「その財政的基盤を受信設備設置者に受信料を負担させることにより確保するものとした仕組みは」，「憲法21条の保障する表現の自由の下で国民の知る権利を実質的に充足すべく採用され，その目的にかなう」ものであり，「放送をめぐる環境の変化が生じつつあるとしても，なおその合理性が今日までに失われたとする事情も見いだせないのであるから，これが憲法上許容される立法裁量の範囲内にあることは，明らかというべきである。このような制度の枠を離れて被告が受信設備を用いて放送を視聴する自由が憲法上保障されていると解することはできない」。

参考判例①の上掲判示の特徴は，知る権利（21条）に関する判示部分と，経済的自由（財産権および契約の自由）に関する判示部分とが区別されておらず，両者がいわば混然一体となっている点だ。同判決が，こうした書き振り

となっているのは，財産権のみならず，「国民の知る権利」までも，立法に
よってはじめて具体化される権利だ（逆にいえば，「国民の知る権利」は，前国
家的権利としての自由権ではない）と考えているからであろう。同判決は，放
送につき「具体的にいかなる制度を構築するのが適切であるかについては，
憲法上一義的に定まるものではなく，憲法21条の趣旨を具体化する……放
送法の目的を実現するのにふさわしい制度を，国会において検討して定める
こととなり，そこには，その意味での立法裁量が認められてしかるべきであ
るといえる」と述べている。

　いうまでもなく，放送法64条1項は民放の視聴そのものを禁止している
わけではないのだから，知る権利に対し，そもそも憲法上問題視しうるほど
の「制約」を課しているとはいいがたい。被告違憲主張のうち憲法21条を
根拠とする部分を退けるには，そのように指摘すれば十分であったとも思え
る。だとすれば，現行放送制度が立法府の裁量の範囲内といえるか否かと
いった上掲論点ⓐをめぐる議論を，財産権（29条2項）や契約の自由との関
係でならともかく，「知る権利」（21条）との関係でも大展開して見せる必要
が本当にあったのかどうかは疑問である。もっとも，「制度の枠を離れて被
告が受信設備を用いて放送を視聴する自由が憲法上保障されていると解する
ことはできない」という参考判例①の立場から見た場合，立法による制度形
成以前にすでに存在する（前国家的）自由に対する「制約」といったもの
も，観念しようがないということなのだろう。

2　「契約の自由」との関係

　契約したくない相手と契約しない自由（現行民521条1項参照）に関する
先例としては参考判例②がある。いうまでもなく同判決で最も有名なのは，
原告の思想信条を理由として民間企業（私人）が行った本採用拒否に対し，
憲法14条および19条が直接適用されうるかをめぐる判示部分［→基本問題
④］であるが，原告の思想信条の自由に対峙する利益として同判決は，企業
側の「契約締結の自由」にも言及しており，憲法が「22条，29条等におい
て，財産権の行使，営業その他広く経済活動の自由をも基本的人権として保
障している」ことに，その憲法上の根拠を求めた。学説の中にも，職業の自
由，財産権と並び，契約の自由をも，憲法が保障する経済的自由の1つとし

て明示的に位置付けるもの（大石眞『憲法概論Ⅱ基本権保障』〔有斐閣・2021〕363頁）がある。もし仮に最高裁が原告の請求を認容する判決を下し，両当事者間に労働契約関係が存在することを確認したとして，同判決が被告企業の「契約締結の自由」に対する国（裁判所）による制約に当たるものと捉えるなら，同事件において直接適用された憲法条項は，14条や19条ではなく，むしろ22条，29条等のほうだったことだろう。

参考判例①は上掲論点ⓑにつき参考判例②に言及することなく，「受信料の支払義務を受信契約により発生させることとするのは，……原告が，基本的には，受信設備設置者の理解を得て，その負担により支えられて存立することが期待される事業体であることに沿うものであり，現に，放送法施行後長期間にわたり，原告が，任意に締結された受信契約に基づいて受信料を収受することによって存立し，同法の目的の達成のための業務を遂行してきたことからも，相当な方法であるといえる」ことなどを理由に合憲と判断した。

放送法64条1項によれば，Xによる受信契約の申込みがYに到達した時点で受信契約が成立する，というのが，参考判例①におけるNHK側主張であった。2014年に判明したNHK職員の不祥事に端を発する，受信契約締結に応じない者の増加に手を焼いていたNHKにとっては，それが最も負担の少ないものであったと思われる。だが参考判例①は，「法は，任意に受信契約を締結しない者について契約を成立させる方法につき特別な規定を設けていないのであるから，任意に受信契約を締結しない者との間においても，受信契約の成立には双方の意思表示の合致が必要というべき」であり，「原告からの受信契約の申込みに対して受信設備設置者が承諾をしない場合には，原告がその者に対して承諾の意思表示を命ずる判決を求め，その判決の確定によって受信契約が成立する」と述べ，上記のNHK側主張を退けた。最高裁としては，NHK受信契約を，受信設備設置者に対して締結が強制されるという特異性にもかかわらず，あくまで「契約」の範疇の中に位置付けることにこだわったものといえるだろう。

3　本問の考え方

参考判例①における憲法判断は，上掲論点ⓐおよびⓑをめぐるものであるが，受信契約をあくまで「契約」の範疇の中に位置付けることにこだわった

同判決の立場とは正反対に，受信契約締結の強制という，他の契約には見られない特殊性のほうに注目した立論の可能性（論点ⓒ）についても以下検討してみよう。

　参考判例③によれば，憲法84条にいう「租税」とは，「国又は地方公共団体が，課税権に基づき，その経費に充てるための資金を調達する目的をもって，特別の給付に対する反対給付としてでなく，一定の要件に該当するすべての者に対して課する金銭給付」であり，「国，地方公共団体等が賦課徴収する租税以外の公課であっても」，「賦課徴収の強制の度合い等の点において租税に類似する性質を有するものについては，憲法84条の趣旨が及ぶ」が，当該公課が「租税に類似する性質を有する」といえるか否かは，その「性質，賦課徴収の目的，その強制の度合い等を総合考慮して判断すべき」である。

　もし仮に受信料をNHKの放送に対する反対給付と考えた場合，「租税」には該当しないことになる。さらに，参考判例①の担当調査官解説（最判解民平成29年度（下）1925頁以下〔冨上智子〕）によれば，受信料徴収の主体であるNHKは，国が放送法により設立した特殊法人であるが，国そのものではない点で，「国，地方公共団体等が賦課徴収する」公課ともいえないし，NHKに対し強制徴収のための手続が現行法上認められていない点でも「租税に類似する性質」を欠くため，憲法84条の「趣旨」すら及ばないという（同1973頁注3）。

　もっとも，そうした形式的理由のみをもって，NHK受信料の租税類似性を否定されても，やはり何か釈然としないものが残る。例えば参考判例①は，「放送法は，……放送事業について，公共放送事業者と民間放送事業者とが，各々その長所を発揮するとともに，互いに他を啓もうし，各々その欠点を補い，放送により国民が十分福祉を享受することができるように図るべく，二本立て体制を採ることとしたものである」と述べている。ここで説かれているのは，放送法によって課せられた公共放送事業者としての役割をNHKが果たしていくことが，NHKの放送の質の確保のみならず，民放をも含め，国民に提供される放送全体の質の向上につながるというイメージであり，そのように考えた場合，受信料を，NHKの放送に対する反対給付に

とどまるものととらえることはできないであろうし，その限りで「租税」そのものとはいえないとしても，それに類する側面があることは否定しがたいように思われる。また，一方当事者に対し契約締結を強制する現行法上の規定（電気事業法 17 条 1 項，医師法 19 条 1 項など）が放送法 64 条 1 項にとどまらないのは確かではあるものの，サービスを提供する側ではなく，それを受ける側に契約締結を強制する放送法の規定は，やはり異例であるといわざるを得ない。

　そのため，NHK 受信料につき，「視聴すると否とを問わない点で反対給付的料金というより，租税にちかい性格のもの」とする見解（小嶋和司『憲法概説』〔良書普及会・1987〕509 頁）も夙にあり，近時でも「歴史的又は比較法的に受信料が租税である例は珍しくない」（浅妻章如「NHK 受信料訴訟大法廷判決の検討——租税法の観点から」ジュリ 1519 号〔2018〕45 頁），放送法「64 条 1 項（当初は 32 条 1 項）の制定過程において，当初は契約なしに受信機設置者に租税類似の負担金として受信料の支払を直截に義務付けることが検討された。真に実現されるべきものはこのようなものであった」（平野裕之・新・判例解説 Watch 22 号 85 頁〔参考判例①評釈〕）との指摘もある。

　では，NHK 受信料制度を憲法 84 条との関係で見た場合，どのように判断されることになるか。小嶋和司（前掲書）は，NHK の毎事業年度の収支予算につき国会承認を要求し（現行放送法 70 条 2 項），受信料の額を「受信料の月額は，国会が，……収支予算を承認することによつて，定める。」（現行同条 4 項）としている点につき，「国会統制のあり方も通常の租税以上に緊密なもの」と評価し，「違憲とはしえない」としている。また，「租税を除く外，国が国権に基いて収納する課徴金及び法律上又は事実上国の独占に属する事業における専売価格若しくは事業料金については，すべて法律又は国会の議決に基いて定めなければならない」（傍丸筆者）とする財政法 3 条の「国会議決の要件は充たされている」とする見解（大石眞『憲法概論 I 総説・統治機構』〔有斐閣・2021〕438 頁）もある。

　なお，憲法 84 条（の「趣旨」）は，租税（類似の公課）を民主的コントロールの下に置こうとするものであるところ，国会による民主的コントロールとはすなわち「政治」によるコントロールでもあるという点には注意が必要で

ある。この点に関しては，NHK という国から独立した言論機関に対する政治介入を遮断するためには，受信契約の内容を法律ではなく NHK 自らが放送受信規約で定める現行制度を大きく変えるべきでないという指摘がある（宍戸常寿＝音好宏＝鈴木秀美＝山本和彦「座談会・NHK 受信料訴訟大法廷判決を受けて」ジュリ 1519 号〔2018〕14 頁以下〔鈴木発言〕〔26 頁〕）。

●】参考文献【●

小山剛・百選 I 167 頁，笹田栄司・法教 450 号（2018）137 頁，曽我部真裕・メディア百選 200 頁，安西文雄・平成 30 年度重判解 22 頁

（大石和彦）

裁判を受ける権利

　X女はY男と10年にわたり夫婦生活を営み2人の子をもうけたが，YがZ女と情交関係をもったことから夫婦関係は冷却し，XとYは別居状態にある。また，YがXに生活費を渡さないため，Xおよび2人の子は経済的に困窮している。そこで，XはA家庭裁判所（原原審）に婚姻費用分担の審判を申し立てたところ，Yに対し，過去の未払分100万円と1カ月12万円の割合による金員の支払を命ずる審判が出された。この審判に不服なXは，B高等裁判所（原審）に即時抗告を行った。原審はXの主張を認め過去の未払分180万円と1カ月18万円の割合による金員の支払を命ずる決定を行った。ところで，Yに対しては即時抗告の抗告状および抗告理由書の写しは送付されておらず，Yは原審において，原審決定までの間に未払分の一部50万円を支払ったことを主張する機会が与えられなかった。そこでYは，原審がY（原審における相手方）に対し抗告状および抗告理由書の副本を送達せず，反論の機会を与えることなく不利益な判断をしたことが憲法32条の保障する「裁判を受ける権利」を侵害しているとして，特別抗告に及んだ。

　Yの主張は認められるか。

●】参考判例【●

① 最決平成20・5・8判時2011号116頁（手続保障侵害事件）
② 最大決昭和35・7・6民集14巻9号1657頁（強制調停違憲訴訟）
③ 最大決昭和40・6・30民集19巻4号1089頁（夫婦同居審判違憲訴訟）

●】問題の所在【●

　非訟事件において，自己の見解を表明する機会を与えられなかったため損害を被った場合，その司法的救済は可能なのか。本問では特別抗告が用いられたが，これは違憲を理由とする最高裁判所に対する不服申立てである。つまり，抗告審における手続が憲法違反であることを主張しなければならない。最高裁判例からするとこの主張は認められるであろうか。

●】解説【●

1　非訟事件における手続保障

　強制調停違憲訴訟［参考判例②。→基本問題21参照］によると，訴訟事件には公開・対審・判決が保障されねばならない。一方，非訟事件は非公開審理で行われ，当事者が互いの主張をやりとりする対審も必要ではなく，また，その際に用いられる決定は，裁判所が相当と認める方法で告知することにより効力を生ずる（民訴119条）。もちろん，公開審理や対審を法律によって付与することは可能であるが，憲法上求められているわけではない。

　ところで，非訟事件は，争訟性と当事者の対立構造の差異から，甲類審判事項（家審9条1項甲類）と乙類審判事項（同項乙類）に分けられ，乙類審判事項は甲類審判事項に比べ，争訟性があり複数利害関係人の利害が対立するものが多い（甲類審判事項のなかにも，後見人の選任のように，関係者の利害対立が予想される事項もある）。さらに，乙類審判事項を詳しくみると各事項間でも争訟性に濃淡があり，推定相続人の廃除事件（乙類9号）や遺産分割事件（乙類10号）はそのなかで争訟性の強い事案といえよう（梶村太一＝徳田和幸編著『家事事件手続法〔第3版〕』〔有斐閣・2016〕398頁以下参照）。

　本問で問題になっている「婚姻費用の分担」は乙類審判事項である（乙類3号）。婚姻費用には，衣食住の費用・出産費・医療費・葬祭費および子の養育費が含まれる（梶村＝徳田編・前掲473頁参照）。また，「婚姻費用の分担」についての審判は執行力を有しているから，強制執行によって審判決定の内容を実現することができる（家審15条）。したがって，本問の場合，YはB高等裁判所の決定内容に即した給付義務を負うことになる。

Ｙは，抗告審（原審）において未払分の一部50万円を支払ったことを主張する機会が与えられなかったことをもって憲法32条違反とするが，これは，参考判例②に基づくならば，どう考えたらよいのだろう。裁判を受ける権利は，純然たる訴訟事件につき裁判所の判断を求めることができる権利である。そうすると，婚姻費用の分担に関する処分は本質的に非訟事件であるから，上記処分の審判に対する抗告審において手続にかかわる機会を失う不利益は憲法32条所定の「裁判を受ける権利」とは直接の関係がない。原審がＹに対し抗告状および抗告理由書の副本を送達せず，反論の機会を与えることなく不利益な判断をしたことは，裁判を受ける権利を侵害したものではない（参考判例①参照）。

　本問のモデルとなった参考判例①では，最高裁は違憲とは判示しなかったが，原審の審理が不十分であったことを認めている。つまり，「本件において原々審の審判を即時抗告の相手方である抗告人に不利益なものに変更するのであれば，家事審判手続の特質を損なわない範囲でできる限り抗告人にも攻撃防御の機会を与えるべきであり，少なくとも実務上一般に行われているように即時抗告の抗告状及び抗告理由書の写しを抗告人に送付するという配慮が必要であった」と判示している。もっとも，既述のように，最高裁は憲法32条の問題とは認めていないから，上記の点は特別抗告の理由には当たらないのである。

2　当事者の見解表明権と裁判を受ける権利

　1で見たように，Ｙに攻撃防御の機会を与えるべきという点について，最高裁は「家事審判手続の特質を損なわない範囲でできる限り」という限定を付しつつも認めている。従来の最高裁判例に基づく限り，確かに攻撃防御の機会を保障することは裁判を受ける権利に結びつかない。しかし，形式的な出訴の保障に裁判を受ける権利をとどめることは，「『法の支配』を実現するうえで不可欠の前提となる権利」（芦部267頁）との憲法32条の理念的位置づけに適合的ではないだろう。

　本問で問題になっている即時抗告の抗告状および抗告理由書の送達について，控訴状の送達を規定する民事訴訟法289条1項が準用されるか否かは，家事審判法や民事訴訟法等からは明らかではない。裁判所の実務上，慣行と

して即時抗告の抗告状等を相手方に普通郵便等の方法で送付することが行われているが（参考判例①における那須判事の反対意見を参照），この送付は抗告審の法的義務とは考えられていない。

　本問の「婚姻費用の分担」についての審判は，乙類審判事項のなかでも争訟性の強い類型に含まれ，当事者間で相反する主張が交わされる可能性が高い。参考判例①において，那須判事は，「婚姻費用の分担」についての審判に関しては，「憲法 32 条の趣旨に照らし即時抗告により不利益な変更を受ける当事者が即時抗告の抗告状等の送付を受けるなどして反論の機会を与えられるべき相当の理由がある」とし，「このような当事者の利益はいわゆる審問請求権（当事者が裁判所に対して自己の見解を表明し，かつ，聴取される機会を与えられることを要求することができる権利）の核心部分を成すものであり，純然たる訴訟事件でない非訟事件についても憲法 32 条による『裁判を受ける権利』の保障の対象になる場合がある」と主張する。

　審問請求権（あるいは法的聴聞権）が解釈論上も憲法上の権利として保護されるべきことは，多くの論者の支持を得ている（山本和彦『民事訴訟審理構造論』〔信山社・1995〕297 頁，片山智彦『裁判を受ける権利と司法制度』〔大阪大学出版会・2007〕51 頁以下）。憲法学はこれまで，審問請求権（法的聴聞権）にさほど関心を示していないが，訴訟当事者が主張および立証についての十分な機会をもつことは，裁判を受ける権利の保障内容に含まれているとみるべきである。これは，本問のような「婚姻費用の分担」についての審判にも同様に当てはまる。したがって，那須反対意見は裁判を受ける権利について適切な主張を行っているのである。争訟性の強い非訟事件では，公開・対審・判決の手続保障を 1 セットとみるのではなく，対審に重点を置いた構成が採られるべきであろう。その際，憲法 32 条の「裁判」と同法 82 条の「裁判」を同一視する見解（参考判例②）が障害になるが，それについては次のような再構成が可能だろう。すなわち，憲法 32 条「裁判」は同法 82 条「裁判」よりも広い概念と捉え，前者は，後者の予定する公開・対審・判決を「標準装備」した訴訟＝判決手続に限定されず，他の権力から独立した中立的な裁判官が（法的聴聞や武器平等を核心とする）手続的公正に則って審理を行う司法作用も含むと解するのである。そして，本問のような争訟性の強い

非訟事件についての決定は，このような司法作用として構成することが考えられ，反論の機会の付与が非訟事件手続法に定められていないとしても，憲法32条に依拠した反論の機会の付与はありうるのではないか（宍戸・後掲11頁参照）。

　そこで本問についてみると，抗告状等の送付は裁判を受ける権利の保障から必要なものであって，憲法上の義務と評価されよう。したがって，送付を怠りYに反論の機会を与えることなく不利益変更を行った抗告審の決定は違憲と解されよう（1で見たように，参考判例①によれば違憲とは解されない）。

●】参考文献【●

渋谷秀樹・争点170頁，芦部信喜「裁判を受ける権利」芦部Ⅲ275頁，笹田栄司・争点269頁，宍戸常寿・法教342号別冊判例セレクト2008（2009）11頁，高田裕成「訴訟と非訟」伊藤眞＝山本和彦編『民事訴訟法の争点』（ジュリ増刊）（2009）12頁

（笹田栄司）

刑事手続と人権

　　被告人Xは複数の共犯者と共謀の上，犯行に使用する自動車等を
盗み，店舗に侵入して衣類等を盗むという手口で被害額400万円を
超える自動車等の窃盗や侵入盗を繰り返していた。捜査機関は，被告
人Xや共犯者のほか，Xの知人女性が使用する自動車等19台に，令
状を取得することなくGPS端末を取り付け，それぞれの位置情報を
6か月半の間，取得していたところ，この捜査の適法性が問題になっ
た。第1審は，GPS捜査は強制の処分（刑訴197条1項ただし書）に
当たり違法とした上で捜査により得られた証拠等の証拠能力を否定し
たが（大阪地決平成27・6・5判時2288号138頁），その余の証拠に
基づき被告人を有罪とした（大阪地判平成27・7・10判時2288号
144頁）。第2審（大阪高判平成28・3・2判タ1429号148頁）は，
GPS捜査が「対象車両使用者のプライバシーを大きく侵害するもの
として強制処分に当たり，無令状でこれを行った点において違法と解
する余地がないわけではない」としつつも，「少なくとも，本件GPS
捜査に重大な違法があるとは解され［ない］」として被告人の控訴を
棄却した。これに対してXは，車両に使用者の承諾なく密かにGPS
端末を取り付けて位置情報を検索し把握するGPS捜査は憲法35条
に違反すると主張して，上告に及んだ。
　　Xの主張は認められるだろうか。

●】参考判例【●

①　最大判平成29・3・15刑集71巻3号13頁（GPS捜査訴訟）
②　最決平成21・9・28刑集63巻7号868頁（X線検査訴訟）
③　最決昭和51・3・16刑集30巻2号187頁（呼気検査拒否訴訟）

　本問の事例のように，集団による広域的な犯罪に対してGPS捜査は極め
て有効な捜査手法である。その一方で，GPS捜査が令状を取得することな
く行われるならば，プライバシー等の憲法の保障する重要な法的利益を侵害
するのではないかが問題になる。ここでは，GPS捜査が刑事訴訟法上，特
別の根拠規定がなければ許容されない強制処分に該当するかが前提問題であ
る。

●】解説【●

1　強制処分と任意処分

　議論の前提として，捜査手法を強制処分と任意処分に区別することが必要
である。強制処分とは「個人の意思を制圧して憲法の保障する重要な法的利
益を侵害するものとして，刑訴法上，特別の根拠規定がなければ許容されな
い」ものである（参考判例①）。「強制処分法定主義」と言われる。それに対
し，任意処分とはそれ以外の手段である（刑事訴訟法197条1項は，「捜査に
ついては，その目的を達するため必要な取調をすることができる。但し，強制の
処分は，この法律に特別の定のある場合でなければ，これをすることができな
い」と定める）。

　参考判例①に先行して，覚せい剤事件での国内宅配便荷物のエックス線検
査について，「荷送人や荷受人の内容物に対するプライバシー等を大きく侵
害するものであるから，検証としての性質を有する強制処分に当たる」（参
考判例②）とした判例がある。「プライバシー等」に対する侵害の程度を勘
案して令状を必要とする強制処分に該当するか否かを最高裁は判断している
（笹田・後掲123頁）。参考判例②では，「最高裁自ら『プライバシー等』とい
う語を用いることで，憲法35条の文言より一層広い侵害行為態様・被侵害
利益を想定し，強制処分該当性の判断がなされていた」のである（酒巻・後
掲189頁）。

　ここで，憲法31条に由来すると考えられる強制処分法定主義と令状主義
（33条・35条）の関係に触れておこう。すべての強制処分に令状主義の適用

はない。令状主義の対象は，憲法上，「逮捕」（33条），「住居，書類及び所持品」についての「侵入，捜索及び押収」（35条）であり，これら憲法上の事項に含まれないものは，強制処分であっても「刑事訴訟法に根拠が用意され，その定めに従って行われれば足り，憲法上令状は必要でない」（後藤昭「強制処分法定主義と令状主義」法教245号〔2001〕10頁）。逆に言えば，ある捜査手段の使用が憲法35条の保障対象に含まれる法益の侵害を伴う限りで，当該捜査手段は強制処分と解される可能性が生じ，令状主義の適用が検討される。以下で，この問題をGPS捜査に即して検討してみよう。

2　GPS捜査とプライバシー

　本件事案では，GPS端末が19台の車両に6か月半の間，装着され，捜査機関はこれらの車両の位置情報を令状なしに取得していた。GPS捜査訴訟第1審は，「本件ＧＰＳ捜査は，被告人等のプライバシー等を侵害するものであったが，検証令状を得て適法にこれを行う余地も多分にあった」（前掲大阪地決平成27・7・10）としたが，第2審は，「対象車両の所在位置に限られ，そこでの車両使用者らの行動の状況などが明らかになるものではなく，また，警察官らが，相当期間（時間）にわたり機械的に各車両の位置情報を間断なく取得してこれを蓄積し，それにより過去の位置（移動）情報を網羅的に把握したという事実も認められないなど，プライバシーの侵害の程度は必ずしも大きいものではなかったというべき事情も存する」（前掲大阪高判平成28・3・2）と判示している。

　第1審は「プライバシー等の侵害」とするものの具体的にその内実を示してはいない。これに対し第2審は上記のようにプライバシー侵害の程度が「必ずしも大きいものではなかった」とする。いずれにしろ第1審，第2審ともGPS捜査がプライバシー侵害に関係することは念頭にある。これに対し最高裁は明確にGPS捜査がプライバシー侵害を引き起こすことを認めている。GPS捜査は，「その性質上，公道上のもののみならず，個人のプライバシーが強く保護されるべき場所や空間に関わるものも含めて，対象車両及びその使用者の所在と移動状況を逐一把握することを可能にする」手法であって，「個人の行動を継続的，網羅的に把握することを必然的に伴うから，個人のプライバシーを侵害し得るものであり，また，そのような侵害を

可能とする機器を個人の所持品に秘かに装着することによって行う点において，公道上の所在を肉眼で把握したりカメラで撮影したりするような手法とは異なり，公権力による私的領域への侵入を伴う」（参考判例①参照）。GPS捜査が継続的，網羅的に個人の行動を把握すると最高裁は判示しており，その点を否定した第2審判決との違いは明らかだろう。また，最高裁は，京都府学連事件（最大判昭和44・12・24刑集23巻12号1625頁）が想起される「公道上の所在を……カメラで撮影したりするような手法」との違いを明示している。

3　憲法35条の保障する「権利」

憲法35条は，「住居，書類及び所持品」について恣意的な「侵入，捜索及び押収」を禁止している（芦部257頁）。最高裁は，憲法35条の保障対象には，「『住居，書類及び所持品』に限らずこれらに準ずる私的領域に『侵入』されることのない権利が含まれるものと解するのが相当」とし，「個人のプライバシーの侵害を可能とする機器をその所持品に秘かに装着することによって，合理的に推認される個人の意思に反してその私的領域に侵入する捜査手法であるGPS捜査は，個人の意思を制圧して憲法の保障する重要な法的利益を侵害するものとして，刑訴法上，特別の根拠規定がなければ許容されない強制の処分に当たる（最高裁昭和……51年3月16日第三小法廷決定・刑集30巻2号187頁参照）」と判示する（参考判例①）。

注目すべきは，(1)「住居，書類及び所持品」に準ずる私的領域，及び(2)個人のプライバシーの侵害を可能とする機器の密かな装着である（傍点は筆者）。最高裁は，(1)の「準ずる」によって住居等の「閉鎖空間の保護という意味での古典的なプライバシー観を維持」し（笹倉・後掲221頁），(2)の「装着」によって「強制処分」として規制する方向に舵を切ったのである。加えて，2で見たように，GPS捜査が「個人の行動を継続的，網羅的に把握することを必然的に伴う」のであれば，プライバシー侵害の可能性は一気に高まる。また，憲法35条の保障対象に，「住居，書類及び所持品」に「準ずる私的領域に『侵入』されることのない権利が含まれる」と最高裁が判示した点は重要である。今後導入がありうる「ドローンによる追尾，街頭カメラとAIによる歩容認証を組み合わせた追跡」などは「装着」要件が使えないた

め参考判例①の射程外（笹倉・後掲221頁）としても，上記権利侵害の可能性が大きい捜査手法については検討が必要である。ただ，その場合は「古典的なプライバシー観」では対応できないことも考えられよう。この問題は今後の課題として指摘するにとどめる。

4　本問の考え方

以上見てきたように，最高裁はGPS捜査がプライバシー侵害を引き起こすことを認めた。その根拠は，GPS捜査が公道だけではなく「個人のプライバシーが強く保護されるべき場所や空間に関わるものも含めて」，「個人の行動を継続的，網羅的に把握することを必然的に伴う」が故にである。最高裁は，GPS端末の装着によって「住居，書類及び所持品」に準ずる私的領域に「侵入する捜査手法」（GPS捜査）は，「個人の意思を制圧して憲法の保障する重要な法的利益を侵害するものとして，刑訴法上，特別の根拠規定がなければ許容されない強制の処分に当たる」と判示している（参考判例①）。

それでは，「裁判官が発する令状に様々な条件を付す」ことで「刑訴法上の強制の処分として許容」することはできないだろうか。岡部喜代子，大谷剛，および池上政幸裁判官補足意見は，法制化に一定の時間を要するため，「極めて重大な犯罪」の捜査に限定して「裁判官の審査を受けてGPS捜査を実施することが全く否定されるべきものではない」としている。これに対して，法廷意見は，「令状に様々な条件を付す」手法が「『強制の処分は，この法律に特別の定のある場合でなければ，これをすることができない』と規定する」刑事訴訟法197条1項ただし書の趣旨に沿うものではない，として，条件付き令状の可能性を否定している。もっとも，最高裁は，本件GPS捜査によって得られた証拠についてはその証拠能力を否定する一方で，「その余の証拠につき，同捜査に密接に関連するとまでは認められないとして証拠能力を肯定し，これに基づき被告人を有罪と認定した第1審判決は正当」と判示している（参考判例①）。

GPS捜査は「情報を取得するコストが低く，監視対象者に知られることなく，動静情報・位置情報を蓄積し，事後的に分析することも可能」な「監視型捜査」である（緑・後掲67頁）。このようなGPS捜査の特性等に鑑み，「監視型捜査」を規律する立法的措置を望む声はある（笹田・後掲123頁）。

最高裁は GPS 捜査の「実効性にも配慮しつつどのような手段を選択するか
は，……第一次的には立法府に委ねられている」として，「GPS 捜査が今後
も広く用いられ得る有力な捜査手法であるとすれば，その特質に着目して憲
法，刑訴法の諸原則に適合する立法的な措置が講じられることが望ましい」
と判示している（参考判例①）。もちろん，立法府に向けられたこの判旨部分
は，当該事案の解決とは関係しない傍論である。

●】参考文献【●

笹倉宏紀・メディア百選 221 頁，山田哲史・百選Ⅱ 248 頁，酒巻匡「刑事判例
研究　GPS 捜査は令状がなければ行うことができない強制の処分か」論究ジュリ
30 号（2019）187 頁，緑大輔「監視型捜査における情報取得時の法的規律」法
時 87 巻 5 号（2015）65 頁，笹田栄司・法教 442 号（2017）123 頁

（笹田栄司）

最高裁判所裁判官の国民審査

　ベルリンでドイツ企業に 2 年ほど勤務しているてる X は，ドイツの連邦憲法裁判所と比べて日本の最高裁判所が立法に対する違憲審査権の行使に消極的なことに疑問を抱き，インターネットで最高裁判所裁判官を調べたところ，裁判官の構成がドイツ連邦憲法裁判所と比べ裁判官出身が多く学者出身の裁判官はごく少数であることを知った。最高裁判所裁判官に興味をもった X は，2017 年 10 月 22 日実施の衆議院議員選挙にベルリンで投票した際に，同日実施の最高裁判所裁判官国民審査（以下，「前回国民審査」という）において投票しようとしたところ，在外国民は投票できないことを知り愕然とした。インターネットでさらに調べたところ，在外国民の選挙権行使が衆院小選挙区選挙および参院選挙区選挙においてできなかったことについて，2005 年に最高裁が違憲と判断したことも知った。そこで X は最高裁判所裁判官の国民審査についても在外国民が投票できないことは違憲ではないかと思い，具体的に訴訟をすることを考えはじめた。しかし，なかなか良い案が浮かばず困っていたときにドイツ留学中の W 大学准教授 A に出会い，A から詳しい話を聞くことができた。A のレクチャーを受けた X は，⑴国に対し，主位的に，次回の国民審査において審査権を行使することができる地位にあることの確認を求め（以下，「本件地位確認の訴え」という），⑵予備的に，国が X に対して国外に住所を有することをもって次回の国民審査において審査権の行使をさせないことが憲法 15 条 1 項，79 条 2 項・3 項に違反して違法であることの確認（以下，「本件違法確認の訴え」という）を求め，出訴に及んだ。加えて，⑶2017 年 10 月 22 日当時に在外国民であった X は，国会において在外国民に審査権の行使を認める制度（以下，

「在外審査制度」という）を創設する立法措置がとられなかったこと（以下，「本件立法不作為」という）により，審査権を行使できず精神的苦痛を被ったとして国家賠償法1条1項に基づく損害賠償を国に求めた。

　Xの請求は認められるだろうか。

●】参考判例【●

① 最大判令和4・5・25裁判所ウエブサイト（在外日本人最高裁判所裁判官国民審査権訴訟）
② 最大判平成17・9・14民集59巻7号2087頁（在外日本人選挙権訴訟）

●】問題の所在【●

　在外審査制度が立法化されていないために，在外国民が最高裁判所裁判官国民審査権（以下，「国民審査権」という）を行使できないことが違憲かを検討するについては，国民審査権の憲法上の位置づけを行うことが必要である。そして，国民審査権が憲法上の権利であるならば，在外国民が国民審査権の行使をできない場合，立法不作為における権利の救済は重要な検討事項である。その際，国家賠償請求に加え，参考判例②（在外日本人選挙権訴訟）で示された「公法上の法律関係に関する確認の訴え」の活用が本件でも問題になる［→発展問題21］。すなわち，「地位確認の訴え」および「違法確認の訴え」が認められるかどうかがポイントである。

●】解説【●

1　最高裁判所裁判官国民審査権の憲法上の位置付け

　国民審査権の憲法上の根拠として79条2項が挙げられる。ただ，同条項は「最高裁判所の裁判官の任命は，その任命後初めて行はれる衆議院議員総選挙の際国民の審査に付し，その後十年を経過した後初めて行はれる衆議院

議員総選挙の際更に審査に付し，その後も同様とする」とのみで，憲法上の権利と明定されているわけではない。参考判例②を国民審査権に当てはめるについては，国民審査権と選挙権との違いを強調する議論がありうる。在外審査制度の不存在から国民審査権違反が最初に争点となった東京地判平成23・4・26（判時 2136 号 13 頁）では，被告（国）は国民審査について「具体的な規定は憲法 79 条 2 項のみであり，選挙権に関する諸規定（憲法前文，1条，43 条 1 項，44 条ただし書参照）と比較して，規定ぶりが全く異なって」おり，「成人国民の投票資格があることが規定されているものではない」こと，また，「国民主権原理や議会制民主主義を採用している諸外国において」，「国民審査の制度を採用している国家は少数であることから見ても，議会制民主主義の根幹を成す選挙権とは位置付けが相当異なる制度であることは明らか」と主張していた。

これに対して，前掲東京地判平成 23・4・26 をはじめとして裁判所は選挙権と国民審査権の「同質性」を強調する。参考判例①は最大判昭和 27・2・20（民集 6 巻 2 号 122 頁）を引いて，「国民審査の制度は，国民が最高裁判所の裁判官を罷免すべきか否かを決定する趣旨のものであるところ」，違憲審査権を有する終審裁判所（憲法 81 条）等の「最高裁判所の地位と権能に鑑み，この制度を設け，主権者である国民の権利として審査権を保障している」としたうえで，「審査権が国民主権の原理に基づき憲法に明記された主権者の権能の一内容である点において選挙権と同様の性質を有することに加え，憲法が衆議院議員総選挙の際に国民審査を行うこととしていることにも照らせば，憲法は，選挙権と同様に，国民に対して審査権を行使する機会を平等に保障しているものと解するのが相当」と判示する。従来，国民審査権についてこれほど高い評価が学説上与えられることはなかった。

最高裁は，憲法 15 条 1 項が国民審査権の根拠規定とするが，国民審査権が参政権に含まれるかどうかについては明言していない（宇賀克也裁判官補足意見は国民審査権を「間接的参政権」とする）。一方，学説では国民審査権は広義の参政権に含まれるとする見解がある（芦部 84 頁）。そもそも憲法が国民審査制を設けた趣旨は，違憲審査権を最終的に行使する最高裁判所の重要な役割に鑑み「その地位を主権者である国民の意思に基礎づけようとした」

（田中英夫「最高裁判所の裁判官の任命と国民審査」法学セミナー増刊『最高裁判所』〔1977〕88頁）点にある。違憲審査制は法令違憲を想定すればわかるように，不可避的に政治に関わらざるを得ない。参政権を「選挙権・被選挙権を典型とする，国家および地方自治の政治過程に参加する権利」と見るなら，国民審査権は「特別な，多かれ少なかれ対象限定的な政治過程にかかわる」（奥平康弘『憲法Ⅲ憲法が保障する権利』〔有斐閣・1993〕400頁以下）といってよいであろう。その意味で「広義の参政権」と国民審査権を見ることは可能である。

2　厳格な審査基準

　選挙権との「同質性」を強調することは参考判例②の理論枠組みを採用することを容易にする。参考判例①は，「国民の審査権又はその行使を制限することは原則として許されず，審査権又はその行使を制限するためには，そのような制限をすることがやむを得ないと認められる事由がなければならない」とする。この「やむを得ないと認められる事由」の存否という審査基準は厳格度が高い。

　最高裁は，「そのような制限をすることなしには国民審査の公正を確保しつつ審査権の行使を認めることが事実上不可能ないし著しく困難であると認められる場合でない限り，上記のやむを得ない事由があるとはいえず，このような事由なしに審査権の行使を制限することは，憲法15条1項，79条2項，3項に違反するといわざるを得ない」と判示する。参考判例②によって選挙権について展開された理論枠組みが「国民の審査権」についても展開されていることがわかるであろう。そして，最高裁は，「国が審査権の行使を可能にするための所要の立法措置をとらないという不作為によって国民が審査権を行使することができない場合についても，同様」と判示する（参考判例①）。それでは，いかなる場合に「やむを得ない事由」が本件事案で認められるのだろうか。最高裁は，「国民審査の公正を確保しつつ，在外国民の審査権の行使を可能にするための所要の立法措置をとることが事実上不可能ないし著しく困難であると認められる場合」に限るとする。ここで，最高裁は参考判例②を参照としており，衆院小選挙区選挙および参院選挙区選挙において在外選挙制度が可能となっていることを明らかに念頭に置いている。

最高裁は在外審査制度の導入にあたり技術的な困難があることを認めつつも，それは克服可能と見ている。すなわち，「点字による国民審査の投票を行う場合においては，記号式投票ではなく，自書式投票によることとしていること」（裁審16条1項）に鑑みても，「在外審査制度において，上記のような技術的な困難を回避するために，現在の取扱いとは異なる投票用紙の調製や投票の方式等を採用する余地がないとは断じ難い」とするのである（参考判例①）。

3　救済の方法

(1)　公法上の法律関係に関する確認の訴え（行訴4条）

まず，ⓐ確認の対象を法令そのものとするか（違法確認の訴え），あるいはⓑ法令を「前提にして（それに起因する）権利の行使不能」とするか（地位確認の訴え），の問題がある〔→発展問題21〕。参考判例②は，ⓐについて「他により適切な訴えによってその目的を達成することができる場合には，確認の利益を欠き不適法」とし，ⓑについて「次回の衆議院議員の総選挙における小選挙区選出議員の選挙及び参議院議員の通常選挙における選挙区選出議員の選挙において，在外選挙人名簿に登録されていることに基づいて投票をすることができる地位にあることの確認を請求する趣旨のものとして適法な訴え」とした。ⓑが「他に〔他の〕より適切な訴え」（〔他の〕は筆者）と最高裁は解したのである〔→発展問題21〕。参考判例②では衆参両院の比例代表選挙に限ったとはいえ在外選挙制度（より具体的には在外選挙人名簿制度）が存在していたが，本問では在外審査制度そのものが存在していない。この違いは以下述べるように重要である。

最高裁は，地位確認の訴え（ⓑ）について，「次回の国民審査に先立ち，審査権を行使することができる地位を有することを確認することは，その地位の存否に関する法律上の紛争を解決するために有効適切な手段であると認められる」としつつも，在外審査制度を最高裁判所裁判官国民審査法が規定していないことから本件地位確認の訴えに係る請求は理由がないとした。参考判例②と異なり，最高裁判所裁判官国民審査法から「次回の国民審査において審査権を行使することができる地位」を導くことはできないのである。

次に違法確認の訴え（ⓐ）についても最高裁は適法とする。宇賀克也裁判

官補足意見は「この請求も，抽象的に法令の違憲審査を求めるものではなく，次回の国民審査において，自らの審査権を行使することができないことの違法の確認を求めるものであり，法律上の争訟」とし，原告Xには，「憲法32条により，実効的な裁判を受ける権利が保障されていなければならず，それは，立憲主義の要請」とする。宇賀克也裁判官補足意見の後半部分は憲法上の論拠を示している。ここでのポイントは国会の立法権限に過度に介入しないということである。権力分立の観点からいって，立法裁量の余地が少ないことが，裁判所が違法確認判決を出す場合には重要である。そこで，最高裁はまず憲法79条に鑑み，審査権の基本的内容が一義的に定まっていること，および審査権に係る法的地位の現実的危険の存在に加え，審査権は侵害を受けた後に争うことによっては権利行使の実質を回復できないことを指摘する。さらに，在外国民が審査権をまったく行使できないことが違憲であることを理由として，違法確認判決が確定した場合，「国会において，裁判所がした上記の違憲である旨の判断が尊重されるものと解されること（憲法81条，99条参照）も踏まえると，当該確認判決を求める訴えは，上記の争いを解決するために有効適切な手段」とする（参考判例①）。最高裁による法令違憲の判断が立法府をどのように拘束するかは重要な問題であるが，参考判例①は国会が本件判決を尊重して立法を行うことを期待するとするにとどめ，原審（東京高判令和2・6・25判時2460号37頁）のように行政事件訴訟法上の拘束力（41条1項・33条1項）には言及しなかった。

(2) **国家賠償請求訴訟**

　基本問題29で見たように，国家賠償請求訴訟は，「違憲の」公権力の取消しを直接の目的とはしないが，損害賠償請求をするなかで公権力の作為（あるいは不作為）の違憲「確認」を目指す。その際，国家賠償法1条1項が定める「公権力の行使」，「故意・過失」および「違法」の解釈が問題になるが，とりわけ「違法」認定のハードルが高い。詳細は基本問題29を見てほしいが，立法内容の違憲と国家賠償法上の違法を最高裁は区別し，例外的にのみ国家賠償法上の違法性を認めるからである（参考判例①は，「国会議員の立法行為又は立法不作為が同項の適用上違法となるかどうかは，国会議員の立法過程における行動が個々の国民に対して負う職務上の法的義務に違反したかどうか

の問題」とする）。

　この「例外」について最高裁は以下のように判示する。「法律の規定が憲法上保障され又は保護されている権利利益を合理的な理由なく制約するものとして憲法の規定に違反するものであることが明白であるにもかかわらず，国会が正当な理由なく長期にわたってその改廃等の立法措置を怠る場合などにおいては，……例外的に，その立法不作為は，同項の適用上違法の評価を受けることがあるというべき」（参考判例①）とする［→基本問題⑥］。以上の判旨は参考判例②を継承しており，それを本問に当てはめると以下のようになる。

　「国会においては，在外選挙制度を創設する平成10年公選法改正に係る法律案に関連して在外審査制度についての質疑がされて」おり，「在外国民の審査権に関する憲法上の問題を検討する契機もあったといえるにもかかわらず，国会は，平成18年公選法改正や平成19年の国民投票法の制定から平成29年国民審査の施行まで約10年の長きにわたって，在外審査制度の創設について所要の立法措置を何らとらなかった」。「以上の事情を考慮すれば，遅くとも平成29年国民審査の当時においては，在外審査制度を創設する立法措置をとることが必要不可欠であり，それが明白であるにもかかわらず，国会が正当な理由なく長期にわたってこれを怠ったものといえる」（参考判例①）。このようにして，本件立法不作為は国家賠償法1条1項の適用上の違法の評価を受けると最高裁は判断したのである。

4　本問の考え方

　以上述べたように，議論はなかなか込み入っている。そこで，ここでは問題の整理を兼ねて「考え方」の筋道を示すことにしよう。

　本問は，参考判例②（在外日本人選挙権訴訟）をベースにしていることは明らかである。在外日本人が投票する制度について，参考判例②では衆参両院の比例代表選挙に関してのみ在外投票制度があったのに対し，本問と重なる参考判例①では制度そのものが設置されていない。換言すれば，参考判例①は在外審査制度がなく「全面的な立法不作為」であり，参考判例②は在外投票制度が比例代表選挙についてあるから「部分的な立法不作為」と見ることもできよう。権利侵害の程度は「全面的な立法不作為」の方が大きいこと

に鑑みても，「地位確認の訴えに係る請求を認容することができず，他に適切な救済方法がない本件において，違法確認の訴えに係る確認の利益を認めるという解釈は，平成17年大法廷判決〔参考判例②〕の趣旨にも適合している」（宇賀克也裁判官補足意見）（〔参考判例②〕は筆者）。

　本問のベースとなった参考判例①では，第1審は国家賠償請求訴訟のみを一部認容し，第2審は違法確認の訴えのみを認容している。それに対し，最高裁は，地位確認の訴えおよび違法確認の訴えのいずれも適法とし，国家賠償請求訴訟も認容している。この最高裁判決によって立法不作為に係る権利救済の手法が多彩なものになったといえよう。

　もう一点重要と思われるのは，厳格な審査基準（「やむを得ないと認められる事由」の存否）を設定するためには権利の重要性を強調する必要があるということである。参考判例②では選挙権を「国民の国政への参加の機会を保障する基本的権利として，議会制民主主義の根幹を成すもの」とし，参考判例①では，国民審査権が「国民主権の原理に基づき憲法に明記された主権者の権能の一内容である点において選挙権と同様の性質を有する」としている。国民審査権がこのように重要な憲法上の権利であることを指摘した学説および判例を筆者は寡聞にして知らない。結果として，参考判例①によって「国民審査制」（79条2項・3項）を無用の長物として憲法改正により削除すべきとする議論に対し，一定の歯止めがかかったといえよう。

●】参考文献【●

渡辺暁彦・新・判例解説Watch憲法No.205（2022）1頁，高田倫子・法学セミナー811号（2022）120頁，山崎友也・判評738号〔判時2448号〕（2020）144頁，佐々木雅寿・令和2年度重判解（2021）20頁，笹田栄司・法教469号（2019）135頁，大石和彦・新・判例watch憲法No.166（2020）1頁

（笹田栄司）

違憲審査の方法

外国人たる母から生まれたＸは，母と法律上の婚姻関係にない日本国民たる父から出生後認知を受けたため，法務大臣宛てに国籍取得届を提出したが，「父母の婚姻……により嫡出子たる身分を取得した」という国籍法３条１項（当時の規定。以下同じ）所定の要件を満たしていないとして，日本国籍の取得は認められない旨通知を受けた。Ｘは，国を被告として，日本国籍を有することの確認を求める訴えを提起し，当時の国籍法の下，日本国民たる父から生後認知を受けた子のうち「嫡出子」にのみ日本国籍が認められ，婚外子には認められていないことが憲法14条１項に違反すること（主張1），さらに日本国民たる父が生後認知した婚内子に対しては日本国籍が認められることを定める同項の規範的含意を婚外子にも及ぼし，Ｘの請求は認容されるべきこと（主張2），以上２点を主張した。

Ｘの請求は認容されるか。

国籍法３条１項（平成20年法律第88号による改正前の規定）　父母の婚姻及びその認知により嫡出子たる身分を取得した子で20歳未満のもの（日本国民であった者を除く。）は，認知をした父又は母が子の出生の時に日本国民であった場合において，その父又は母が現に日本国民であるとき，又はその死亡の時に日本国民であったときは，法務大臣に届け出ることによって，日本の国籍を取得することができる。

●】参考判例【●

① 最大判平成20・6・4民集62巻6号1367頁（国籍法違憲判決）
② 東京高判昭和57・6・23判時1045号78頁（国籍法父系血統主義違憲訴訟）

●】問題の所在【●

　違憲の疑いのある条項の全部ではなく一部のみを違憲無効とする判断手法を，あえて採らなければならないのは，どのような場合か。また裁判所が，立法府自身による法改正を待たず，判決により，Ｘのような法令による「授益」が及ぼされていない者に対しても，「授益」範囲を拡張して救済を与えることは，憲法が想定する立法府と裁判所との間の権限配分に反しないか。

●】解説【●

1　立法事実の変遷を理由とする当初合憲・現在違憲判断

　本問につき参考判例①の15名の裁判官の見解の分かれ方は，以下のとおりである。

　ⓐ　主張1，主張2ともに認め，Ｘの請求を認容するもの（法廷意見を構成する9名＋藤田裁判官意見＝計10名）

　ⓑ　主張1を認めるが，主張2は認めず，Ｘの請求は棄却されるべきだとする甲斐中，堀籠の2裁判官反対意見

　ⓒ　主張1，主張2ともに認めない横尾，津野，古田の3裁判官反対意見

　まずは以下，主張1を認めるか否かの問題につき法廷意見の立場を確認する。主張2を認めるべきか否かの問題については3(1)で検討し，法廷意見と藤田意見の分岐点については3(2)で説明しよう。

　法廷意見は，国籍法に3条1項が挿入された1984年当時「父母の婚姻……により嫡出子たる身分を取得した」という要件を付加した目的につき，「同法の基本的な原則である血統主義を基調としつつ，日本国民との法律上の親子関係の存在に加え我が国との密接な結び付きの指標となる一定の要件を設けて，これらを満たす場合に限り出生後における日本国籍の取得を認めることとしたものと解し」たうえで，「当時の社会通念や社会的状況の下においては，日本国民である父と日本国民でない母との間の子について，父母が法律上の婚姻をしたことをもって日本国民である父との家族生活を通じた我が国との密接な結び付きの存在を示すものとみることには相応の理由があった」こと，また当時は，自国民である父の子について，認知だけでな

く，父母の法律上の婚姻により「嫡出子」たる身分を取得した場合に限り自国籍の取得を認める国が多かったことに鑑み，同項が当初から違憲であったとはしなかったものの，「遅くとも上告人が法務大臣あてに国籍取得届を提出した当時には，立法府に与えられた裁量権を考慮してもなおその立法目的との間において合理的関連性を欠くものとなっていた」とした。

2 法令の一部のみを無効（残りの部分は有効）とする判断が必要になるのはどのような場合か

⑴ 不利益的（≒自由制約的）規定と授益的規定の違い

「政治的行為」を行った公務員が，国家公務員法110条1項19号の罪で起訴されたとする [→基本問題22]。被告人側は，公務員の政治的行為の禁止の全部が違憲とまで考えてはおらず，ただ，同人のような非管理職で，その職務内容が機械的労務の提供にとどまる公務員が，勤務時間外に行った行為にまで，刑罰という最も強烈な手段で規制していることのみが違憲だと考えているとしよう。公務員の「政治的行為」を，刑罰をもって禁圧することは違憲でも，懲戒処分の対象とすることは合憲だと考えるなら，刑罰法規である国家公務員法110条1項19号のみにつき違憲無効だと主張すれば足り，「政治的行為」そのものを禁止する規定，すなわち同法102条1項まで違憲だと主張する必要はないだろう。あるいは被告人側は，「政治的行為の禁止又は制限に関する規定は，……すべての一般職に属する職員に適用する」とする「人事院規則14－7（政治的行為）」1項第1文のうち「すべての」という部分，または「勤務時間外において行う場合においても，適用される」とする同4項に限って違憲だと主張すれば足り，国家公務員法102条1項，110条1項19号，人事院規則14－7という関連規定の全部を違憲無効と主張する必要はないように思われる。では，上記一連の規定の全部無効判断を是非とも回避し，一部のみの無効判断にとどめなくてはならない理由が上掲事例の被告人にあるかというと，ないであろう。自由権を制約する，いわば「不利益的」な法令の場合，一連の規定の全部が無効，つまり「不存在」状態へと帰しても，規制なき「前国家的」状態が回復されるだけの話で，自由を求める被告人個人にとっては痛くもかゆくもないからである。これに対し，日本国民たる父から出生後認知を受けたXにとって，「父母の婚姻……により嫡

出子たる身分を取得した」という部分を除く残りの部分は，まさに自らが欲している地位を認めてくれる唯一の根拠であるから，この部分まで違憲無効とされたら，請求認容判決の根拠も消し飛んでしまう。これは，公務員の政治的行為を規制する「不利益」法令の場合とは異なり，国籍法3条1項がXにとって「授益的」な（参考判例①の反対意見が用いる言葉でいえば，「創設的・授権的」な）部分をもっていることに起因する。日本国籍という「後国家的」（法令依存的）地位を求めるXにとって，法令の不存在は，授益ゼロという最悪の状態しかもたらさないのである。

(2) 他の「部分違憲判決」との違い

　そこで参考判例①は，上記「最悪の状態」を回避するため，「国籍法3条1項につき，同項を全体として無効とすることなく，過剰な要件を設けることにより本件区別を生じさせている部分のみを除いて合理的に解釈」（傍点は本稿筆者。以下同じ）することで，Xの請求を認容すべきだとする。これは，字面のみ一見した限りでは，郵便「法68条，73条の規定のうち，書留郵便物について，郵便業務従事者の故意又は重大な過失によって損害が生じた場合に，不法行為に基づく国の損害賠償責任を免除し，又は制限している部分は，憲法17条……に違反し，無効である」とした郵便法違憲判決（最大判平成14・9・11民集56巻7号1439頁），さらには「公職選挙法附則8項の規定のうち，在外選挙制度の対象となる選挙を当分の間両議院の比例代表選出議員の選挙に限定する部分は，憲法…に違反する」とした在外国民選挙権訴訟（最大判平成17・9・14民集59巻7号2087頁［→基本問題㉙の参考判例②]）と同様の判断手法のようにも見える。

　郵便法68条（当時）は，同条1項に該当しないケースについては国の賠償責任を「免除」し，また同条2項では，それに該当するケースの賠償額についても「制限」をしている，という点で，同条1項所定のケースに該当しない者，あるいはそれに該当するとしても満額賠償してもらえなくて不満な者にとっては「不利益的」規定としての側面をもつといえるだろう。しかし同時に，同条1項が定めるケースについては，同条2項の「限度」までの額を賠償することを認めるという，不十分ながらも「授益的」な側面をももっている。これはちょうど，当時の国籍法3条1項の規定が，日本国民たる父

の生後認知子のうち婚外子には日本国籍を認めない点では不利益的であるといえるが，また同時に，日本国民たる父から胎児認知を得ることのできなかった子（の一部）にも日本国籍を認めるという授益的側面をも有しているのと似ている。

憲法 10 条は，「法律」により国籍制度が具体化されることを予定した規定である。そして国家賠償請求権を定める憲法 17 条も，「法律」により国家賠償制度が具体化されること，また同様に憲法 15 条 1 項所定の選挙権も，憲法 47 条にいう「法律」により選挙制度が具体化されることを予定している。国家賠償請求権をはじめとする国務請求権，参政権，さらには社会権などの，いわゆる「後国家的」権利は，このように法令による具体化を最初から予定しており，それらの権利を具体化する法令は，自由権制約法令が自由の享有主体にとっては専ら不利益的でしかないのとは異なり，不利益的な側面をもちうるのと同時に，必ず授益的側面をも併有している。このことは，現在の生活保護基準（生活保護 8 条 1 項）の定める受給額では憲法 25 条 1 項にいう「健康で文化的な最低限度」を満たしていないと主張する者〔→基本問題⒄の参考判例①〕にとって，本来の水準に満たないという点では「不利益的」であるものの，不十分ながら給付がゼロではない，という点では「授益的」である（その証拠に，同基準を「無効」だとした場合，受給希望者を一銭ももらえないという最悪のゼロ保障状態へと追いやってしまう）ことと同じ事理である。

では，郵便法違憲判決が当時の郵便法 68 条を仮に全部丸ごと無効としたら，満額賠償を欲する人がかえって賠償ゼロ状態へと追いやられたかというと，そうではないだろう。なぜなら，郵便法という特別法上の規定が無効とされたところで，民法 709 条以下の不法行為法，または国家賠償法 1 条 1 項といった一般法が，満額賠償を求める権利の具体化法として機能するだろうからである。つまり郵便法違憲判決の場合，満額賠償を求める者にとって不利益的な意味をもつ規定（郵便 68 条等）とはまた別途，授益的な意味をもつ規定（民法の不法行為法または国家賠償法 1 条 1 項）が存在していたため，不利益的な意味をもつ規定に対する違憲無効判決が，授益的な規範まで巻き添えに，その効力を否定する羽目になるのではないか，といった問題を意識す

る必要はなかったのである。また在外国民選挙権訴訟における最高裁の違憲判断を受け制定された「公職選挙法の一部を改正する法律」（平成18年法律第62号）では，最高裁に部分違憲と判定された附則8項は，一部ではなく丸ごと全部削除されている。これもまた，附則8項をめぐっても，上記問題が意識されていなかったことを示している。

　これに対して参考判例①においては，国籍法3条1項という同じ容器の中に，不利益的意味と授益的意味の両方が同居している。後者を無効とせず，前者のみを無効とすることができるか。これは，郵便法違憲判決，在外国民選挙権訴訟を含め，それまでの最高裁判例には見られない，参考判例①に特有の問題であったといわなければならない。

3　当時の国籍法3条1項に含まれる規範的意味をめぐる見解の相違

⑴　授益的意味の不存在？

　参考判例①における裁判官の見解の分かれ方については1で確認した。実は裁判官たちの見解の相違は，国籍法3条1項の中にどういう規範的意味が含まれているかに関する見解の相違に由来している。すなわち法廷意見は，同項の中に，生後認知子のうち婚外子には日本国籍を認めないという不利益的意味と，日本国民の子には広く日本国籍を認めるべしという授益的意味の両方が，可分な形で存在すると考えたうえ，不利益的意味をもつ部分のみを無効とし，残りの授益的意味の部分を根拠にしてXの主張2を認容したと考えられる。

　これに対し藤田裁判官意見は，国籍法3条1項には，後者の（授益的）意味のみが含まれている（不利益的意味は含まれていない）と解し，同項に基づいて判決でXに日本国籍を認めても，裁判所が国会の立法権を簒奪したことになるわけではないと考える。

　甲斐中，堀籠2裁判官反対意見および横尾，津野，古田の3裁判官反対意見は，当時の国籍法には，日本国民の子には広く日本国籍を認めるべしという授益的規範は含まれてはいないと考える。国会がそういう規範をいまだ定立していないとすれば，当時の国籍法の下では日本国籍を認められない子に対し裁判所が判決で勝手に（国会の頭越しに）国籍を付与することは，司法権の限界を逸脱し，国会の権限である立法の領域に足を踏み入れたことにな

る。したがって，Xの主張2を認めるわけにはいかない，という結論になる。

　日本国民の子には広く日本国籍を認めるべしという規範的含意が，当時の国籍法にあったのかなかったのか。この問題を考えるためには，参考判例②を振り返るとよい。同判決は，「出生の時に父が日本国民であるとき」と定める当時の国籍法2条1号の規定（現行法にある「又は母」の文言が欠けていた）の下，日本国民たる母と外国人たる父との間に生まれた原告の請求を棄却し，日本国籍取得を認めなかった。仮に当時の父系血統主義が違憲だとしても，立法者に残されるそれ以外の選択肢として例えば，「『父及び母』がともに日本国民であることを要件とすることも考えられ」，また現行法のように「父又は母」が日本国民であることを要件とする場合でも，「親，殊に日本国民でない親に対して一定の国内居住年数その他の要件を必要とすることも」考えられたからである。これと同じように国籍法3条1項の場合も，仮に同規定の下で生じている差別を違憲（つまり判決当時の制度は，以後国会が選びうる選択肢としては除かれる）と考えたとしてもなお，立法政策論上別の選択肢としていくつかのものが残ると考えるなら，国会が定立しうる授益的規範の内容がいまだ具体化していない現段階でXの請求を認めるわけにはいかないとする，甲斐中・堀籠2裁判官のような議論の筋をたどるであろう。

　もっとも，外国人たる父と法律婚関係にない母が日本国民である場合，および外国人たる母と法律婚関係にない日本国民たる父が胎児認知した場合には，子は国籍法2条1号により出生時に国籍を取得し，さらに生後父母が法律上の婚姻をし，しかも父から生後認知を受けた子は，国籍法3条1項により生後日本国籍を取得すること，特に日本国民たる父から胎児認知を受けた子と出生後認知を受けた子とでは，日本社会との間のつながりという面で重要な違いがあるとは考えがたいとすれば，法廷意見が国籍法3条1項に見出した不利益的意味を削除した後に残されるのは（同項に不利益的意味を見出さない藤田裁判官意見の立場からすれば，同項に含まれているのはそもそも），日本国民の子には広く日本国籍を認めるべしという，国会自身が定立した規範的意味のみであるがゆえ，それを根拠にXの主張2を認容しても，司法権の範囲内だということになるだろう。

⑵ 不利益的意味の不存在？

　最後に，参考判例①における法廷意見と藤田裁判官意見の分岐点を探ることにしよう。両者の間の違いは，当時の国籍法３条１項に，日本国民たる父の生後認知子といえども婚外子には日本国籍を認めないという不利益的意味が含まれると考えるか否かにある。

　最判平成14・1・31（民集56巻1号246頁）［→発展問題⑤の参考判例①］では，児童扶養手当支給対象たる児童につき定める児童扶養手当法施行令１条の２第３号「母が婚姻（婚姻の届出をしていないが事実上婚姻関係と同様の事情にある場合を含む。）によらないで懐胎した児童（父から認知された児童を除く。）」のうち，「（父から認知された児童を除く。）」の部分が無効と判断された。上記括弧書部分が「除く」という文言を使っている以上，「父から認知された児童」を授益対象から排除する，という点では不利益的な規範的意味が，そこに含まれるのは明らかである。

　これに対し，国籍法３条１項の当時規定のうち「父母の婚姻……により嫡出子たる身分を取得した」という部分には，そういう子には国籍を付与するという授益的な意味があるにとどまり，婚外子は授益対象者から「除く」という含意はない，というのが藤田意見の理解なのだが，果たして本当にそうだろうか。法廷意見いわく，「このような規定が設けられた主な理由は，日本国民である父が出生後に認知した子については，父母の婚姻により嫡出子たる身分を取得することによって，日本国民である父との生活の一体化が生じ，家族生活を通じた我が国社会との密接な結び付きが生ずることから，日本国籍の取得を認めることが相当であるという点にあるものと解される。また，上記国籍法改正の当時には，父母両系血統主義を採用する国には，自国民である父の子について認知だけでなく準正のあった場合に限り自国籍の取得を認める国が多かったことも，本件区別が合理的なものとして設けられた理由であると解される」。国籍法３条１項の当時規定の立法目的をめぐるこのような理解を共有した場合，日本国民である父が出生後に認知した子でも父母が法律婚関係にない場合，その子は日本社会と密接な結びつきを生じさせているとは考えがたいし，彼らに国籍取得を認める国も少ないがゆえに，彼らを国籍取得の対象から除外するという立法府の「作為」があり，彼らに国

籍を認めないという不利益的含意が当時の国籍法の中に「存在」していたと
理解するほうが素直ではないだろうか。

●】参考文献【●

「特集 2 ・国籍法違憲訴訟最高裁大法廷判決」ジュリ 1366 号所掲の諸論稿，常本
照樹・論究ジュリ 1 号 100 頁，井上典之・百選 I 58 頁

（大石和彦）

立法不作為

　ロンドンで日本料理屋を経営しているＸは，日本の政治の貧困さに呆れ，1996年の衆議院議員選挙に投票しようと思ったが，国外に居住している日本国民は投票できないことを知った。Ｘがインターネットで調べたところ，1984年に衆議院議員および参議院議員選挙について，国外に居住する国民に在外投票を可能にする法案が内閣によって国会に提出されたが，廃案となり，それ以後，在外選挙について国会は何も活動していなかった。Ｘは当初，国家賠償訴訟を考えていたが，店の常連客でイギリスで憲法を研究しているＨ教授に，確認訴訟のほうが選挙権の実現に効果的と示唆されたので，(1)（改正前の）公職選挙法が違法であることの確認を求め出訴に及んだ。その後，1998年に公職選挙法が改正され，在外選挙人名簿制度が創設されたが，その対象は衆参両院の比例代表選挙に限るとされていた。これらの措置では不十分と考えたＸは，さらに，(2)（改正後の）公職選挙法が違法であることの確認および，(3)（衆参両院の比例代表選挙だけでなく）衆議院小選挙区選挙・参議院選挙区選挙でも選挙権を有することの確認の請求を追加した。

　Ｘの請求は認められるだろうか。

●】**参考判例** 【●

① 最判昭和60・11・21民集39巻7号1512頁（在宅投票制廃止違憲訴訟）

② 最大判平成17・9・14民集59巻7号2087頁（在外日本人選挙権訴訟）

●】問題の所在【●

　立法不作為による人権の侵害については，国家賠償訴訟がもっぱら用いられてきた。ここで取り上げる「立法の作為・不作為の違憲確認訴訟」については，「付随的審査制から相当距離をもった制度」ではないか，あるいは「民主主義との関係でかなり重大な問題を提起することにならないか」といった疑問が出されていたのである（佐藤 347 頁）。しかし，改正行政事件訴訟法 4 条に「公法上の法律関係に関する確認の訴え」が加えられ，立法の違憲審査の場面での活用も予想される。本問は，人権救済におけるその具体的な活用を検討する。

●】解説【●

1　公法上の法律関係に関する確認の訴え

　改正行政事件訴訟法 4 条によって，実質的当事者訴訟の中に「公法上の法律関係に関する確認の訴え」が加えられた。この改正の趣旨は，「国民と行政主体の間の多様な法律関係に対応し，当事者訴訟としての確認訴訟を，国民の権利利益の実効的救済のために有効に機能させることを意図している」（櫻井敬子＝橋本博之『行政法〔第 6 版〕』〔弘文堂・2019〕349 頁）。通達や計画などに起因する紛争，立法の違憲審査が活用例として挙げられるが（長谷部恭男ほか・後掲 9 頁〔小幡純子発言〕），確認の訴えについて行政事件訴訟法 4 条は詳しい規定を置いていないため，確認の対象を具体的に何にするかが問題になる。つまり，立法そのものを確認の対象とするか，あるいは，立法を前提にして（それに起因する）権利の行使不能を確認の対象とするかである。前者は，立法自身の違憲の確認であり，「原告の法的地位を侵害する点で法令の規定が違法である」と主張するのである（山本・後掲 30 頁）。後者は立法を前提とした義務の不存在あるいは権利の確認である。ある法律を前提とすると，原告は権利の行使ができなくなるので，その法律の違憲無効を前提に原告の法的地位の確認を行う手法と言い換えることができよう。

　これまで，立法不作為の違憲確認訴訟については，無名抗告訴訟（行訴 3 条 1 項）の一種として認める可能性が指摘され（芦部 398 頁），また，それが

認容される条件として，ⓐ立法をなすべき内容が明白であること，ⓑ事前救済の必要性が顕著であること，ⓒ他に救済手段が存在しないことが挙げられていた（東京高判昭和60・8・26判時1163号41頁）。この要件はかなり厳格であり，「公法上の法律関係に関する確認の訴え」を立法不作為に用いることが可能であれば，こちらのほうが人権の救済にとって適切であろう。

2　本問の考え方

(1)　「法律上の争訟」に該当しないとする判例

　Xは，改正前および改正後の公職選挙法が違法であることの確認および衆議院小選挙区選挙・参議院選挙区選挙でも選挙権を有することの確認を求めている。行政事件訴訟法改正前の判例は，両方とも，具体的紛争を離れて，抽象的，一般的に法令等の違憲あるいは違法性等に関する判断を求めるもので，裁判所法3条1項にいう「法律上の争訟」に該当しないとしている（東京地判平成11・10・28判時1705号50頁，東京高判平成12・11・8判タ1088号133頁参照）。もう少し詳しくいうと，Xは本問中の(1)(2)で，改正前および改正後の公職選挙法がXの選挙権行使を認めていないとするが，これは選挙権を有する在外日本人一般に当てはまることで，特定の者の具体的な権利義務の存否に関する具体的な紛争ではない。また，Xの本問中(3)の主張は，裁判所に対し，公職選挙法が在外日本人に衆議院小選挙区選挙・参議院選挙区選挙において選挙権を行使する権利を認めていないことが違憲との宣言を求める，あるいは上記行使をする権利の創設を求めるもので，「法律上の争訟」には該当しない。裁判所は，確認の訴えは「付随的審査制から相当に距離をもった制度」と考えたのである。

　仮に，法律上の争訟性が認められても，これは無名抗告訴訟と解されるから，本案が認められるためには先の3要件が一応の目安となろう。しかし，選挙制度は広範な立法裁量が認められる領域と考えられるので，「ⓐ立法をなすべき内容が明白であること」とはいえない。憲法または国際人権B規約上，「国会に対して衆議院議員及び参議院議員の選挙のすべてにつき在外日本人の選挙権の行使を可能にする立法を行うべきことを一義的に命じる規定が存在するとは認められない」と前掲東京地判平成11・10・28は判示している。

(2) 参考判例②の検討

　最高裁判所は，「国民の選挙権又はその行使を制限するためには，そのような制限をすることがやむを得ないと認められる事由がなければならない」と判示している（参考判例②）。そして，「そのような制限をすることなしには選挙の公正を確保しつつ選挙権の行使を認めることが事実上不能ないし著しく困難であると認められる場合でない限り……やむを得ない事由があるとはいえず」，このことは，立法の不作為によって「国民が選挙権を行使することができない場合についても，同様である」。やむを得ない事由なしに選挙権行使を制限することは憲法15条1項等を侵害するのである。

　次に改正前の公職選挙法について，最高裁判所は，「在外国民に選挙権の行使を認めるに当たり，公正な選挙の実施や候補者に関する情報の適正な伝達等に関して解決されるべき問題があったとしても，既に昭和59年の時点で，選挙の執行について責任を負う内閣がその解決が可能であることを前提に上記の法律案を国会に提出していることを考慮すると」，法案の廃止後，「国会が，10年以上の長きにわたって在外選挙制度を何ら創設しないまま放置し」たことについて，「やむを得ない事由があったとは到底いうことができない」のであって，改正前の公職選挙法は，憲法15条1項・3項・43条1項並びに44条但書に違反すると判示している。

　さらに，衆参両院の比例代表選挙に限定した在外選挙人名簿制度を創設した，改正後の公職選挙法について，最高裁判所は，「遅くとも，本判決言渡し後に初めて行われる衆議院議員の総選挙又は参議院議員の通常選挙の時点においては，衆議院小選挙区選出議員の選挙及び参議院選挙区選出議員の選挙について在外国民に投票をすることを認めないことについて，やむを得ない事由があるということはでき」ないのであって，在外投票制度を「当分の間両議院の比例代表選出議員の選挙に限定する部分」は，憲法15条1項・3項・43条1項ならびに44条但書に違反すると判示している。最高裁判所は，地球規模での通信手段のめざましい発達および参議院比例代表選出議員選挙への「候補者投票」を認める非拘束名簿式の導入を考慮して，比例代表選挙に限定する「やむを得ない事由」は存在しないと判断したのである。そして，「遅くとも，本判決言渡し後に初めて行われる衆議院議員の総選挙又

は参議院議員の通常選挙の時点」を違憲判断の基準点と設定している。現状が違憲とは判断していないことに留意する必要があろう。

(3) 「公法上の法律関係に関する確認の訴え」の活用

最高裁判所は，改正前の公職選挙法が違法であることの確認を求める訴え（Xの主張(1)）について，「過去の法律関係の確認を求めるものであり，この確認を求めることが現に存する法律上の紛争の直接かつ抜本的な解決のために適切かつ必要な場合であるとはいえないから」，不適法とし，また，改正後の公職選挙法が違法であることの確認を求める訴え（Xの主張(2)）について，「他により適切な訴えによってその目的を達成することができる」ので不適法と簡単に判示している。

一方，「衆議院小選挙区選挙・参議院選挙区選挙でも選挙権を有することの確認」（X主張(3)）について，最高裁判所は適法と認め次のように判示している（これが，最高裁判所がいうところの「他により適切な訴え」である）。本件確認請求に係る訴えは，「公法上の当事者訴訟のうち公法上の法律関係に関する確認の訴え」と解することができ，両院の比例代表選挙に限定した在外選挙人名簿制度（公選附則8項）は，憲法15条1項および3項・43条1項並びに44条但書に違反するもので無効であって，Xは，「次回の衆議院議員の総選挙における小選挙区選出議員の選挙及び参議院議員の通常選挙における選挙区選出議員の選挙において，在外選挙人名簿に登録されていることに基づいて投票をすることができる地位にあるというべきである」から，本件確認請求は理由があり，これを認容すべきと判示している。Xの主張(3)は認められたのである。

ところで下級審は，Xの請求について「法律上の争訟」性を認めなかった。この点について，最高裁判所は，「この訴えが法律上の争訟に当たることは論をまたない」とするが，その理由はどこにあったのだろう。「具体的な選挙につき選挙権を行使する権利の有無につき争いがある場合にこれを有することの確認を求める訴え」と，Xの請求を説明しているところからすると，請求の対象を直近の選挙に特定したことで具体的にXの選挙権の侵害可能性があるとみたのだろうか。もしこう解するなら下級審判決に対する反駁にならないと批判されよう（山本・後掲28頁参照）。やはり，選挙権は

選挙の際に行使できなければ意味がなく，侵害を受けた後に争うことでは権
利行使の実質を回復することができない性質のものであること，さらに選挙
権の重要性が，その主たる根拠とみるべきである。この「確認の訴え」が選
挙権以外の，「権利の重要性が認められる」領域で活用されるかどうかは，
今後の課題である。

●】参考文献【●

山本隆司「在外邦人選挙権最高裁大法廷判決の行政法上の論点」法教 308 号
（2006）25 頁，野坂泰司・百選Ⅱ 318 頁，長谷部恭男ほか「〔鼎談〕在外邦人選
挙権大法廷判決をめぐって」ジュリ 1303 号（2005）2 頁，井上典之「立法不作
為とその争い方」笹田ほか 299 頁

（笹田栄司）

地方自治

　　同一人物が何期にもわたって同一の地方公共団体の長（以下，しば
しば「首長」ともいう）を務め続ける，いわゆる「多選」の例が少な
くないが，Ｐ県知事候補Ａは，この多選が地域政治の停滞，腐敗を
もたらしているとの認識から，同県知事を連続して２期務めた者
は，次期同県知事選挙に出馬できないことを定める条例の制定を目指
すことを公約として当選した。Ａとしては，早速同条例案を県議会に
提案したいと考えている。Ａに対し立案段階で法的助言を行うべき立
場にある者としては，これにどのような助言をなすべきか。ここでは
もっぱら憲法論的観点から述べよ。

●】問題の所在【●

　　多選禁止の合憲性については，憲法14条・15条１項・22条１項・92条
といった個別条項レベルの問題以前に，「立憲主義」や「民主主義」といっ
た「基本原理」に照らして論ずる必要もある。多選禁止を法律でなく条例で
できるかという法形式の問題も含まれている。ここで求められているのは
（裁判判決を典型とする）裁断ではなく，あくまで立案段階での「助言」なので
あるから，「よって本問条例は違憲である。以上」とだけ述べて相談者Ａを放
り出すのではなく，「～という点には違憲の疑義もあり得ようが，こう修正す
ればそうした疑義は回避できよう」など親切なアドバイスを心がけられたい。

●】解説【●

1　なぜ最近の日本で知事の多選禁止なのか

　　そもそも首長の多選を禁止する（または個々の自治体ごとに条例で多選を禁
止することを認める）法令がいまだ日本に存在しない以上，首長多選禁止の

合憲性に関する判例もない。そのかわりに参考になるのが，総務大臣の指示で設けられた「首長の多選問題に関する調査研究会」が 2007 年 5 月に提出した報告書（ジュリ 1340 号 30 頁以下。以下，「報告書」という）である。報告書は，「法律に根拠を有する地方公共団体の長の多選制限については，必ずしも憲法に反するものとは言えない」と結論づけた。

　ところで，なぜ今の日本で，公選の職の中でも国会議員や地方議会議員でなく，また自治体の長の中でも市町村長でなく都道府県知事の多選がことさら問題視されるのか，まずはその背景から説明しよう。

　公職の多選制限の例はすでに古代ギリシャ，共和政ローマ時代からみられ（三輪和宏「諸外国の多選制限の歴史」レファレンス 677 号〔2007〕71 頁），現在でも「直接公選される国家元首を有する人口 50 万以上の立憲主義国家 88 カ国における大統領についてみると，アメリカ合衆国大統領など 54 カ国が 2 期までの任期制限を設けて」いる（報告書）。専制防止のため権力の分割を志向する近代立憲主義の下では，権力を共時的のみならず通時的にも分割しようとするのは，ごく自然な成り行きといえる。もっともアメリカ大統領を2 期務めた人が 3 期目の選出を認められないことが経歴差別で平等保護条項違反だといった議論があり得ないのは，合衆国憲法典自体が 3 選禁止条項（1951 年に追加された第 22 修正）をおいているからであるが，首長の多選を制限する明文をもたない日本国憲法のもと，それを法令レベルで導入しようとすると，憲法 14 条 1 項・15 条 1 項・22 条 1 項・92 条といった憲法条項に違反するかが問われることになる。

　首長多選を禁ずる法律改正案はこれまで 1954 年，1967 年，1995 年の計 3 回，国会に提案されている（いずれも審議未了廃案）。つまりこの問題は戦後常に潜在し，ときに浮上（そして沈下）を繰り返していることになる（金井利之「多選制限論は永久不滅の『ミ・イ・ラ』」ガバナンス 85 号〔2008〕94 頁）。このたびの報告書に象徴される 4 度目の浮上の背景にも，いくつかの要因がある。1 つには地方分権の進展に伴う知事権限の拡大により，大きな権限を握る者を抑制する必要性もまた強く感じられていることが挙げられる。第 2に，首長を務めていた者が談合や収賄容疑で相次いで逮捕され，その中に 5期目（佐藤栄佐久福島県知事）や 4 期目（河野順吉深川市長）の多選首長が含

まれていたため，多選が腐敗の要因の1つとされたことが挙げられる。第3は，最近全国各地で相次いで多選「自粛」条例（東京都杉並区，川崎市など）が制定されていることである。

首長の中でも市町村長でなく特に知事（またはこれに加えて政令指定都市の市長）が標的とされる理由としては，両者の間の権限の大きさの違いが挙げられよう。また町村長については多選現象はみられないと指摘する90年代の実証研究（市村充章「地方政治のダイナミクス」立法と調査193号〔1996〕52頁）もある。アメリカでは州議会議員の多選制限の例があるが，日本では議員の多選が問題視される例は聞かれない。首長が独人制機関で，議会の議員のように合議制機関の構成員ではないことが，両者を区別する理由としてよく挙げられる（独任制首長は「君主制の胎児」〔田中英夫『アメリカ法の歴史（上）』（東京大学出版会・1968）120頁注23〕）。

2 報告書の基本構造

報告書の最大の特徴は，憲法14条1項・15条1項・22条1項・92条といった個別条項に照らした検討に先立って，まずは「立憲主義」および「民主主義」という「憲法の基本原理」と多選禁止との間の「順接関係」をもっぱら「理念レベル」において論証している点にある（毛利・後掲2頁）。まず報告書は立憲主義につき，「人間の権利・自由を保障するために，権力を法的に制限すべきであるとの考え方である」とし，多選禁止を，そこにいう「権力を法的に制限す」る手段の1つとして正当化する。多選禁止をめぐる憲法論上最大のネックは，現職候補に投票したい人の選挙権行使に対する不当な制約ではないかというものであるが，報告書は，長の日常の行政執行がもつ事実上の選挙運動的効果によって，選挙の実質的競争性が損なわれているという考え方に立った場合には，現職を排除することがむしろ「民主主義の理念に沿ったものと考えることもできる」としている。続いて報告書は上掲個別憲法条項との関係についても論じるが，要するに，経歴による区別の合理性，立候補の自由および選挙権の自由な行使（15条）並びに職業選択の自由に対する制約の合理性が，ことごとく上記「憲法の基本原理である立憲主義及び民主主義の観点」から肯定されている。「地方自治の本旨」（92条）との関係についても，おそらくは団体自治については「立憲主義」のコロラ

リーとしての「国と地方との間の垂直的権力分立」と同義に，また住民自治については地域における「民主主義」と同義に解することにより，上記「観点」との順接関係が正当化される。

3 住民自治との順接関係？

いくら立法目的が上記憲法上の2原理と「順接関係」にあろうとも手段として行き過ぎがあってはならない。多選首長が腐敗に走りやすいというのであれば，そういう者は当該自治体の住民自身の民主的選択で排除するという全く制限的でない他の選びうる手段がある。「地方公共団体の組織及び運営に関する事項は……法律でこれを定める」とする憲法92条の下では，多選禁止は，国が公職選挙法なり地方自治法なりの「法律」によらない限り，自治体の条例のみでは導入不可能である（そのため「神奈川県知事の在任の期数に関する条例」の施行は，国の立法を待って現下凍結中である）。多選制限を導入するための法律には，全国一律に禁ずるものと，自治体ごとに条例で禁止することを認めるにとどめるものとがありうる。このうち後者の場合，最終的には住民の意思の具体化たる条例を通して多選禁止するのであるから，住民自治（地域民主主義）の理念に抵触することはないとも考えることができる。これに対し前者（法律による全国一律多選禁止）の場合，要するに地域住民は何が自分たちの利益になるか十分理解しないで自己加害行為（多選首長再選→地域政治の停滞・腐敗）に走りやすいから，地方より分別のある国がいわば後見人として住民の選択の自由を制約してでも，彼らをパターナリスティックに保護してやる，ということである。首長選出という，「住民自治」が具現化される肝心の場において住民が自己の利益を自身で十分判断できないという見方が，果たして住民自治を保障する憲法と「順接関係」にあるといえるのか（もっといえば，そもそも共存可能か），それが問題である（この観点からの多選禁止違憲論として大西芳雄「知事4選禁止と憲法」清宮四郎＝佐藤功編『続憲法演習』〔有斐閣・1967〕238頁以下）。

4 立法事実の提示と検証の必要性

実は報告書は，法律に根拠を有する多選制限が「合憲だ」とは言い切ってはおらず，「必ずしも憲法に反するものとは言えない」と述べているにすぎない。また，日常の行政執行が現職候補にとっての選挙運動効果をもたらす

ことで，「選挙の実質的な競争性が損なわれているとすれば」，あるいは多選制限を選挙における実質的競争性回復の一手段として位置付けることができるという「考え方に立った場合には」，多選制限は民主主義原理に反しないと考えること「も」できると，極めて慎重な言い方をしている。要するに，日常の行政執行が現職候補にとって，果たしてどの程度の選挙運動効果をもつかという事実次元の問題に関する報告書自身の立場や，上記「考え方」に報告書自身立つかについては，実は明言が避けられている。報告書がそうした事実認識の問題につき態度留保していることは，末尾において「実態面での検証は行っていない」と断っていることからもわかる。違憲の疑いのある措置の，手段としての必要性・合理性（つまり結論的に合憲違憲いずれか）は，立法事実に照らしてみなければわからないが，多選禁止の必要性・合理性を支える立法事実の存否については，報告書は態度表明していないのである。アメリカの連邦議会議員選挙，州議会議員選挙のように現職再選率9割というのであれば，禁止を正当化するデータとして十分かもしれないが，日本の知事の場合統一選では現職有利といえても，それ以外では必ずしもそうではないという見方もある。多選と腐敗の関係も実証されたとはいいがたい。上記多選首長逮捕事件とほぼ同時に逮捕された木村良樹和歌山県知事（2期目）や安藤忠恕宮崎県知事（1期目）は多選とはいえないし，すべての多選首長が不祥事を起こすわけではないからである。

5　本問の考え方

先に述べたように，自治体の長の多選禁止には，憲法上の理念との間での重大な抵触問題が含まれている以上，その合憲性の判定にあたっては，多選禁止が目的達成手段としての「必要性」を十分備えているかどうかが，ある程度厳格に問われなければならない。だが，これも先に見たように，多選禁止の「必要性」を証明するに足る立法事実が十分に示されてきたとはいいがたい。

もっとも本問条例の内容は，P県知事を2期務めた者が他の自治体において首長となることを禁ずるものではない。多選知事も別の自治体では出馬できるわけである。また1期インターバルを置けば，再びP県で知事選に出馬できるのであるから，多選知事の被選挙権や職業選択の自由を過度に侵害

するものとはいえないとの議論も十分あり得よう。

　ただ，統治権の主体の職員（なかでも「公権力行使等地方公務員」）となる資格の問題を職業選択の「自由」すなわち「前国家的」権利としての「自由権」の保護領域に含めて考えることがそもそも可能かという問題もある。首長選考に立候補しうる者の範囲は，むしろ地方公共団体の組織という「後国家的」な制度構築をめぐる立法者の裁量に委ねられるべき領域の問題の１つではないか。とすれば，多選禁止立法につき裁判所は，よほどのことでもない限り違憲とはいいがたいことになろう。もっとも，選挙制度のような後国家的制度構築の領域においても，成年者たる日本国民は国政選挙権を行使しうるという「原則」がある以上，在外邦人に国政選挙権の行使を認めないという「原則」から逸脱した当時の公職選挙法に対し厳格な審査を適用した発展問題⑰参考判例②に倣い，多選禁止立法を成年国民全員に被選挙権行使を認めるべきだとの「原則」から逸脱したものと見て，立法事実論に基づき厳格に合憲性判定することが可能といえるかもしれない。

●】参考文献【●

「特集１　多選禁止は合憲か」都市問題98巻10号（2007）3頁以下，宇賀克也『地方自治法概説〔第９版〕』（有斐閣・2021）304頁，毛利透「首長多選制限」法教329号（2008）2頁

（大石和彦）

判例索引
(参考判例として掲載されたものは太字で示した)

329

■執筆者紹介■

笹 田 栄 司 （Sasada Eiji）
1955 年生まれ。1979 年九州大学卒業
現在：早稲田大学政治経済学術院教授
主著：実効的基本権保障論（信山社・1993），裁判制度（信山社・1997），ケースで
　　　考える憲法入門（有斐閣・2006）（共著），司法の変容と憲法（有斐閣・
　　　2008），トピックからはじめる統治制度〔第 2 版〕（有斐閣・2019）（共著）
担当項目：基本問題②・④・⑨・⑰・⑳・㉑・㉕・㉗・㉙／発展問題②・④・⑨・⑰・
　　　⑱・⑲・㉑

常 本 照 樹 （Tsunemoto Teruki）
1955 年生まれ。1978 年北海道大学卒業
現在：北海道大学名誉教授
主著：日本国憲法解釈の再検討（有斐閣・2004）（共編著），目で見る憲法〔第 5 版〕
　　　（有斐閣・2018）（共著），憲法裁判 50 年（悠々社・1997）（共著）
担当項目：基本問題⑲・㉘／発展問題⑩

赤 坂 正 浩 （Akasaka Masahiro）
1956 年生まれ。1979 年東北大学卒業
現在：法政大学大学院法務研究科教授
主著：立憲国家と憲法変遷（信山社・2008），憲法講義（人権）（信山社・2011），
　　　世紀転換期の憲法論（信山社・2015），憲法 1〔第 8 版〕（有斐閣・2022）（共
　　　著），憲法 2〔第 8 版〕（有斐閣・2022）（共著）
担当項目：基本問題⑤・⑩・⑫・㉒・㉓・㉔／発展問題⑤・⑥・⑫・⑬

鈴 木 秀 美 （Suzuki Hidemi）
1959 年生まれ。1982 年慶應義塾大学卒業
現在：慶應義塾大学メディア・コミュニケーション研究所教授
主著：放送の自由〔増補第 2 版〕（信山社・2017），ガイドブック ドイツの憲法判例

（信山社・2021）（共著），よくわかるメディア法〔第2版〕（ミネルヴァ書房・2019）（共著），放送制度概論（商事法務，2017）（共著）

担当項目：基本問題③・⑧・⑬・⑭・⑮・⑱／発展問題③・⑧・⑭・⑮

大 石 和 彦　（Oishi Kazuhiko）

1964年生まれ。1990年東北大学卒業

現在：筑波大学ビジネスサイエンス系教授

主要論文：アメリカ憲法の群像——裁判官編（尚学社・2020）（共著），地域に学ぶ憲法演習（日本評論社・2011）（共著）

担当項目：基本問題⑥・⑦・㉚／発展問題⑦・⑯・⑳・㉒

齊 藤 正 彰　（Saito Masaaki）

1970年生まれ。1993年北海道大学卒業

現在：北海道大学大学院法学研究科教授

主著：国法体系における憲法と条約（信山社・2002），憲法と国際規律（信山社・2012），多層的立憲主義と日本国憲法（信山社・2022），教材憲法判例〔第5版〕（北海道大学出版会・2020）（共編著）

担当項目：基本問題①・⑪・⑯／発展問題①

山 崎 友 也　（Yamazaki Tomoya）

1972年生まれ。1996年金沢大学卒業

現在：金沢大学人間社会研究域法学系教授

主著：憲法の最高法規性と基本権（信山社・2019），憲法の基礎理論【講座 立憲主義と憲法学第1巻】（信山社・2022）（共著），トピックからはじめる統治制度〔第2版〕（有斐閣・2019）（共著）

担当項目：基本問題㉖／発展問題⑪

Law Practice 憲法〔第3版〕

2009年 9 月30日　初　版第 1 刷発行
2014年10月20日　第 2 版第 1 刷発行
2022年10月15日　第 3 版第 1 刷発行

編　者　笹　田　栄　司

発　行　者　石　川　雅　規

発　行　所　鱗商　事　法　務

〒103-0025 東京都中央区日本橋茅場町3-9-10
TEL 03-5614-5643・FAX 03-3664-8844〔営業〕
TEL 03-5614-5649〔編集〕
https://www.shojihomu.co.jp/

落丁・乱丁本はお取り替えいたします。　印刷／そうめいコミュニケーションプリンティング
Ⓒ2022 E.Sasada　　　　　　　　　　　　　　　　　Printed in Japan
Shojihomu Co., Ltd.
ISBN978-4-7857-2990-5
＊定価はカバーに表示してあります。